Depressão

Diagnóstico e Tratamento pelo Clínico

Depressão

Diagnóstico e Tratamento pelo Clínico

Fabiano Coelho Horimoto

Psiquiatra; Especialista em Psiquiatria pela Associação Brasileira de Psiquiatria (ABP); Professor de Psiquiatria da Universidade Federal de Mato Grosso do Sul (UFMS); Coordenador da Residência em Psiquiatria da UFMS; Coordenador do Grupo de Interconsulta Psiquiátrica (GIP) do Hospital Universitário da UFMS.

Danusa Céspedes Guizzo Ayache

Psiquiatra e Psicoterapeuta; Especialista em Psiquiatria pela Associação Brasileira de Psiquiatria (ABP); Professora de Psiquiatria e Supervisora da Residência em Psiquiatria da Universidade Federal de Mato Grosso do Sul (UFMS); Mestranda em Ciências da Saúde pelo Programa Multi-Institucional de Pós-Graduação em Ciências da Saúde (UnB – UFG – UFMS).

Juberty Antônio de Souza

Psiquiatra; Especialista em Psiquiatria pela Associação Brasileira de Psiquiatria (ABP); Professor-assistente de Psiquiatria e Supervisor da Residência em Psiquiatria da Universidade Federal de Mato Grosso do Sul (UFMS); Doutorando em Ciências da Saúde pelo Programa Multi-Institucional de Pós-Graduação em Ciências da Saúde (UnB – UFG – UFMS).

ROCA

ISBN: 85-7241-569-6

CIP-BRASIL CATALOGAÇÃO-NA-FONTE
SINDICATO NACIONAL DOS EDITORES DE LIVROS, RJ

D47
Depressão : diagnóstico e tratamento pelo clínico / [coordenação] Juberty Antônio de Souza, Danusa Céspedes Guizzo Ayache, Fabiano Coelho Horimoto. – São Paulo : Roca, 2005.

Inclui bibliografia
ISBN 85–7241–569-6

1. Depressão mental. 2. Psicologia patológica. I. Souza, Juberty Antônio de. II. Ayache, Danusa Céspedes Guizzo. III. Horimoto, Fabiano Coelho.

05-0694. CDD 616.8527
CDU 616.891.6

2005

Todos os direitos para a língua portuguesa são reservados pela

EDITORA ROCA LTDA.
Rua Dr. Cesário Mota Jr., 73
CEP 01221-020 – São Paulo – SP
Tel.: (11) 3331-4478 – Fax: (11) 3331-8653
E-mail: vendas@editoraroca.com.br – www.editoraroca.com.br

Impresso no Brasil
Printed in Brazil

Dedicatória

Dedico esta obra à Renata, Caio Neto, Marise e Caio, pelo amor; Juberty, Oreste, Mariza Fontão e Sinval de Souza Cruz, meus verdadeiros mestres, pelos ensinamentos; e agradeço a Deus, pela saúde, e aos pacientes, por nunca perderem a esperança.

Fabiano Coelho Horimoto

Dedico a Ricardo e Pedro, companheiros especiais, com muito amor.

Danusa Céspedes Guizzo Ayache

Algumas pessoas são importantes para os pacientes e a psiquiatria, e o reconhecimento dessas nunca será suficiente; esta obra foi inspirada em seus ensinamentos, dentre elas:
Prof. Aníbal Silveira, que no início do século XX já preconizava todos os preceitos, cuidados e o respeito aos pacientes, aos quais, apenas recentemente, a "psiquiatria moderna" tem direcionado seus discursos. Amor maior ao que dedicou aos seus pacientes só foi dedicado à "verdade positivista".
Prof. Ulisses Pernambucano, que, dentre os inúmeros ensinamentos, sempre lembrava que o psiquiatra é o protetor nato do seu paciente. Poderíamos acrescentar que se esse não se sentir assim, poderá apenas ser um bom técnico.

Prof. Ulysses Vianna Filho, cidadão do mundo, segundo seus amigos, mas antes de tudo amigo da psiquiatria; este, em passado recente de tristes lembranças, "protegeu" nomes importantes para a psiquiatria e, com esforço pessoal, protegeu e deu estrutura para a mudança da psiquiatria brasileira.
Dedico às pessoas deprimidas, pacientes ou não, que além do sofrimento infligido pela patologia, ainda têm de suportar incompreensão, intolerância e indiferença dos outros e, por vezes, de quem deveria cuidar dessas.

Juberty Antônio de Souza

Colaboradores

Alexandrina Maria Augusto da Silva Meleiro – Doutora em Psiquiatria pelo Departamento de Psiquiatria da Faculdade de Medicina da Universidade de São Paulo (USP); Coordenadora da Enfermaria de Psicóticos do Instituto de Psiquiatria do Hospital das Clínicas da Faculdade de Medicina da USP; Médica Psiquiatra do Grupo de Interconsultas do Instituto de Psiquiatria do Hospital das Clínicas da Faculdade de Medicina da USP; Pesquisadora da Fundação de Amparo à Pesquisa do Estado de São Paulo (FAPESP).

Andréa Marques Deak – Psiquiatra; Doutora em Psiquiatria pelo Departamento de Psiquiatria da Faculdade de Medicina da Universidade de São Paulo (USP); Pós-Doutoranda no National Mental Health Institute (NMHI) – Betesda (EUA).

Antônio Geraldo da Silva – Psiquiatra; Especialista em Psiquiatria pela Associação Brasileira de Psiquiatria (ABP); Professor de Psiquiatria da Faculdade de Medicina do Planalto Central; Presidente e Preceptor de Ensino da Comissão de Residência Médica Integrada do Hospital São Vicente de Paulo; Presidente da Associação Psiquiátrica de Brasília; Coordenador de Saúde Mental da Secretaria Estadual de Saúde do Distrito Federal.

Carolina de Mello Santos – Médica Psiquiatra; Colaboradora do Grupo de Interconsultas do Instituto de Psiquiatria do Hospital das Clínicas da Faculdade de Medicina da Universidade de São Paulo (USP).

Euthymia Brandão de Almeida Prado – Psiquiatra; Especialista em Psiquiatria pela Associação Brasileira de Psiquiatria (ABP); Doutora em Psiquiatria pelo Departamento de Psiquiatria da Faculdade de Medicina da Universidade de São Paulo (USP).

Francisco Lotufo Neto – Psiquiatra; Professor-associado do Departamento de Psiquiatria da Faculdade de Medicina da Universidade de São Paulo (USP).

Geraldo Francisco do Amaral – Psiquiatra e Psicoterapeuta; Especialista em Psiquiatria pela Associação Brasileira de Psiquiatria (ABP); Mestre em Psiquiatria pela Universidade Federal do Rio de Janeiro (UFRJ); Professor-assistente de Psiquiatria do Departamento de Saúde Mental da Faculdade de Medicina da Universidade Federal de Goiás (UFG); Coordenador da Disciplina de Psicologia Médica da Faculdade de Medicina da UFG; Coordenador do Serviço de Interconsulta Psiquiátrica do Hospital das Clínicas da Faculdade de Medicina da UFG; Doutorando em Ciências da Saúde pelo Programa Multi-Institucional de Pós-Graduação em Ciências da Saúde (UnB – UFG – UFMS).

Guízella Chaves Panete Lago Monteiro – Médica Residente em Psiquiatria do Hospital Universitário da Universidade Federal de Mato Grosso do Sul (UFMS).

Jaber Mohamed ElCheick – Endocrinologista; Especialista em Endocrinologia pela Sociedade Brasileira de Endocrinologia e Metabologia; Chefe do Ambulatório de Endocrinologia do Hospital Regional de Mato Grosso do Sul (HRMS).

João Américo Domingos – Neurologista; Especialista em Neurologia e Neurofisiologia pela Academia Brasileira de Neurologia; Mestre em Neurologia pela Faculdade de Medicina de Ribeirão Preto (USP); Professor de Neurologia da Universidade Federal de Mato Grosso do Sul (UFMS); Preceptor da Residência Médica em Clínica Médica da UFMS.

Jony Afonso Gonçalves Domingues – Psiquiatra; Especialista em Psiquiatria pela Associação Brasileira de Psiquiatria (ABP); Professor de Psiquiatria da Universidade Federal de Mato Grosso do Sul (UFMS); Preceptor da Residência Médica em Psiquiatria do Hospital Universitário da UFMS; Chefe do Serviço de Psiquiatria do Hospital Regional de Mato Grosso do Sul (HRMS).

Jorge Luiz Fontana – Psiquiatra; Especialista em Psiquiatria pela Associação Brasileira de Psiquiatria (ABP); Professor de Psiquiatria e Psicologia Médica da Universidade Federal de Santa Catarina (UFSC); Coordenador do Ambulatório de Psiquiatria Geriátrica da UFSC; Mestrando em Engenharia de Produção na UFSC.

Kalil Duailibi – Psiquiatra; Especialista em Psiquiatria pela Associação Brasileira de Psiquiatria (ABP); Professor-coordenador de Psiquiatria da Universidade de Santo Amaro (UNISA); Professor de Psicopatologia do IPPIA; Coordenador do Centro de Saúde Mental da UNISA.

Márcia Cristina do Amaral Rabelo Domingos – Médica Residente em Psiquiatria do Hospital Universitário da Universidade Federal de Mato Grosso do Sul (UFMS).

Maria Eugênia de S. Brito dos Santos – Psiquiatra; Mestre em Psiquiatria pelo Departamento de Psiquiatria da Faculdade de Medicina da Universidade de São Paulo (USP); Médica psiquiatra-assistente do Ambulatório de Especialidades Interlagos da Universidade de Santo Amaro (UNISA).

Marilda Alves Pinto – Psiquiatra; Especialista em Psiquiatria pela Associação Brasileira de Psiquiatria (ABP); Professora de Psiquiatria da Universidade Federal de Mato Grosso do Sul (UFMS) – *Campus* de Dourados (MS).

Mariza Felício Fontão – Psiquiatra; Especialista em Psiquiatria pela Associação Brasileira de Psiquiatria (ABP); Psiquiatra da Universidade Federal de Mato Grosso do Sul (UFMS); Psiquiatra Forense do Tribunal Regional da Justiça de Mato Grosso do Sul.

Neury José Botega – Psiquiatra; Professor Titular do Departamento de Psicologia Médica e Psiquiatria da Faculdade de Ciências Médicas da Universidade Estadual de Campinas (UNICAMP).

Renério Fráguas Jr. – Psiquiatra; Doutor em Psiquiatria pelo Departamento de Psiquiatria da Faculdade de Medicina da Universidade de São Paulo (USP); Pós-Doutorando no Massachussetts General Hospital (EUA).

Ricardo Ayache – Cardiologista; Especialista em Cardiologia pela Sociedade Brasileira de Cardiologia; Cardiologista da Unidade Coronariana do Hospital Universitário da Universidade Federal de Mato Grosso do Sul (UFMS).

Teng Chei-Tung – Psiquiatra; Doutor em Psiquiatria pelo Departamento de Psiquiatria da Faculdade de Medicina da Universidade de São Paulo (USP); Coordenador do Grupo de Interconsultas do Instituto de Psiquiatria do HC-FMUSP; Médico supervisor do HC-FMUSP.

Viviane Vasconcelos Galvão – Médica Residente em Psiquiatria do Hospital Universitário da Universidade Federal de Mato Grosso do Sul (UFMS).

Yuan-Pang Wang – Psiquiatra; Professor Titular do Departamento de Psiquiatria da Faculdade de Medicina da Universidade Santo Amaro (UNISA); Mestre e Doutor em Psiquiatria pelo Departamento de Psiquiatria da Faculdade de Medicina da Universidade de São Paulo (USP); Médico assistente do Instituto de Psiquiatria do HC-FMUSP.

Wanderly Barroso Campos – Psiquiatra; Especialista em Psiquiatria pela Associação Brasileira de Psiquiatria (ABP); Preceptor da Residência Médica em Psiquiatria e Coordenador do Projeto de Assistência, Ensino e Pesquisa em Gerontopsiquiatria da Faculdade de Medicina da Universidade Federal de Goiás (UFG); Secretário Geral da Associação Brasileira de Neuropsiquiatria Geriátrica (ABNPG); Membro da Comissão de Ética e Direitos Humanos da ABP; Vice-Coordenador do Departamento de Psiquiatria Geriátrica da ABP.

Prefácio

Ao longo da vida, uma em cada vinte pessoas é acometida por episódio depressivo grave. De cada cinqüenta casos de depressão, um necessita de internação e 15% dos deprimidos graves suicidam-se. A depressão tem caráter recorrente: o risco de apresentar um segundo episódio é de 50%, aumentando para 70-80% no caso do terceiro.

A observação clínica sugere, e estudos científicos comprovam, que tem havido aumento na prevalência da depressão e que esse transtorno incide em grupos cada vez mais jovens da população. O aumento no número de casos diagnosticados não parece ser, exclusivamente, uma resposta dos médicos à maior divulgação pela mídia do problema ou a pressões mercadológicas, tampouco parece ser apenas reflexo da diminuição do preconceito das pessoas quanto à decisão de consultar um psiquiatra. Esses fatores, no entanto, combinam-se e exercem sua parcela de influência no *boom* da depressão. Hoje ela é reconhecida por todo médico como um dos quadros clínicos mais freqüentemente trazidos à consulta.

A depressão pode comprometer a qualidade de vida tanto ou mais do que outras condições médicas, como artrite reumatóide ou *diabetes mellitus*; também aumenta o tempo de internação, a morbidade no pós-operatório e a mortalidade após o infarto agudo do miocárdio. O impacto da depressão torna-se ainda mais significativo considerando-se que seu diagnóstico e tratamento não são realizados em considerável parcela dos casos.

Há apenas uma década, quando uma nova geração de medicamentos antidepressivos era desconhecida pela maioria dos médicos, um estudo realizado em Campinas mostrou que 42% de todos os clínicos de unidades básicas de saúde acreditavam que, na prática, era difícil decidir se os pacientes por eles atendidos manifestavam infelicidade ou um transtorno clínico que necessitava de tratamento específico. Metade dos profissionais julgava que tratar esses pacientes era penoso e pouco gratificante; dois terços preferiam encaminhá-los ao psiquiatra, caso necessitassem de medicação.

Será que esse quadro mudou nos dias de hoje? Provavelmente sim. Para muitos médicos, prescrever um antidepressivo ficou simples, poderíamos dizer exageradamente simples. Os antidepressivos atualmente ocupam, no mercado nacional, o quarto lugar em volume de vendas, perdendo apenas para antiinflamatórios, analgésicos e contraceptivos. Para outros profissionais, o diagnóstico de depressão continua sendo um desafio, notadamente quando os sintomas se combinam ou se escondem atrás de diversas queixas corporais ou, ainda, quando vêm junto com outras doenças, confundindo-se com os sintomas de outra patologia. E são comuns estas duas circunstâncias: a *apresentação somática*, na atenção primária, e o *algo a mais* – depressivo – que espera detecção e tratamento, no paciente que sofre de doença concomitante.

Este livro reúne a contribuição de vários profissionais que vêm trabalhando ao lado de colegas não-psiquiatras, aprendendo com eles e, ao mesmo tempo, ampliando sua capacidade de ensinar o que, da especialidade, pode ser útil ao clínico. Certamente, esta obra auxiliará esse profissional a lidar com os três desafios que os transtornos depressivos trazem para o médico não-psiquiatra:

- Reconhecer a depressão como *algo a mais*, além da doença de base que o paciente pode apresentar.
- Determinar sua causa, atentando para o potencial de algumas doenças e medicamentos causarem depressão.
- Indicar o tratamento adequado, considerando as nuances do quadro clínico, as indicações terapêuticas, e, quando se decidir por uma prescrição, conhecer as contra-indicações e interações dos antidepressivos com outras drogas.

Neury J. Botega

Professor Titular do Departamento de Psicologia Médica e Psiquiatria da Faculdade de Ciências Médicas da Universidade Estadual de Campinas (UNICAMP)

Introdução

Hoje vivemos uma realidade ímpar na Psicofarmacologia: nunca os psicotrópicos foram tão prescritos por outros especialistas, que não os psiquiatras (Kaplan & Sadock, 1995). Observamos particularmente a utilização da classe dos antidepressivos em uma extensa lista de indicações não psiquiátricas: no transtorno disfórico pré-menstrual (Ginecologia), na fibromialgia e síndromes dolorosas crônicas (Reumatologia), no tratamento da obesidade (Endocrinologia), na ejaculação precoce (Urologia), na enxaqueca (Neurologia), na síndrome do cólon irritável (Gastroenterologia), na enurese noturna (Pediatria) e em várias outras indicações, além do uso nas depressões leves e moderadas, prescrito por clínicos[1].

Com o advento de novas drogas, a partir dos anos de 80, com um perfil de tolerabilidade mais favorável em relação aos tricíclicos, precursores dessas drogas, a prescrição de antidepressivos cresceu significativamente. Hoje já não é incomum observarmos vários clínicos (cardiologistas, endocrinologistas, ginecologistas, dentre outros) usando-as para tratar um paciente deprimido, e na maioria das vezes, com condutas extremamente adequadas no manejo terapêutico. Porém, alguns podem desconhecer aspectos muito importantes, como interações medicamentosas e efeitos colaterais. Observamos também que vários clínicos optam por não tratar e preferem encaminhar o paciente por

[1] Quando nos referirmos a clínicos, estaremos nos reportando aos médicos não-psiquiatras, para facilitar a linguagem, visto que o psiquiatra também é um clínico.

insegurança ou falta de conhecimento sobre os aspectos da depressão e do tratamento. Preencher esta lacuna é o objetivo maior do livro, ao levar informações práticas e atualizadas, numa linguagem simples, para instrumentar todos que querem conhecer melhor os antidepressivos.

O clínico é figura vital para a detecção precoce dos casos de depressão, pois nos ambulatórios/consultórios de diversas especialidades, a comorbidade de doenças orgânicas (diabetes, cardiopatias, colagenoses, psoríase, doença de Parkinson, de Alzheimer, síndrome de Cushing, tireoidopatias) com doenças mentais, particularmente depressão e transtornos ansiosos, é muito freqüente. Além disso, existem outros dados que aumentam a importância de os médicos saberem detectar sintomas de doenças mentais em cuidados primários. Em autópsias psicológicas, feitas pela entrevista de familiares de indivíduos que se suicidaram, encontram-se taxas de até 50% de suicidas que passaram por consulta médica no mês anterior à morte (Diekstra, 1993). Poder diagnosticar precocemente esses casos e encaminhá-los para tratamento adequado é, no mínimo, poder salvar uma vida diante de uma situação de risco iminente que, na grande maioria dos casos, costuma passar despercebida.

Fazendo uma observação, alertamos que o suicídio hoje está entre as dez causas de morte mais freqüentes no mundo, em todas as faixas etárias, e é a terceira causa nos indivíduos entre 15 a 34 anos. A Organização Mundial de Saúde (OMS) fez uma previsão de cerca de 1 milhão de suicídios no mundo todo no ano 2000, ou seja, uma morte (que talvez pudesse ter sido evitada) a cada 40 segundos (Botega & Rapeli, 2002).

Outro fator amplamente conhecido é referente à necessidade cada vez maior de que o tratamento dos quadros depressivos leves e moderados seja feito pelo clínico, por dois motivos: a insuficiência de psiquiatras para tratar todos os casos e os aumentos nas taxas de prevalência de depressão. A OMS (Kaplan *et al.*, 1997) já preconiza o treinamento para tratamento em serviços de atenção primária, visando minimizar as dificuldades de assistência ao paciente deprimido. A depressão já é a maior causa de incapacitação para o trabalho (WHO, 2003), em relação ao número de dias perdidos (Broadhead *et al.*, 1990), levando a um impacto sócio-econômico altíssimo.

Um resultado indireto do aumento na utilização de antidepressivos pôde ser observado pelos psiquiatras que trabalham em pesquisas epidemiológicas do transtorno bipolar do humor, que normalmente possuía uma prevalência na vida de 1% a 1,5% da população, como nos dados obtidos (1,3%) no estudo pioneiro realizado nos Estados Unidos (Robins & Regier, 1991). Este foi idealizado a partir de 1977 e denominado ECA (*Epidemiological Catchment Area Study*), sendo um importante referencial de estudo epidemiológico na área de saúde mental. Atualmente observamos, nas novas pesquisas, taxas de 4 a 5% de portadores de distúrbios do espectro bipolar – incluindo todos os subtipos de mania (Akiskal *et al.*, 2000). Possivelmente muitos desses novos casos foram desencadeados por uso inadequado ou excessivo de antidepressivos (Ghaemi *et al.*, 2000), induzindo a virada para mania.

Por esses motivos, surgiu a idéia de um livro que abrangesse conceitos gerais sobre a depressão (embora longe de ser um tratado), para um conhecimento mais sólido por parte de outros colegas e a instrumentação desses no que se refere à utilização desses psicofármacos, com uma abordagem prática, mas ao mesmo tempo, embasada nos mais recentes avanços nesta área. O embrião desta obra talvez tenha sido a realização do 1º Curso de Psicofarmacologia para Clínicos, realizado em Campo Grande (MS) em novembro de 2003, com a presença e colaboração preciosa do grande colega Dr. Neury José Botega. O curso foi extremamente profícuo, despertando interesse de inúmeros clínicos, residentes e outros profissionais. Portanto, restou-nos a obrigação de corresponder à expectativa gerada, organizando um livro que acreditamos ser bastante útil para todos os médicos não-psiquiatras, mas também para psiquiatras, residentes, estudantes e todos que se interessam pelo assunto.

Referências Bibliográficas

1. KAPLAN, H. I.; SADOCK, B. J. Prefácio. In: KAPLAN, H. I.; SADOCK, B. J. (ed.). *Manual de Farmacologia Psiquiátrica*. Porto Alegre: Artes Médicas, 1995, p. 9-12.
2. DIEKSTRA, R. F. W. The epidemiology of suicide and parasuicide. *Acta Psych Scand (suppl 371):* 9-20, 1993.
3. BOTEGA, N. J.; RAPELI, C. B. Tentativa de suicídio. In: BOTEGA, N. J. (org.). *Prática Psiquiátrica no Hospital Geral: interconsulta e emergência*. Porto Alegre: Artes Médicas, 2002, p. 365-377.
4. KAPLAN, H. I.; SADOCK, B. J.; GREBB, J. A. Epidemiologia, bioestatística e psiquiatria social. In: KAPLAN, H. I.; SADOCK, B. J.; GREBB, J. A. *Compêndio de Psiquiatria*. 7. ed. Porto Alegre: Artes Médicas, 1997, p. 191-192.
5. WORLD HEALTH ORGANIZATION. *Depression. Mental health*. 2003. Available at: http://www.who.int/mental_health/management/depression/definition/en/index.html.
6. BROADHEAD, W.; BLAZER, D.; GEORGE, L.; TSE, C. Depression, disability days and days lost from work in a prospective epidemiological survey. *J Am Med Assoc, 264 (19):* 2524-2528, 1990.
7. ROBINS, L. N.; REGIER, D. A. (ed.). *Psychiatric disorders in America: the epidemiologic catchment area study*. Nova York: Free Press, 1991.
8. AKISKAL, H. S.; BOURGEOIS, M. L.; ANGST, J.; POST, R.; MÖLLER, H. J.; HIIRSCHFELD, R. Re-evaluating the prevalence of and diagnostic composition within the broad clinical spectrum of bipolar disorders. *J Affect Disord, 59:* S5-30, 2000.
9. GHAEMI, S. N.; BOIMAN, S. S.; GOODWIN, F. K. Diagnosing bipolar disorder and the effect of anti-depressants: a naturalistic study. *J Clin Psychiatry, 61:* 804-808, 2000.

Índice

CAPÍTULO 1

Depressão: Uma Doença, Várias Apresentações

Juberty Antônio de Souza
Jorge Luiz Fontana
Marilda Alves Pinto

"A patologia que desmoraliza e faz a pessoa sofrer"

Introdução

A depressão é uma das patologias psiquiátricas mais comuns, é conhecida em todas as culturas, aflige parcela considerável da população, independentemente de sexo, idade ou etnia, e tem se constituído o fator de maior prejuízo pessoal, funcional e social da atualidade. Em nosso meio, Paprocki (1990), Almeida, Dractu e Laranjeira (1996), entre outros, apontam que os estudos epidemiológicos mostram que os transtornos depressivos são estimados em torno de 2 a 5% da população geral. A OMS (1996), em estudo com os países membros, concluiu que a depressão é a primeira causa de todas as incapacidades com 10,7%, seguida da anemia com 4,7%.

Ainda, Sartorius *et al.* (1983), apontam que, em pesquisa com médicos generalistas de 5 países, estes afirmaram que cerca de 10% de seus pacientes eram deprimidos, enquanto Regier (1984) no Estudo Multicêntrico do Instituto Nacional de Saúde Mental (NIMH – Projeto ECA), realizado na população em geral dos Estados Unidos, mostrou que cerca de 6% apresentavam algum tipo de depressão.

No Brasil, o Estudo Multicêntrico realizado sob patrocínio do Ministério da Saúde, encontrou taxa de 2,8% na cidade de Brasília; 10,2% em Porto Alegre e 1,9% na cidade de São Paulo, conforme apontam Almeida-Filho *et al.* (1992).

85-7241-569-6

Os transtornos depressivos constituem uma das condições clínicas psiquiátricas de maior prevalência nos hospitais gerais, como evidenciado por Meleiro (1993), Scalco (1993), Machado (1989), Deitos (1992), Furlaneto (1996), Laks (1994), Miranda-Sá *et al.* (2001) entre outros. Estes apontam para valores entre 20 e 30%, ou 20 a 60%, dependendo de outros fatores, como mostrado por Botega *et al.* (1995), e chegamos a um consenso de que pelo menos 20% das pessoas internadas apresentam um quadro depressivo de tal intensidade que necessitam de alguma intervenção psiquiátrica, mas que passa despercebido e, portanto, essas não recebem o tratamento que deveriam.

Outra dificuldade refere-se aos pacientes deprimidos, que freqüentemente apresentam sintomatologia somática (cardiovasculares, gastrointestinais e algias generalizadas), levando-os a procurar médicos não-psiquiatras e/ou psicólogos e, portanto, com menos possibilidade de serem beneficiados por condutas terapêuticas adequadas, como refere Paprocki (1990).

Em decorrência destas características, uma parcela das pessoas internadas em hospitais gerais também pode estar com depressão, mas com indicações de internação por sintomatologia somática como citam Geisler & Frolich, *apud* Alves (1993). As explicações possíveis para a alta prevalência apontam para duas situações:

- As pessoas internadas já são pacientes vulneráveis, fragilizados e, em função do acometimento de qualquer doença, desenvolvem um quadro depressivo reativo ou secundário, portanto uma comorbidade.
- A segunda explicação pode ser encontrada nos ambulatórios de hospitais gerais. É freqüente o encaminhamento de pacientes com sintomatologia orgânica vaga (algias, mal-estar indefinido, diminuição de prazer e satisfação, dificuldade na melhora dos quadros clínicos apresentados, não coerência da sintomatologia com as queixas) à psiquiatria após uma *maratona* entre outras especialidades. Essa foi chamada por alguns de depressão mascarada, que no dizer destes autores era a *depressio sin depressione.*

Em nosso meio, este fenômeno tem sido estudado por vários autores (Fortes *et al.*, 2002; Brasil & Furlanetto, 1997). Estes pacientes terminam sendo encaminhados aos serviços de psiquiatria com a designação de hipocondríacos, pitiáticos, ou poliqueixosos, numa demonstração de que se não houver substrato orgânico perceptível ou demonstrável pelos exames complementares disponíveis, simplesmente não existe doença clínica.

A variação dos valores epidemiológicos parece refletir não só o uso de métodos e instrumentos diferentes, sejam como *screening* ou mesmo de metodologias diferentes, com concepções diferentes.

Desta forma, os dados disponíveis sobre a prevalência de transtornos depressivos, seja na população geral ou nos hospitais gerais, só foram conseguidos por meio de trabalhos epidemiológicos que dão aproximações, havendo sempre o risco dos valores serem subdimensionados.

85-7241-569-6

Fatores que Dificultam o Diagnóstico

Frente a uma patologia como esta, com tais dimensões, é importante verificar quais são os fatores, as dificuldades existentes, que fazem com que as pessoas, apesar do sofrimento, demorem a procurar ou não procurem ajuda profissional. Quais as situações presentes levam os médicos, pessoas diretamente responsáveis pelo atendimento, a não reconhecê-la. Por causa disso, as pessoas deprimidas são as que menos se beneficiam com o tratamento.

As dificuldades para seu diagnóstico são decorrentes de vários fatores. Uma delas é a impressão existente na população de que se a depressão é compreensível, não há a necessidade de tratamento. De uma forma esquemática, podemos organizar esses fatores que dificultam o reconhecimento e o tratamento de acordo com o Quadro 1.1 a seguir:

Significado

Um dos maiores obstáculos, que não atrapalha apenas o clínico, mas também os psiquiatras, é a visão heterogênea do que seja ***depressão.*** Essa é entendida de formas diferentes e, em nosso meio, Albuquerque (1994) e Miranda-Sá (1983), entre outros, a reconhecem em três planos diferentes e compreendidos como:

Quadro 1.1 – Dificuldades para reconhecimento e tratamento de pessoas com quadros depressivos

1. Quanto ao seu significado
   - sintoma
   - síndrome
   - entidade nosológica (patologia)
2. Quanto à etiologia
   - fatores biológicos
     a) hereditários
     b) não hereditários
   - fatores ambientais
   - fatores psicossociais
3. Quanto à intensidade
   - leve
   - moderada
   - grave
4. Fatores inerentes ao próprio paciente
   - não se sentir doente
   - considerá-la como fraqueza de caráter
   - considerá-la como castigo
5. Fatores inerentes ao médico
   - considerar a depressão como uma conseqüência natural
   - minimização do sofrimento alheio
   - tecnologização do diagnóstico

85-7241-569-6

- *Sintoma*: alteração funcional, freqüentemente com o significado de tristeza, fenômeno natural, presente em grande parte da vida como manifestação de reação frente aos conflitos ou perdas. Síntese dos afetos e sentimentos no momento considerado.
- *Síndrome*: conjunto coerente de sinais e sintomas. Primeiro nível operacional do diagnóstico. Início de intervenção terapêutica. É inespecífica ou seja, pode ser decorrente de várias etiologias.
- *Entidade nosológica, patologia ou doença*: quando consideramos um quadro clínico conhecido, com etiologia presumida ou confirmada, evolução esperada, prognóstico previsível e conhecimento de opções terapêuticas.

Quanto à Etiologia

Esta classificação têm recebido alterações à medida que os conhecimentos científicos avançam. Talvez seja a patologia com a maior quantidade de classificações nos últimos tempos. Assim, as designações de endógena, exógena, maior, menor, reativa, sintomática, primária e secundária têm sido empregadas de acordo com os grupos ou a orientação terapêutica preconizada.

De forma geral, hoje há uma tendência a acreditar que os quadros depressivos de apresentação única ou associados a outras doenças, como no transtorno afetivo bipolar, tenham uma etiologia biológica, hereditária e que talvez vários genes estejam participando nesta expressão.

Outros quadros podem ser associados a fatores psicossociais ou a situações conflitivas. Quando há a verificação do nexo causal da situação conflitiva e do quadro clínico resultante, as discussões se pautam nas preferências terapêuticas, se há maior indicação de tratamento medicamentoso ou psicoterápico.

Quanto à Intensidade

- *Leve*: a sintomatologia presente não atrapalha tanto o dia-a-dia do paciente. Ele percebe que suas atividades já não lhe trazem tanto prazer ou satisfação, mas com um pouco mais de determinação e *sacrifício*, consegue manter de forma razoável suas atividades habituais.
- *Moderada*: o quadro presente já traz dificuldades na manutenção da vida diária. A pessoa percebe que precisa empenhar-se mais para manter as suas atividades. Já não consegue manter-se bem e passa a ter pouca satisfação com eventos outrora agradáveis.
- *Grave*: em seu grau maior, limita muito a pessoa, podendo chegar a uma condição de *estupor* e, com esta intensidade, cerca de 15 a 20% dos doentes apresentam alguma conduta suicida. É nesta intensidade que os impedimentos são maiores, levando a uma incapacitação, que não raro torna-se permanente.

85-7241-569-6

Fatores Inerentes à Própria Pessoa

Não se Sentir Doente

O deprimido raramente consegue se perceber como doente. Procura associar o seu sofrimento com algum acontecimento, com algum fato ocorrido recentemente. Não encontrando algum nexo, e se o sofrimento for de pequena ou média intensidade, não se considera doente e continua em busca de possíveis explicações. Se o sofrimento for de grande intensidade, busca alguma causa, mesmo as de conteúdo místico/religioso. Se a pessoa não se sente doente, não procura tratamento.

Considerar a Doença como uma Manifestação de Fraqueza de Caráter

Não encontrando nexo causal, e dependendo do meio ambiente, a pessoa pode considerar que a sintomatologia é decorrente de fraqueza de caráter. Se essa está passando por alguma situação de conflito e não consegue resolver de forma satisfatória, isso reforça a sua crença de que não tem força moral para enfrentar as vicissitudes. Novamente não considera o seu estado como patológico e não procura tratamento.

Considerar a Doença como um Castigo

A nossa população é religiosa por excelência e com freqüência busca uma explicação religiosa. De acordo com a tradição ocidental cristã, a educação guarda as características sempre lembradas de culpa, de pecado, por isso a necessidade da redenção das culpas por meio do sofrimento. É relativamente comum as pessoas deprimidas considerarem seu estado de sofrimento um "castigo divino" por faltas e/ou pecados cometidos. Também em determinadas religiões, o sofrimento é considerado um castigo por suas faltas, reais ou imaginárias. Ainda tem um peso muito grande na sociedade a noção de que se "*peca por pensamento, ação ou omissão*". Então: *"se nós pecamos, é natural que sejamos castigados por isto!"*.

Uma das explicações comuns para os mais religiosos têm sido:

...*"devo ter feito muitas coisas ruins para receber tal castigo"*...
...*"se Deus te deu esta cruz é porque tens condição de carregá-la"*...

Ainda considerando os fatores do próprio paciente que influenciam no diagnóstico da depressão, algumas situações podem ser lembradas, sendo talvez a principal e mais comum a da pessoa que, não conseguindo fazer uma associação de causa e efeito, não considere ter motivos para estar desta forma. Então, se não tem motivo, não pode estar sentindo aquele sofrimento. Pode concluir que está sendo ingrata para com a vida por estar sofrendo.

85-7241-569-6

"Dr. as coisas estão bem, meus filhos estão bem, não consigo entender o que estou sentindo... eu olho para pessoas que têm muitos problemas no casamento, financeiros, com os filhos, e não ficam assim... será que eu não estou sendo ingrata com a vida?..."

Dificuldades Decorrentes do Atendimento Médico

Considerar a Depressão como Conseqüência Natural

É relativamente comum o médico não-psiquiatra, considerar as queixas do paciente conseqüências naturais de qualquer outra situação patológica e, como tal, pensar que este não necessita de cuidado adicional.

Minimização do Sofrimento Alheio

É consenso que os médicos, de uma forma geral, trabalham diuturnamente com o sofrimento. Com o passar do tempo, nestas atividades, a sensibilidade frente ao sofrimento do outro, inicialmente para poder melhor desempenhar o seu trabalho, tende a diminuir. Quem trabalha numa sala de emergência, ao atender pessoas politraumatizadas, com infarto agudo, têm a necessidade de agir com rapidez e eficiência, e neste momento é comum o profissional não se importar tanto com a dor, pois necessita agir de forma rápida. Entretanto com o passar do tempo, o profissional pode se tornar mais insensível ao sofrimento, notadamente se as queixas não forem acompanhadas de sintomatologia ou lesões somáticas verificáveis, como no caso da depressão, que com freqüência não apresenta correlações somáticas.

Tecnologização dos Diagnósticos

Com a evolução da tecnologia, a constante aquisição de conhecimentos e o desenvolvimento cada vez maior dos meios auxiliares e dos exames complementares, fica mais difícil pensar em alguma patologia que não necessite e que não tenha exames complementares específicos.

Uma das características do ensino na graduação é a ênfase dada ao diagnóstico *armado*, ou seja, confirmado pelos exames complementares e, mais recentemente, a busca de alguma *imagem* que confirme o diagnóstico. Isto também se deve aos efeitos de uma medicina que valoriza as especialidades, perdendo-se a visão da pessoa como um todo.

O diagnóstico da depressão é clínico, sendo necessária uma boa anamnese e a investigação dos antecedentes familiares e características pessoais, sendo que os exames complementares servem para o diagnóstico diferencial e a identificação ou exclusão de comorbidades.

Sintomatologia

Apresenta sintomas básicos como: tristeza, medo, angústia, irritabilidade, perda do interesse, diminuição do prazer, sentimentos de menos-valia e idéias de auto-

85-7241-569-6

aniquilamento (suicídio). A maioria dos autores, entre eles Hetem (1994) e Nunes (1990), concorda que o suicídio é relativamente comum na depressão, estimando em 15% a proporção de pessoas deprimidas que realizam alguma conduta suicida.

O pensamento do deprimido é repetitivo e o conteúdo é marcado por pessimismo, amargura, recordação constante dos fracassos e dos insucessos, havendo uma retro-alimentação constante, que aumenta a depressão e a ansiedade. O psiquismo, de uma forma automática, fica voltado para o sofrimento e perde a capacidade de experimentar sensações prazerosas.

Isto ocorre porque quando evocamos um fato, a lembrança vem acompanhada das mesmas emoções e sentimentos do momento que o fato aconteceu. Portanto, no dizer do professor de Psicopatologia João R. Bueno, talvez a melhor designação para a depressão não seja um transtorno de humor, mas sim um transtorno da memória: entre outros acontecimentos, de uma forma automática, as funções mentais ficam voltadas para o sofrimento e, nesta ocasião, a pessoa apresenta uma dificuldade em gravar novas informações.

Outro acontecimento decorre de uma das características do elemento humano: a capacidade de raciocínio é, em última análise, a capacidade de comparar e de tirar conclusões. Desta forma, a pessoa deprimida fica o tempo todo fazendo comparações dela mesma em outros momentos ou com outras pessoas. Mas ao comparar, esta função mental é sempre realizada em função do maior ou do melhor e, assim, a pessoa deprimida se sente pior. Há uma alteração no apetite: o doente se alimenta de uma forma compulsiva ou diminui acentuadamente a fome e tenta se obrigar a comer, mas nas duas situações não sente o sabor da comida. É relativamente comum a queixa: "Dr. a comida não tem gosto! Parece que estou comendo isopor!".

Quanto à libido, há uma alteração das mais precoces. Inicialmente pode haver a diminuição das manifestações físicas e, de acordo com a gravidade, medo das situações sexuais. Posteriormente, até o pensamento fica inibido.

> *..."de primeiro eu ficava preocupado porque tinha vontade e o corpo não respondia, mas hoje nem quero pensar em fazer sexo, quando minha mulher quer, eu fico fugindo..."*

O sono exerce a função de recuperação ou reposição de energia, restaurando tanto as funções físicas quanto psíquicas. No deprimido, constantemente sofre alterações. Estas podem aparecer como:

- Dificuldade em conciliar o sono (insônia de conciliação).
- Dorme, acorda e volta a dormir, com interrupções freqüentes (sono interrompido, insônia de manutenção).
- Acorda muito cedo, sem conseguir voltar a dormir (insônia terminal ou acordar precoce).

Este também pode ter muito sono, tentar dormir a maior parte do tempo sem conseguir ou, quando conseguir, o sono não ser repousante. Uma das queixas mais freqüentes diz respeito à qualidade do sono:

85-7241-569-6

"... Dr., o tempo todo estou com sono, quando consigo dormir, ao levantar parece que eu levei uma surra de pau! O corpo todo fica doendo e com mais sono..."

Enfim, a opinião sobre si mesmo é desfavorável. Há uma presença de sentimentos de menos valia, de ruína e de fracasso que fazem com que a visão sobre si mesmo e suas funções fiquem extremamente prejudicadas. A confiança, a segurança, mesmo em atividades rotineiras apresentam um juízo de valor desfavorável. Certa vez, uma paciente se manifestou assim:

"Doutor, o senhor está vendo aquela árvore? Eu estou daquele jeito,...morta e seca por dentro..."

A sintomatologia tem um significado, que por vezes é difícil compreender e aceitar, seja pelo paciente ou pelos profissionais, principalmente a conduta suicida pois, na realidade, o deprimido pode não ter o desejo de morrer, mas sim de parar de sofrer. Se para conseguir parar de sofrer, a morte é o caminho, então tenta o suicídio.

Sofrimento Moral

Talvez uma das maiores dificuldades encontradas pelas pessoas deprimidas esteja relacionada à própria cultura ocidental, na qual há uma permissão implícita de que as mulheres demonstrem seu sofrimento, enquanto este *direito* é negado aos homens. Desta forma há explicação lógica para que estas recebam tratamento com maior antecedência, ainda com intensidade de menor gravidade, enquanto os homens procuram menos ajuda e, quando o fazem, a intensidade dos quadros clínicos tende a ser mais grave.

Um raciocínio semelhante é feito em relação às condutas suicidas. As mulheres tentam mais e com menor êxito letal, enquanto os homens tentam menos mas com maior proporção de êxitos letais. As formas de realização das condutas suicidas também mostram diferenças: as mulheres utilizam mais freqüentemente a ingestão de medicamentos ou ainda de produtos tóxicos, como venenos, produtos químicos de limpeza, etc. Os homens utilizam meios mais efetivos como o enforcamento, o uso de arma de fogo ou ainda jogar-se de grandes alturas, prédios, pontes, etc.

Um dos aspectos que mais incomodam a pessoa deprimida é a falta de compreensão e do entendimento mostrado pelas outras pessoas. Assim, quando o doente comunica o que sente a outras pessoas, as respostas que mais recebe dizem respeito a sugestões para afastar a depressão como:

... depressão!! Ah, faça uma viagem que vai melhorar!
... compre um vestido novo!
... arrume outro namorado!

Outras sugestões são sentidas como uma agressão e/ou dúvida do sofrimento alheio, como:

85-7241-569-6

... não existe depressão! É falta de vontade! Faça força! Você tem de tudo!! Quantas pessoas gostariam de ter o que você tem!! Arrume uma ocupação, que então você não terá tempo de ter depressão!!! Depressão! É falta do que fazer! Faça força!!!

Quando tenta fazer as atividades que necessita e não consegue, o seu sentimento de impotência e de fracasso se torna maior e isto colabora para que haja um aumento na intensidade dos sentimentos de falta de confiança em si mesmo e de segurança.

Nestas circunstâncias outros querem ajudar, mas ocorre um fenômeno que deixa as duas partes frustradas. De um lado quem quer ajudar fica frustrado e, com freqüência, irrita-se ao perceber que o outro não se beneficiou da sua ajuda. O deprimido, por sua vez, percebe que o outro está tentando lhe ajudar e, não sentindo melhora, sente-se ainda mais desvalido e infeliz.

O sofrimento mental amiúde é maior que o sofrimento físico, e isto é reconhecido pelos doentes. Se perguntarmos a estes, será comum recebermos a resposta de que prefeririam qualquer doença física do que a depressão. E completam: assim todos também veriam e acreditariam. Seria mais fácil compreender e aceitar.

Outra situação assaz constrangedora acontece quando a pessoa deprimida necessita se submeter a uma junta médica pericial, na qual geralmente não há um psiquiatra. Os peritos têm receio de serem enganados e, portanto, portam-se de forma mais rígida, exigindo os exames complementares, mesmo desnecessários, por se sentirem guardiões das instituições. Ao conferirem o quadro clínico, o diagnóstico e a medicação, com freqüência indagam por que os pacientes não apresentam exames, por que não fazem força para melhorar, e não raro o benefício é negado.

Isto ocorre por um fator muito simples. De forma geral, a pessoa julga o outro de acordo com o seu referencial. Então, se a pessoa (o perito) não acredita que exista pessoa deprimida ou acredita que a depressão pode ser afastada de acordo com a vontade, ela julgará a doença, e por extensão o doente, de acordo com o seu pensamento.

Mais um motivo interfere no julgamento das pessoas e dos peritos das juntas: o elemento humano considera que, se há a compreensão do problema, então ele pode ser resolvido. É a crença de que se compreendemos, podemos. Entretanto, a vida do dia-a-dia mostra uma série de exemplos que compreendemos e não temos condições de resolver. Um dos desabafos comuns após serem julgados na perícia é:

"... Dr., prefiro tentar voltar a trabalhar ou pedir demissão do que voltar a olhar para aquelas pessoas que ficam duvidando de mim e me mandando voltar a trabalhar! Como se eu não quisesse!!!..."

Tratamento

O tratamento apresenta uma relação direta com o diagnóstico. Se há dificuldades no diagnóstico, também haverá dificuldades no tratamento. O não-reconhecimento da patologia pelos profissionais, a não-aceitação da doença

85-7241-569-6

pelos pacientes, a busca da explicação de base cultural, religiosa ou pelos aspectos volitivos, fazem com que apenas 25% dos deprimidos recebam algum tipo de atenção especializada. Nos hospitais e nos ambulatórios, a pessoa que chega ao psiquiatra geralmente já passou por vários especialistas, como mostrado por Fortes *et al.* (2002), referindo-se aos pacientes com transtornos de somatização.

Os pacientes que chegam ao profissional para o tratamento podem ter acesso a:

- Tratamento farmacológico, com uso de antidepressivos.
- Em casos graves, e quando indicado, pode-se realizar a eletroconvulsoterapia.
- Psicoterapia.
- Uma combinação dessas abordagens.

A oferta das opções terapêuticas dependerá da organização do estabelecimento, que apresenta estruturas e capacidade de resolução que variam em diferentes regiões.

Em relação ao tratamento, aparecem alguns obstáculos que dificultam a adesão a este, contribuindo para uma cronificação da patologia. De uma forma simplificada, pois serão abordados em outros capítulos, um esquema geral está exemplificado no Quadro 1.2 a seguir.

Dificuldades na Escolha do Tratamento

Alguns elementos devem ser considerados na escolha da terapêutica. Quando devem ser usados psicofármacos? Quando o paciente necessita ser submetido à eletroconvulsoterapia? Por quanto tempo?

Uma grande controvérsia refere-se à causalidade. Até recentemente, considerava-se que as chamadas depressões reativas não necessitavam de tratamento medicamentoso, apenas psicoterapia. Atualmente, o parâmetro mais adequado parece ser a intensidade do quadro clínico. Assim, uma pessoa com um quadro depressivo de intensidade grave, mesmo que os fatores causais sejam conhecidos e compreensíveis, terá como opção terapêutica inicial o tratamento medicamentoso.

Algumas explicações são necessárias para uma melhor compreensão dos constantes insucessos terapêuticos:

Quadro 1.2 – Opções terapêuticas para o tratamento de pessoas deprimidas
1. Tratamentos biológicos • medicamentoso • eletroconvulsoterapia • estimulação transcraniana magnética 2. Psicoterapias 3. Tratamentos psicossociais

85-7241-569-6

- O objetivo maior a ser perseguido é a criação do vínculo terapêutico; a relação médico-paciente é extremamente importante para que o paciente tenha condições e segurança de aderir ao tratamento e poder esperar pelo tempo necessário até que comece a melhorar.
- Os efeitos benéficos da medicação só se iniciam após 2 a 4 semanas, em média. Antes disto o doente experimenta apenas os efeitos indesejáveis (efeitos colaterais). Estes possíveis efeitos devem ser bem explicados no início do tratamento, pois podem prejudicar a adesão e com freqüência levar ao abandono desse.
- Os médicos que não dominam (não conhecem) de forma suficiente os efeitos das medicações, frente às primeiras reclamações dos pacientes, ficam tentados a mudar o medicamento. Desta forma, é relativamente comum o paciente usar vários medicamentos em pouco tempo e, paradoxalmente, não ter sido submetido a nenhum ensaio terapêutico adequado.
- É necessária uma constante vigilância em relação aos pacientes com ideação ou outros sintomas que indicam risco de suicídio, pois sabemos que deprimidos que apresentam grande inibição motora terão um maior risco quando o medicamento propiciar a liberação motora, pois esta geralmente ocorre antes da melhora de emoções, sentimentos e pensamentos. Neste momento, o doente pode tentar o suicídio.
- Com freqüência, ocorre alguma melhora só após algumas semanas e, não raro, após alguns meses. Portanto, a relação médico-paciente constitui um elemento essencial para o sucesso terapêutico.
- Após a melhora do quadro clínico, a terapêutica não deve ser suspensa, devendo ser mantida considerando alguns fatores como: complexo sintomático, forma de início e gravidade, além de antecedentes pessoais e familiares.

Referências Bibliográficas

1. ALBUQUERQUE, M. A. Tratamento da ansiedade e da depressão pelo clínico geral (generalista). *Bol CBPTD, 68 (4):* 244-249, 1994.
2. ALMEIDA-FILHO, N.; MARI, J. J. et al. Estudo multicêntrico de morbidade psiquiátrica em áreas urbanas brasileiras (Brasília, São Paulo, Porto Alegre). *Rev ABP/APAL, 14 (3):* 93-104, 1992.
3. ALMEIDA, O. P.; DRACTU, L.; LARANJEIRA, R. R. *Manual de Psiquiatria*. Rio de Janeiro: Guanabara-Koogan, 1996.
4. ALVES, G. B. *Caminhos da Depressão, Enfoque Biopsicossocial-ambiental*. Curitiba: Relisul, 1993.
5. BOTEGA, N. J. et al. Transtornos do humor em enfermaria de clínica médica, validação de escala (HAD) de ansiedade e depressão. *Rev Saúde Pub, 29 (5):* 355-363, 1995.
6. BUENO, J. R.; NARDI, A. E. (ed.). *Diagnóstico e Tratamento em Psiquiatria*. Rio de Janeiro: Medsi, 2000.
7. CARVALHO, T. F. R.; SOUGEY, E. B. Depressão em pacientes com câncer. Epidemiologia, diagnóstico e tratamento. *J Bras Psiq, 44 (9):* 457-462, 1995.
8. CASSORLA, R. M. S. Psiquiatria no hospital geral: reflexões e questionamentos. *Rev ABP/APAL, 18 (1):* 1-8, 1996.

85-7241-569-6

9. CORDIOLI, A. V. Depressão e doença física: diagnóstico diferencial e tratamento. *Rev Psiq RS, 9 (3):* 194-200, 1987.
10. DEITOS, T. F. H.; NASCIMENTO, C. A. M.; NOAL, M. H. O. Depressão no hospital geral: uma revisão bibliográfica. *J Bras Psiq, 41 (7):* 327-331, 1992.
11. FORTES, S.; BOTEGA, N. J.; BRASIL, M. A. A. Somatização. In: BOTEGA, N. J. (ed.). *Prática Psiquiátrica no Hospital Geral: interconsulta e emergência*. Porto Alegre: Artmed, 2002, p. 269-284.
12. FURLANETTO, L. M. Diagnosticando depressão em pacientes internados em enfermarias de clínica médica. *J Bras Psiq, 45 (6):* 363-370, 1996.
13. HETEM, L. A. B. Diagnóstico, classificação (CID-10) e diagnóstico diferencial dos transtornos depressivos. *Bol CBPTD, 68 (3):* 163-167, 1994.
14. LAKS, J.; ALMEIDA, A. F. C.; CALDAS, G. A. Depressão no idoso. *Inform Psiq, 13 (supl 1):* S23-S29, 1994.
15. MACHADO, S. C. E. P.; ABREU, P. B.; PECHANSKI, F.; SCHNEIDER, F. M.; ALBERTI, V. S.; GUS, G. et al. Depressão no hospital geral II: habilidade de detecção de sintomas depressivos pelo especialista não-psiquiatra. *Rev ABP/APAL, 11 (3):* 97-110, 1989.
16. MACHADO, S. C. E. P.; TOWNSEND, R. L.; PECHANSKI, F.; SCHNEIDER, F. M.; GARCIA, M. C.; CALEFFI, L. Depressão em hospital geral: detecção pelo clínico. *Rev Psiq RS, 11 (3):* 203-206, 1989.
17. MELEIRO, A. M. A. S. Abordagem da depressão no hospital geral. In: FRÁGUAS JR., R.; MELEIRO, A. M. A. S.; SPINELLI, M. A.; ASSUMPÇÃO, F. B. J. *Psiquiatria e Psicologia: a clínica das depressões*. São Paulo: Astúrias, 1993.
18. MIRANDA-SÁ JR., L. S. Classificação e diagnóstico fenomenológico das depressões. *J Bras Psiq, 32 (6):* 351-358, 1983.
19. NASCIMENTO, C. A. M.; NOAL, M. H. O. Depressão em pacientes internados num hospital-escola. *Rev Psiq RS, 14 (3):* 162-168, 1992.
20. NUNES, S. O. V. As depressões maiores, características clínicas e terapêuticas. *J Bras Psiq, 39 (6):* 293-296, 1990.
21. PAPROCKI, J. Tratamento de depressão pelo médico geral. *J Bras Psiq, 39 (supl 1):* 49S-59S, 1990.
22. REGIER, D. A. et al. The NIMH Epidemiologic Catchment Area (ECA) Program. *Arch Gen Psychiatry, 41:* 934-939, 1984.
23. RIBEIRO, M. A. M.; PIETROBON, R. S.; ROCKEMBACH, R. A.; RATZKE, O.; COSTA, P. A. B. Prevalência da depressão em idosos institucionalizados em tempo integral. *Rev Psiq Clin, 21 (1):* 04-08, 1994.
24. SARTORIUS, N. et al. *Transtornos Depressivos em Diferentes Culturas*. Washington: Publicación Científica, n. 458, 1983.
25. SOUGEY, E. B.; CARVALHO, T. F. R. Evolução contemporânea nas nosologias dos estados depressivos. *Inf Psiq, 3 (suppl 1):* S13-S18, 1994.
26. SOUGEY, E. B.; CARVALHO, T. F. R.; CAETANO, D. Fontes de controvérsias entre as nosologias dos estados depressivos. *J Bras Psiq, 42 (3):* 161-168, 1993.
27. VIDAL, C. E. L. Depressão e doença física. *Inf Psiq, 13 (supl 1):* S19-S22, 1994.
28. ZIMMERMANN, P. R. Consultoria psiquiátrica em hospital geral: reações depressivas e maníacas à doença física. *Rev Psiq RS, 9 (3):* 194-200, 1987.

85-7241-569-6

CAPÍTULO 2

Etiopatogenia da Depressão

ALEXANDRINA MARIA AUGUSTO DA SILVA MELEIRO

EVOLUÇÃO HISTÓRICA

O sofrimento do homem pela *dor que dilacera a alma* tem origem remota. Segundo Cordás (2002), na Bíblia, há a história do rei de Israel, Saul, que na luta com os Filisteus, dá as costas para Deus, passando a ficar muito triste e a ser atormentado, sem ver qualquer saída. A melancolia de Saul melhora quando Davi passa a tocar sua harpa. Anos depois, o rei Saul, angustiado e sem esperanças, derrotado no campo de batalha, suicida-se com a própria espada.

Para os gregos, hebreus, egípcios, babilônicos e persas, a loucura era "a inveja que os deuses tinham do sucesso dos homens". Neste momento histórico, não era questionado qual seria o órgão doente, mas a doença era atribuída aos caprichos dos deuses que puniam até enlouquecer (Cordás, 2002).

Segundo Galik (1996), na China, no século VIII a.C., já se encontravam diversos textos de melancolia *(Yu)*.

Hipócrates, de Cós (460 a.C. – 370 a.C.), pai da Medicina, elegeu o cérebro como o centro das funções mentais e suas moléstias, diferenciando-se de Aristóteles, que considerava o coração o centro das emoções. A saúde estava baseada no equilíbrio dos quatro fluidos essenciais: bile, flegma, sangue e bile negra. *Com essa teoria há uma troca da superstição pela biologia e o modelo de observação clínica.*

Os médicos gregos e romanos, tomando emprestado o conceito dos egípcios antigos, postularam *a mais antiga formulação bioquímica* de qualquer transtorno mental: sob a influência do planeta Saturno, o baço secretava a bile negra que escurecia o humor através de sua influência sobre o cérebro.

A teoria hormonal da bile negra tem maior ênfase com Galeno (Clagett, 2001), conforme representado na Figura 2.1 e na Tabela 2.1.

85-7241-569-6

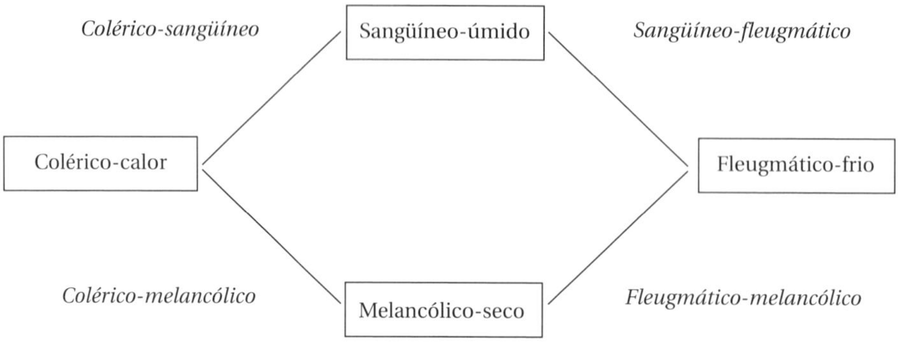

Figura 2.1 – Teoria hormonal da bile negra (De Cordás, 2002).

Tabela 2.1 – Equilíbrio dos quatro fluidos essenciais*

Humor	Elemento	Qualidades	Personalidade
Sangüíneo	ar	quente, úmido	otimista, falante, irresponsável
Colérico	fogo	quente, seco	explosivo, ambicioso, magro
Fleugmático	água	frio, úmido	lento, corpulento, preguiçoso
Melancólico	terra	frio, seco	introspectivo, pessimista, magro

* De Cordás, 2002

A palavra depressão vem do latim *depremere* e significa *pressionar para baixo* (Berrios, 1996); aplicada como depressão mental, indica "o rebaixamento do estado de espírito de pessoas padecendo de alguma doença".

A Idade Média foi um período obscuro no entendimento e tratamento das doenças mentais. A bruxaria, a demonologia, a possessão, o pecado e o castigo eram o centro das discussões sobre a doença conforme a revisão de alguns autores (Alexander & Selesnick, 1966; Jackson, 1986). Entretanto fontes medievais associam a doença mental com desequilíbrio hormonal, dieta inadequada, alterações climáticas, trabalho físico excessivo, luto e abuso de álcool.

No século XIV, o primeiro texto inglês que fez uma revisão erudita de dois milênios de conhecimento médico foi *A Anatomia da Melancolia*, publicado em 1621, por Robert Burton. Ele listou as causas da melancolia: idade avançada, temperamento, hereditariedade e até a possibilidade de ser causada secundariamente por afecções de outras partes do corpo, agindo no cérebro. Entretanto Burton incluía também causas sobrenaturais: Deus, diabo, bruxas e astrologia, entre as possibilidades etiológicas. Conforme salientou Thiher (2002), Burton utilizou o princípio da complementaridade: causa dupla, tratamento dividido entre o clérigo e o médico. Esse dualismo ainda ficou presente no discurso científico por muito tempo.

No século XVIII ocorreu ascensão da ciência e da tecnologia. Os intelectuais europeus pensavam que o homem controlaria as forças naturais, o progresso social e a cura de todas as doenças e atingiria a imortalidade (Porter, 1997).

O médico escocês William Cullen, no século XVIII, cunhou o termo neurose para diversas condições médicas desde artrite à epilepsia. Na melancolia, para Cullen, ocorria uma alteração da função nervosa, isto é, excitação e colapso em diferentes partes do cérebro. A instabilidade funcional levava à incapacidade de associação de idéias e à perda da faculdade de julgar a realidade de modo adequado. Os demais sintomas seriam secundários: alteração de apetite, distúrbios da sensopercepção e alterações afetivas. Na época, o tratamento proposto por Cullen para a melancolia incluía dietas, *banhos-surpresa*, sangrias e vomitórios, restrição para diminuir a excitação.

No século XIX cresceu a popularidade das cidades-*spa*, em busca da cura pela água: a hidroterapia. Para insanos havia desde banhos quentes (para os mais agitados), de água gelada (para os mais apáticos) ou alternados. O elemento surpresa era utilizado como um método eficaz, a terapia de choque, o inesperado. Em 1950, Cerletti refinou a indicação da corrente elétrica como forma de tratamento, a eletroconvulsoterapia, e reforçou o uso dessa na melancolia.

Segundo Berrios (1988[b]), o termo melancolia, desde Hipócrates e Galeno, era próximo do uso atual. Há uma depuração do conceito de melancolia, surgindo o termo depressão, no século XIX. Psiquiatras europeus como Kraepelin, Morel, Griesinger e Maudsley no século XIX observavam que os transtornos do humor concentravam-se mais em determinadas famílias, revelando a existência de um componente genético para as depressões.

Os autores Franz Alexander & Selesnick (1966), no livro *História da Psiquiatria,* escreveram que o tratamento de choque produzia alívio dos sintomas, mas só a psicoterapia alcançava a origem da doença. Na verdade, estes autores remontaram à Antiguidade a idéia de dividir a depressão em um subtipo orgânico e outro causado por uma situação existencial. Andrey Lewis (1944) foi um defensor da visão unidimensional, variando apenas no eixo da gravidade. Adolf Meyer (Kaplan & Sadock, 1999) criou o termo *psicobiologia* para enfatizar fatores psicológicos e biológicos, atribuindo especial importância à história pessoal e eventos da vida na depressão. As repercussões podem ser vistas na difícil diferenciação entre transtorno depressivo maior e transtorno de ajustamento com afeto depressivo no DSM-IV (*Diagnostic and Statistical Manual of Mental Disorders*). Portanto vemos, ao longo da evolução histórica, que a depressão apresentou uma etiologia multifatorial: fatores genéticos, neuroquímicos e ambientais, que ainda devem ser considerados em sua gênese (Fig. 2.2).

Modelos Etiológicos Contemporâneos

Os avanços na compreensão etiopatogênica da depressão envolveram mudanças conceituais de explicações sobrenaturais para naturalistas, de teorias unitárias e rudimentares sobre as causas para teorias pluralistas e do dualismo para a psicobiologia. As novas abordagens, originadas de posições teóricas competitivas, originam diversos modelos para compreender vários aspectos dos transtornos depressivos. Não se deve esquecer que a dicotomia mente-corpo de Descartes deve ser abandonada, e que as abordagens psicobiológicas e somáticas são meras estratégicas para atravessar o abismo metodológico entre estruturas neurais e mentais.

85-7241-569-6

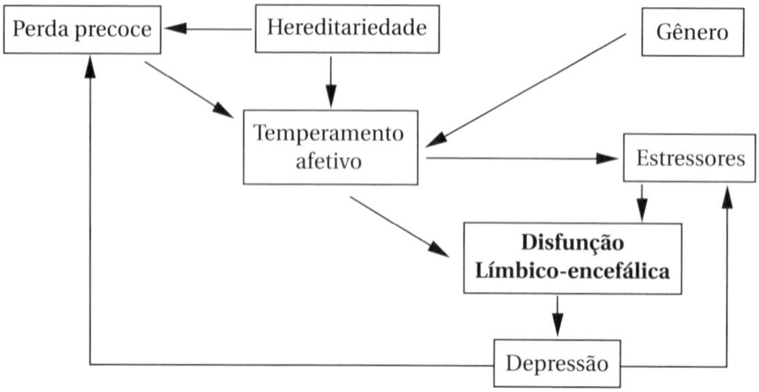

Figura 2.2 – Modelo etiopatogênico da depressão.

Fatores Genéticos

Uma das dificuldades nos estudos genéticos é a caracterização precisa do fenótipo da depressão; lembrando que os fenótipos são as características observáveis num indivíduo às quais se pretende relacionar uma determinada constituição genética ou genótipo. Não é tarefa fácil a delimitação precisa do traço que se quer estudar nas manifestações comportamentais, principalmente porque as classificações psiquiátricas são baseadas em síndromes clínicas de validade incerta e confiabilidade variável (Craddock & McGriffin, 1993). Portanto, diferenças na conceituação do transtorno depressivo podem determinar alterações significativas nos resultados de investigações genéticas.

Há duas estratégias para a investigação do componente genético. A primeira é a demonstração da familiaridade, na qual um desenho epidemiológico do tipo caso-controle é realizado. De um lado verifica-se a freqüência ou a prevalência da doença em familiares de portadores, e de outro em familiares de indivíduos saudáveis, representativos da população geral. Pode-se afirmar que a doença em estudo tem um caráter familiar se a freqüência for significativamente maior. Mas esta condição não é suficiente para comprovar a transmissão genética, pois a agregação na família pode decorrer da mesma exposição ambiental. A segunda estratégia é o clássico estudo com gêmeos para verificar a concordância monozigótica (MZ) e dizigótica (DZ). Nas enfermidades determinadas pelo ambiente, a concordância entre MZ e DZ seria próxima, e nas enfermidades genéticas, a concordância MZ é maior e próxima de 100%, em relação à DZ, que é menor (Tabela 2.2).

Observando-se os dados na Tabela 2.3, a taxa de concordância para depressão em gêmeos MZ é duas a três vezes maior do que nos DZ, confirmando a hipótese de um *componente genético*. Entretanto, este não é o único determinante, pois não há concordância entre os gêmeos MZ de 100%.

Estima-se a herdabilidade (h^2), isto é, o tamanho do efeito genético na determinação da doença, com a fórmula: $h^2 = MZ - DZ \div 1 - DZ$. A maioria dos estudos com gêmeos realizado converge, até o momento, em estimar a herdabilidade na depressão unipolar em torno de 40% e na depressão bipolar de 70% (Meira-Lima *et al.*, 2000).

Tabela 2.2 – Estudo familiar de pacientes com transtorno de humor*

Parentes de 1º grau	Doença bipolar	Depressão unipolar
Não-afetado	1%	5%
Pacientes com depressão	Mesmo risco da população geral	Três vezes mais
Transtorno bipolar	Sete vezes mais	Três vezes mais

* De Lima, Samaia e Vallada-Filho, 2000

Tabela 2.3 – Estudo com gêmeos em tratamento depressivo*

Autor/ano	MZ (n)	% concordância	DZ (n)	% concordância
Bertelsen *et al*, 1997	69	64	54	24
Torgersen, 1986	37	51	65	20
Mc Guffin *et al*, 1991	62	53	79	28
Kendler *et al*, 1993	154	69	326	34

* Modificada de Mc Guffin *et al*, 1994 (*In*: De Lima, Samaia e Vallada-Filho, 2000)

Uma outra estratégia de investigação genética, para separar por completo a influência do ambiente, é da doença em adotados. Com relação à doença depressiva, só há quatro relatos de investigação com adotados (Mendlewicz & Rainer, 1977; Cadoret, 1978; Von Knorring *et al.*, 1983; Wender *et al.*, 1986). Estes estudos com adotados deprimidos são consistentes com a presença de um componente genético na determinação desta enfermidade. Até o presente, não se conseguiu estabelecer de modo inequívoco o modelo de transmissão, que não segue um padrão mendeliano simples, e efeitos de múltiplas fontes parecem exercer um papel na susceptibilidade para a depressão. Portanto, quando a *tendência* do indivíduo ultrapassar um valor limiar, exibirá a enfermidade, os que não ultrapassarem não a exibirão (Mitchell *et al.*, 1993).

Nesta última década, os estudos apontam para o fenômeno de antecipação genética, isto é, a tendência de início mais cedo e/ou agravamento da doença nas sucessivas gerações de afetados em uma família (Meira-Lima & Vallada-Filho, 1998; Ohara *et al.*, 1998; Merette *et al.*, 2000).

Os estudos de genética molecular ainda não conseguiram identificar um *locus* gênico específico para depressão, possivelmente por tratar-se de uma enfermidade com heterogeneidade etiológica (Vallada-Filho *et al.*, 1996).

Fator Neuroquímico

Nos últimos cinqüenta anos, a neuroquímica é a área de maior destaque na fisiopatologia da depressão, desde o descobrimento do mecanismo de ação dos antidepressivos: isoniazida por Salzer e Lurie em 1953, iproniazida por Nathan Kline em 1957 e a imipramina em 1956 por Roland Kuhn (Kline, 1965).

85-7241-569-6

Inicialmente foi estudada a alteração aguda sobre os níveis sinápticos dos neurotransmissores na tentativa de estabelecer hipóteses sobre a fisiopatologia da depressão.

A hipótese da catecolamina foi a formulação mais precoce, revelando o papel dos neurotransmissores na depressão. Como proposto originalmente, sugeriu-se que a depressão fosse causada por um déficit de noradrenalina nas terminações nervosas através do cérebro. Essa hipótese recebeu suporte de estudos do mecanismo de ação das medicações antidepressivas usadas durante as décadas de 70 e 80, no século XX.

O trabalho clássico de Julius Axelrod, que recebeu Prêmio Nobel em 1970 em neurociência, demonstrou que antidepressivos como a imipramina aumentavam a quantidade de noradrenalina nas terminações nervosas por inibição da bomba de recaptação, funcionalmente avaliável (Andreasen & Black, 2001). Ao bloquearem o transporte de noradrenalina para dentro do neurônio pré-sináptico, os antidepressivos tricíclicos aumentam a disponibilidade de noradrenalina na sinapse (a bomba funciona semelhantemente ao aspirador de pó).

No mesmo período, pesquisas nas áreas básicas sugeriam que um outro antidepressivo, inibidor da monoamino-oxidase (MAO), também aumentava as concentrações cerebrais de noradrenalina e serotonina e agia como antidepressivo por inibição da enzima MAO intracelular, que degrada a monoamina dentro do neurônio (Schildkraut *et al.*, 1965). A reserpina, por sua vez, causava depleção das monoaminas piorando a depressão.

Com o desenvolvimento de novos tipos de medicações antidepressivas, os inibidores seletivos da recaptação da serotonina (ISRS), durante as décadas de 80 e 90, mostrou-se que outros neurotransmissores, além da noradrenalina, também podem atuar na etiopatogenia da depressão (Fig. 2.3). Os ISRS não agem no sistema noradrenérgico, mas melhoram a depressão, aumentando a serotonina na fenda sináptica. A maior comprovação disso é que, em pacientes com depressão grave, tem sido encontrada uma diminuição no metabólito da serotonina: o ácido 5-hidroxindolacético (5-HIAA) no fluido cérebro-espinhal (líquor). Além disso, o número de receptores serotonérgicos Tipo 2 (5-HT_2) tem diminuído em cérebros *post-mortem* de pessoas que cometeram suicídio.

Os principais neurotransmissores da classe das monoaminas no cérebro são as catecolaminas (noradrenalina e dopamina) e a indolamina (serotonina – 5HT). A hipótese monoaminérgica pode ser observada nas figuras ilustrativas elaboradas por Stephen M. Sthal em seu livro: *Psicofarmacologia – Bases neurocientíficas e aplicações clínicas* (Sthal, 1998). Este autor ilustrou conceitos extremamente técnicos em suas figuras esclarecedoras e compreensíveis (Fig. 2.4).

Grandes esforços foram realizados para identificar as deficiências de monoaminas para confirmar essas hipóteses. Até hoje, há resultados conflitantes. Alguns estudos sugerem deficiência de metabólitos da noradrenalina em alguns pacientes com depressão, mas isto não é uniforme. Outros estudos sugerem que o metabólico 5-HIAA da 5-HT está reduzido no líquor de pacientes deprimidos, principalmente naqueles em que há descontrole de impulsos e atos violentos.

O estudo dos sistemas monoaminérgicos nas depressões foi realizado por meio da medida de neurotransmissores e seus metabólitos no sangue, na urina e no líquor

85-7241-569-6

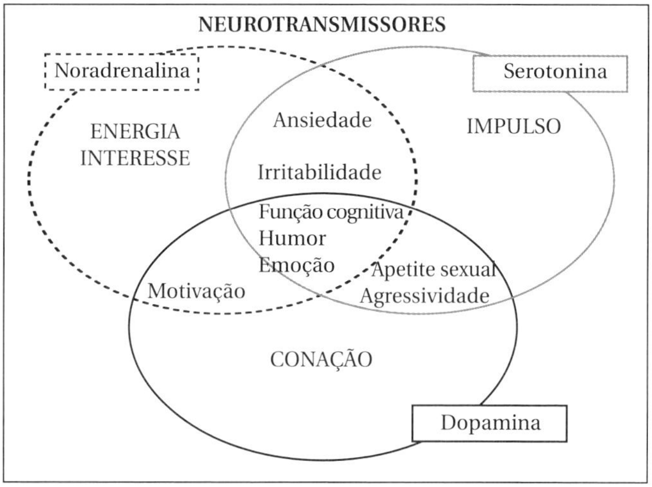

Figura 2.3 – Esquema dos principais neurotransmissores envolvidos na depressão (Modificado de Healy e McMonagle. *J. Psychopharma* col. 11 (sup 4) S25-31, 1997).

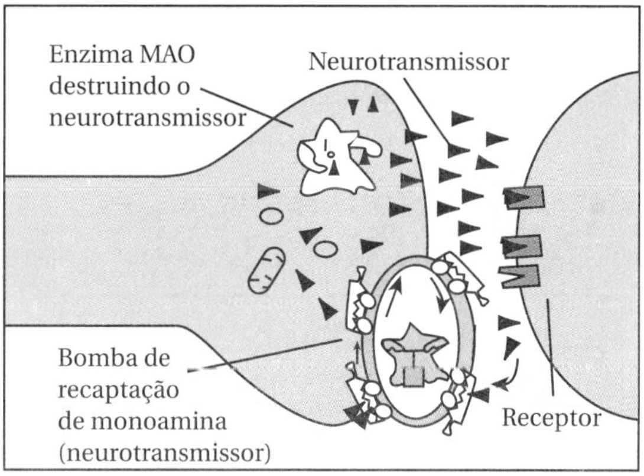

ESTADO NORMAL – SEM DEPRESSÃO

(Neurônio pré e pós-sináptico, fenda sináptica, bomba de recaptação do neurotransmissor e enzima intracelular MAO)

Figura 2.4 – Esquema da transmissão nervosa mediada por neurotransmissor (De Sthal SM, 1998).

dos pacientes. Estudos neuropatológicos *post-mortem* foram feitos em plaquetas e em modelos animais; os testes neuroendócrinos foram realizados pela depleção de precursores ou administração de agonista e antagonista de diversos receptores (Potter & Manji, 1994; Bloom & Kupfer, 1995). Posteriormente, hipóteses mais complexas foram propostas, focalizando as alterações em múltiplos sistemas de neurotransmissão e nas adaptações celulares e moleculares aos medicamentos antidepressivos.

Um problema para aceitação plena da hipótese das monoaminas é o fato de que o momento de ocorrência dos efeitos antidepressivos sobre os neurotransmissores seja muito diferente do momento de ocorrência dos efeitos antidepressivos sobre o humor.

Embora os antidepressivos aumentem o nível das monoaminas *quase imediatamente*, há um atraso no início de suas ações terapêuticas, observado pelos efeitos clínicos nos pacientes. Estes podem variar de dias a semanas após terem aumentado os níveis das monoaminas. Com este fato, o foco das hipóteses para a etiologia da depressão começou a ser deslocado das próprias monoaminas para os seus receptores: a anormalidade no funcionamento dos receptores é que origina depressão.

A depleção de neurotransmissores provoca *up-regulation* compensatória dos receptores pós-sinápticos. A ação antidepressiva causa *down-regulation* importante nos receptores pós-sinápticos, cuja evolução está ligada com o tempo necessário para a recuperação da depressão, conforme figura ilustrativa de Sthal (1998). Desta maneira, os receptores estão implicados tanto na causa como na ação dos antidepressivos (Figs. 2.5 a 2.9).

Não há evidência direta desta hipótese, mas estudos *post-mortem* mostram um número maior de receptores de serotonina Tipo 2 ($5HT_2$) no córtex frontal de pacientes que se suicidaram. Estudos indiretos do funcionamento dos receptores em paciente com transtorno depressivo maior têm sugerido anormalidades em vários receptores, com marcadores neuroendócrinos ou tecidos periféricos.

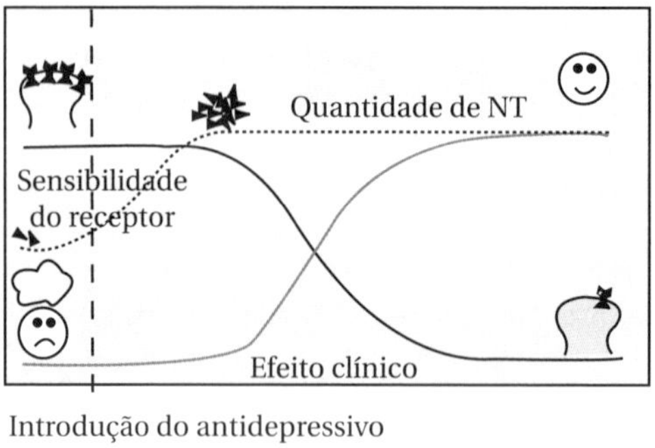

O humor (linha cinza) só começa a ter uma melhora gradual, apesar de o neurotransmissor (linha tracejada) já estar em nível normal, após os receptores pós-sinápticos (linha preta) normalizarem em número e forma.

Figura 2.5 – Esquema ilustrativo da evolução após início da medicação antidepressiva e melhora clínica (De Sthal, 1998).

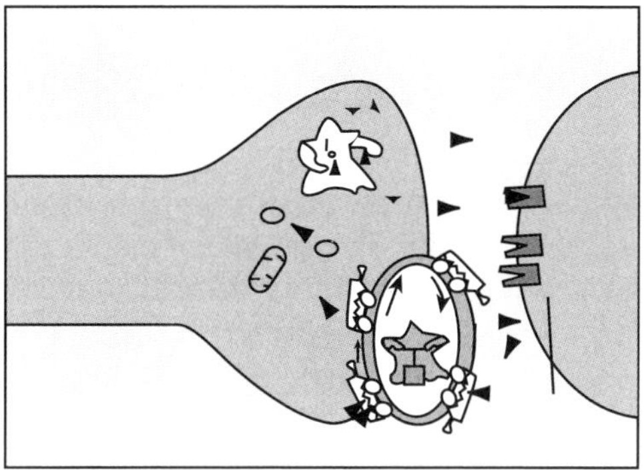

DEPRESSÃO: CAUSADA POR DEFICIÊNCIA
DE NEUROTRANSMISSOR

Depleção de neurotransmissor na fenda sináptica causada pela depressão.

Figura 2.6 – Esquema da depleção de neurotransmissor na depressão (De Sthal SM, 1998).

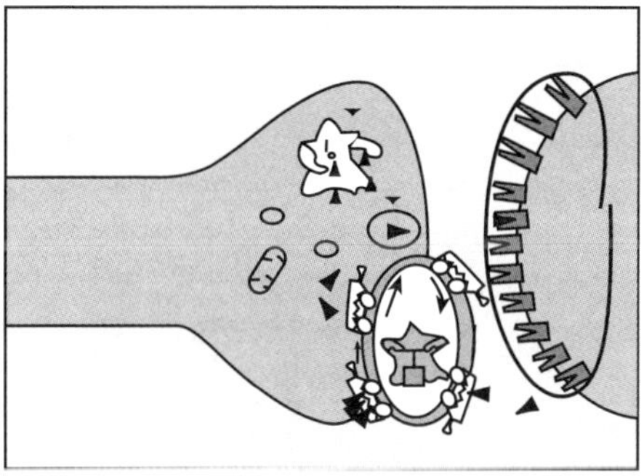

RECEPTORES EM *UP-REGULATION* DEVIDO
À DEFICIÊNCIA DE NT

A depleção de neurotransmissores provoca *up-regulation* compensatório dos receptores pós-sinápticos na depressão.

Figura 2.7 – Esquema da depleção de neurotransmissor e *up-regulation* compensatório dos receptores pós-sinápticos na depressão (De Sthal SM, 1998).

Alterações Neuroendócrinas

O sistema límbico, sede dos estados afetivos no sistema nervoso central (SNC), regula o hipotálamo, que é um elemento chave na rede endócrina. Todo o eixo hipotálamo-hipófise-adrenal (HHA) tem um ritmo circadiano. O cortisol retroalimenta para inibir a liberação tanto do CRH (hormônio liberador de corticotropina)

85-7241-569-6

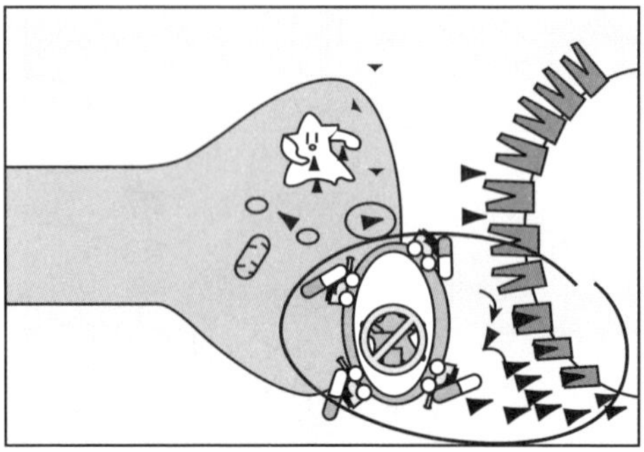

O antidepressivo bloqueia a bomba de recaptação fazendo com que haja maior disponibilidade do NT na sinapse

Apesar do bloqueio da bomba de recaptação do neurotransmissor, com aumento do mesmo na fenda sináptica, mantém-se o *up-regulation* compensatório dos receptores pós-sinápticos na depressão.

Figura 2.8 – Esquema do bloqueio da bomba de recaptação do neurotransmissor e o *up-regulation* compensatório dos receptores pós-sinápticos na depressão (De Sthal SM, 1998).

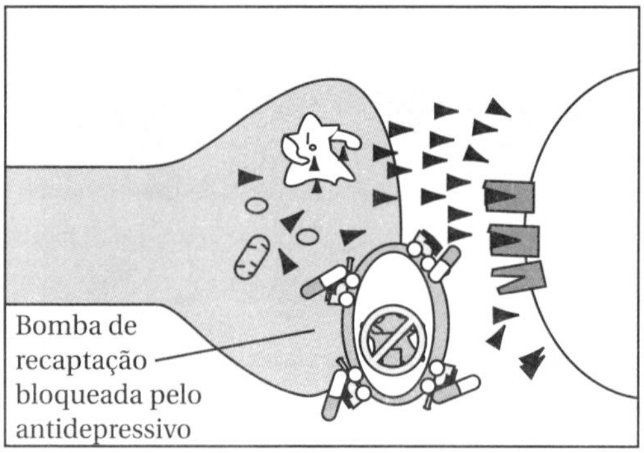

O AUMENTO DOS NEUROTRANSMISSORES PROVOCA O RETORNO AO ESTADO NORMAL

O bloqueio da bomba de recaptação do neurotransmissor e o aumento do mesmo na fenda sináptica revertem o *up-regulation* compensatório favorecendo um *down-regulation* nos receptores pós-sinápticos com a melhora da depressão.

Figura 2.9 – Esquema da normalização do neurotransmissor com o bloqueio da bomba de recaptação e o *down-regulation* dos receptores pós-sinápticos (De Sthal SM, 1998).

do hipotálamo quanto do ACTH (hormônio adrenocorticotrópico) da hipófise. Uma hipersecreção de cortisol, documentada pela excreção de cortisol na urina ou níveis séricos de cortisol em 24h, foi relatada de forma consistente em pacientes deprimidos e que normalizavam com o tratamento e a remissão clínica da depressão.

O teste de supressão da dexametasona (TSD) foi muito estudado nas décadas de 60 e 70, no século XX, com publicações conflitantes. A melatonina, hormônio da pineal que é sintetizado a partir da serotonina sob controle da noradrenalina, necessita de estudos longitudinais, pois até o momento nenhum estudo foi significativamente esclarecedor. Fatores genéticos, ambientais e/ou psicológicos podem ter expressões bioquímicas na sinapse. Mudanças neuroquímicas e neurofisiológicas secundárias a estes fatores podem alterar a vulnerabilidade de um indivíduo.

O reconhecimento da ampla heterogeneidade clínica e biológica dos transtornos depressivos favorece a continuidade dos estudos e pesquisas.

Plasticidade dos Neurônios e Estudos de Neuroimagem

Um dos modelos para os circuitos neuronais, responsáveis pela expressão e pela regulação das emoções, abrange conexões entre o córtex pré-frontal, o tálamo, o complexo amígdala-hipocampo, os gânglios da base e o cerebelo (Soares & Mann, 1997) (Figs. 2.10 a 2.12).

As conexões entre estruturas subcorticais, cerebelo e áreas do córtex pré-frontal compõem os circuitos-chave na expressão e regulação das emoções. Anormalidades ou disfunções nestes circuitos estão envolvidas nos transtornos afetivos (adaptado de Soares & Mann, 1997) (Fig. 2.13).

Os avanços nos métodos de neuroimagem tornaram possível ampliar o conhecimento da neurobiologia das doenças mentais. Aplicados à depressão, utilizando as técnicas de neuroimagem estrutural e funcional, estudos apontam alterações volumétricas, metabólicas e de fluxo sanguíneo global e regional em pacientes com depressão (Lafer *et al.*, 1977).

Embora a tomografia computadorizada (TC) não permita um bom contraste entre substância branca e cinzenta, na década de 80 os estudos sugeriram um aumento dos ventrículos e alargamentos dos sulcos corticais em populações com

SISTEMA LÍMBICO

ESTRUTURAS QUE COMPÕEM O SISTEMA LÍMBICO:

- Amígdala e hipocampo;
- Fórnix e giro parahipocampal;
- Tálamo e hipotálamo;
- Giro cingulado;
- Tronco cerebral;
- Área tegmental ventral;
- Septo;
- Área pré-frontal.

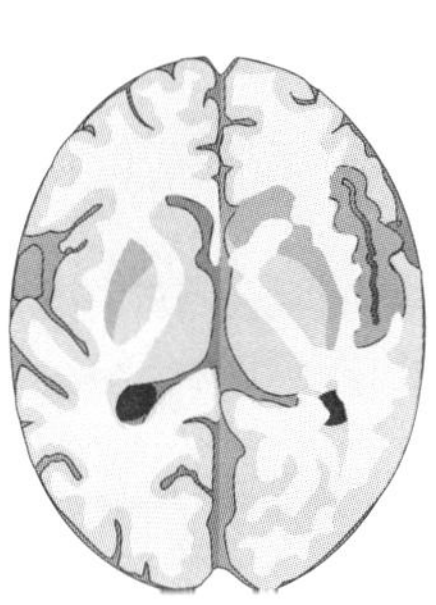

Figura 2.10 – Ilustração anatômica do sistema límbico.

85-7241-569-6

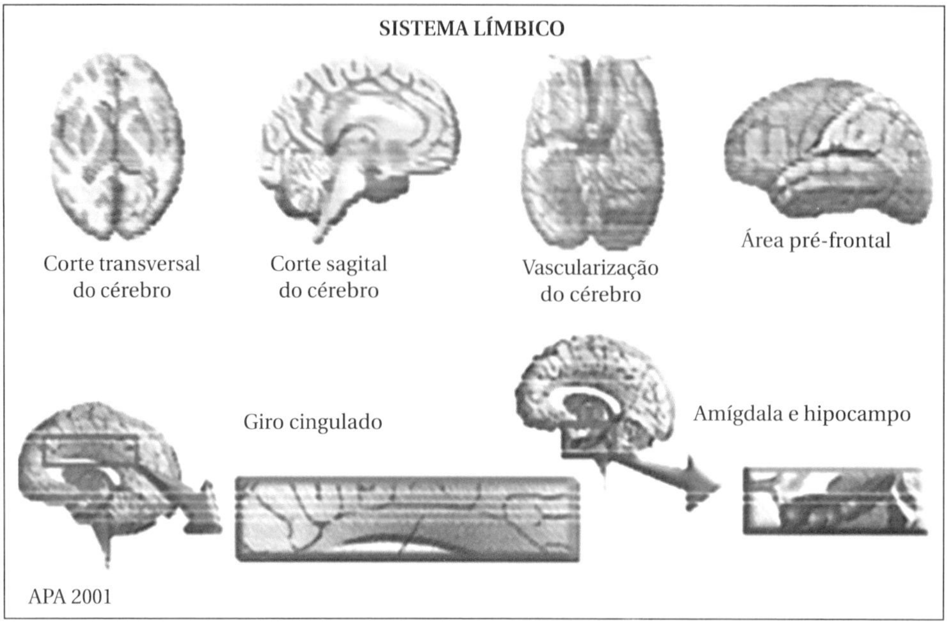

Figura 2.11 – Ilustração anatômica do sistema límbico.

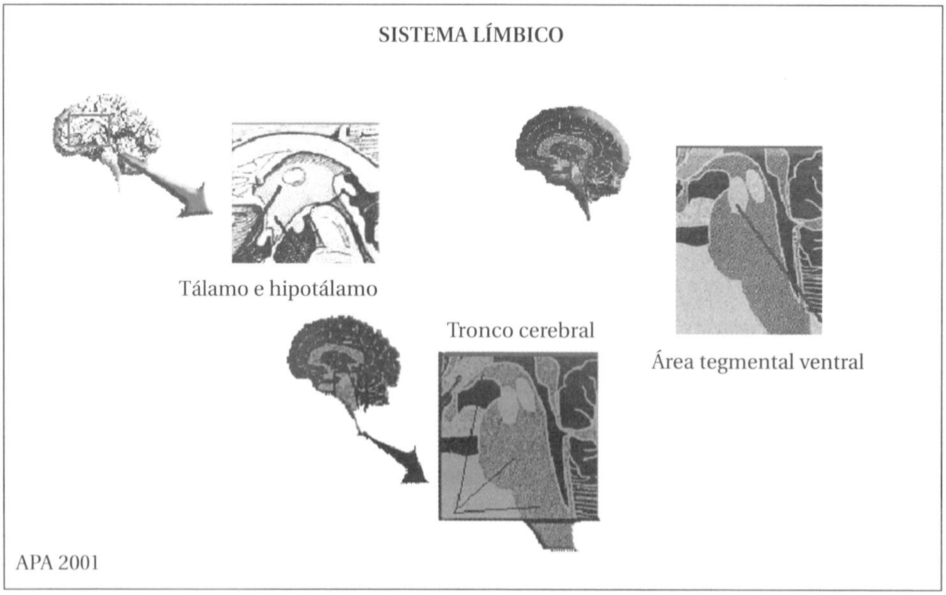

Figura 2.12 – Ilustração anatômica do sistema límbico.

85-7241-569-6

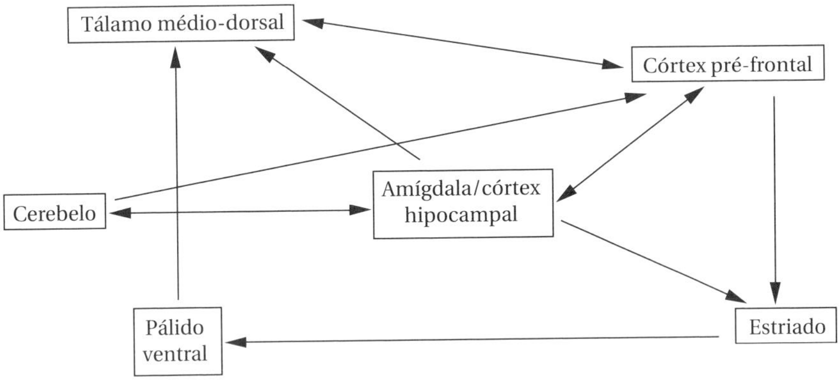

Conexões entre estruturas subcorticais, cerebelo e áreas do córtex pré-frontal compõem os circuitos-chave na expressão e regulação das emoções. Anormalidades ou disfunções nesses circuitos estão envolvidas em transtornos afetivos.

Figura 2.13 – Modelo neuroatômico de regulação do humor (Adaptado de Soares e Mann, 1997).

transtornos de humor unipolar e bipolar (Elkis *et al.*, 1995). A ressonância magnética nuclear (RMN) gera imagens com riqueza de detalhes. Em T_1 fornece bom contraste entre substância branca e cinzenta, sendo ideal para análise volumétrica de estruturas cerebrais. Em T_2 oferece imagem na qual as patologias são mais facilmente detectadas por haver líquor e água, que têm características hiperintensas nessas imagens (Andreasen *et al.*, 1990).

Os estudos comparando medidas anatômicas cerebrais pela RMN, entre grupos de voluntários normais e pacientes com transtorno depressivo, têm demonstrado algumas alterações significativas de potencial relevância para a fisiopatologia.

Alterações volumétricas nessas áreas específicas são encontradas com mais freqüência nos pacientes com transtorno afetivo unipolar e bipolar do que em controles saudáveis. A atrofia hipocampal tem sido relatada em pacientes unipolares. A redução de densidade das células da glia, com conseqüente redução volumétrica, no córtex pré-frontal ocorre apenas nos casos de transtorno afetivo com história familiar positiva, sugerindo uma alteração do neurodesenvolvimento, de provável origem genética (Sassi & Soares, 2001). Estudos com familiares saudáveis de pacientes com transtorno de humor são necessários para investigar quais os tipos de alterações estruturais conferem proteção ou vulnerabilidade à doença afetiva.

Novas técnicas de neuroimagem funcional permitem mensurar *in vivo* o fluxo sangüíneo cerebral regional e do metabolismo cerebral. A tomografia por emissão de fóton único (SPECT), que permite o estudo do fluxo sangüíneo, constatou uma redução global no fluxo sangüíneo cortical na depressão maior, principalmente nas regiões frontais (Sackeim *et al.*, 1993). Outros estudos notaram uma redução do fluxo sangüíneo cortical total, assimetria hemisférica e hipofrontalidade na depressão (Austin *et al.*, 1992; Mayberg *et al.*, 1994). Amsterdan *et al.* (1992) reportaram diminuição de fluxo em lobos temporais. Dois estudos com PET (*Positron Emission Tomography*) documentaram taxas relativamente baixas de metabolização da glicose nos lobos frontais e gânglios.

85-7241-569-6

Vários anos atrás, muitos pesquisadores tinham reportado que:

- Uma pequena anormalidade hipocampal era um fator de risco para depressão maior, e não conseqüente dela (*Psychiatric News, August 2002;16*).
- Os fatores neurotróficos derivados do cérebro promovem o crescimento de neuromas na região hipocampal cerebral.
- A deficiência do fator neurotrófico cerebral pode contribuir para a depressão.

Modelo Diátese – Estresse da Depressão

A relação entre eventos de vida estressantes e depressão está bem estabelecida em numerosos estudos, que revelam o aumento do risco de depressão (Playkel, 1994).

Vários fatores independentes parecem contribuir para a depressão: gênero, genética, história prévia de depressão, idade, estado marital e personalidade (Romanov *et al.*, 2003). Saúde física precária pode exercer uma considerável influência psicossocial e física sobre o indivíduo e sobre seu suporte social e de trabalho. Doenças físicas crônicas como doença isquêmica do miocárdio, *diabetes mellitus*, artrite reumatóide, entre outras, têm demonstrado uma associação significante com depressão (Glassman & Shapiro, 1998). Há várias explicações para esses achados: pessoas com depressão podem ser mais vulneráveis para doenças somáticas ou sujeitos com doenças somáticas podem ser menos hábeis para manter o humor normal e, igualmente, seus suportes sociais. Estudos têm revelado que o suporte social é um determinante importante para doenças mentais, funcionando como fator protetor ou de risco (Kessler & McLeod, 1985).

Recentemente Arehart-Treichel (2003) ressaltou no *Psychiatric News* a publicação de Randoph (professor de Psiquiatria da Universidade de Michigan) sobre uma intrigante ligação entre ser vulnerável ao estresse e ter uma variante particular do gene do fator neurotrófico do cérebro, baseada em 400 indivíduos. Na verdade, estes sujeitos eram participantes de um estudo de pressão arterial sangüínea elevada. Portanto deve-se considerar que a seleção desta população, com risco genético para hipertensão, pode limitar a generalização dos resultados para a população geral. Entretanto Roy-Byrne (professor de Psiquiatria da Universidade de Washington) acredita que pode vir a ser possível um elo neurogenético potencial entre sensibilidade ao estresse e a vulnerabilidade para depressão (Arehart-Treichel, 2003).

No simpósio "*Psiquiatria Preventiva em Transtorno do Humor: a nova fronteira*" realizado em 1º de maio de 2004 em Nova York (APA, 2004), Charles Nemeroff ministrou conferência sobre: "A identificação dos fatores de risco para o desenvolvimento de depressão: foco sobre o trauma precoce na vida". Nemeroff (2004) apontou que os resultados de pesquisas recentes têm associado as experiências adversas na infância, como abuso físico e sexual, perdas parentais e negligência, com mudanças profundas no SNC. Deste modo, o trauma parece alterar *permanentemente* as vias neurobiológicas, resultando no aumento da susceptibilidade mediada em parte pelo aumento da atividade do fator de regulação corticotrópico (CRF).

Nemeroff (2004), ao final de sua apresentação, salientou que: "*Everything changes gene expression...*", isto é, "Tudo muda a expressão genética...... psicoterapia, estimulação cerebral e drogas". Desde os anos de 80, os avanços nas neurociências têm permitido novas pesquisas empíricas sobre o impacto da psicoterapia no cérebro (Fig. 2.14).

85-7241-569-6

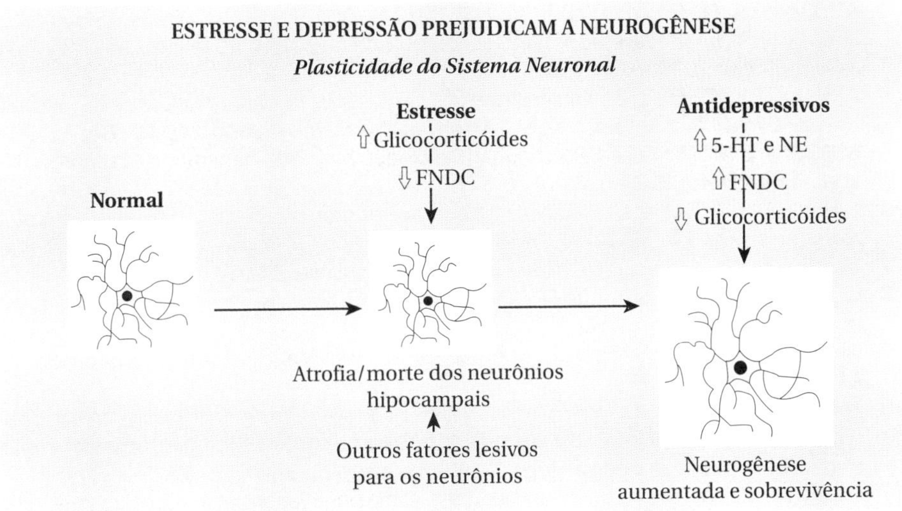

Figura 2.14 – Influência do estresse na neurogênese.

Considerações Finais

A etiopatogenia da *dor que dilacera a alma* faz um movimento pendular, de um lado era atribuída aos caprichos dos deuses que puniam até enlouquecer: era a inveja que os deuses tinham do sucesso dos homens. De outro lado, é priorizado o orgânico, que por meio de sofisticados exames, localizam precisamente a região do cérebro que está deficitária na depressão. Há uma troca da superstição pela biologia e o modelo de observação clínica. Os avanços na compreensão etiopatogênica da depressão envolveram mudanças conceituais de explicações sobrenaturais para naturalistas, de teorias unitárias e rudimentares sobre as causas para teorias pluralistas e do dualismo para a psicobiologia. Na verdade, ao longo da evolução histórica a depressão apresenta uma etiologia multifatorial: fatores genéticos, neuroquímicos e ambientais, que devem ser considerados em sua gênese. A vulnerabilidade para a doença está associada com fatores genéticos, fatores ambientais, suporte social, trauma, adaptações no desenvolvimento e variações hormonais. Ainda há muito a ser estudado e pesquisado, entretanto há evidências significativas de que as pessoas acometidas por depressão beneficiam-se de uma abordagem global.

Referências Bibliográficas

1. ALEXANDER, F.; SELESNICK, S. T. *História da Psiquiatria*. São Paulo: Ibrasa, 1966.
2. ANDREASEN, N. C.; BLACK, D. W. *Introductory Textbook of Psychiatry*. 3. ed. Washington: American Psychiatric Publishing, 2001.

3. ANDREASEN, N. C.; SWAYZE II, V.; FLAUM, M.; ALLIGER, R.; CONHEN, G. Ventricular abnormalities in affective disorders. Clinical and demographic correlates. *Am J Psychiatry, 147:* 893-900, 1990.
4. AREHART-TREICHEL, J. Researches identify links between depressions, stress. Psychiatric News – Clinical and Research News. *American Psychiatric Association, 38 (10):* 45, 2003.
5. BLOOM, F. E.; KUPFER, D. J. Psychopharmacology: the fourth generation of progress. New York: Raven Press, 1995.
6. CADORET, R. J. Evidence for genetic inheritance of primary affective disorder in adoptees. *Am J Psychiatry, 135:* 463-466, 1978.
7. CLARET, M. *Greek Science on Antiquity*. New York: Dover, 2001.
8. CORDÁS, T. A. *Depressão – da Bile Negra aos Neurotransmissores – uma Introdução Histórica*. São Paulo: Lemos, 2002.
9. CRADDOCK, N.; MCGRIFFIN, E. Approaches to the genetics of affective disorders. *Ann Med, 25:* 317-322, 1993.
10. ELKIS, H.; FRIEDMAN, L.; WISE, A.; MELTZER, H. Y. Meta-analysis of studies of ventricular enlargement and cortical sulcal prominent in mood disorders. Comparisons with controls or patient with schizophrenia. *Arch Gen Psychiatry, 52:* 735-746, 1995.
11. GALIK, M. Melancholy in Europe and in China: some observations of a student of intercultural process. *Asian and African Studies, 5 (1):* 50-69, 1996.
12. GLASSMAN, A. H.; SHAPIRO, P. A. Depression and the course of coronary artery diseases. *Am J Psychiatry, 155:* 4-11, 1998.
13. KESSLER, R. G.; MCLEOD, J. D. Social support and mental health in community samples. In: COHEN, S.; SYNE, L. (eds.). *Social Support and Health*. New York: Academic Press, 1985, p. 219-239.
14. KLINE, N. S. The practical management of depression. *JAMA, 190:* 732-740, 1965.
15. LAFER, B.; RENSHAW, P. F.; SACHS, G. S. Major depression and the basal ganglia. *Psych Clin North Am, 20:* 885-896, 1994.
16. LEWIS, A. J. *The validity of major depression with atypical features based on a community study. J Ment Sci, 80:* 256-265, 1944.
17. MEIRA-LIMA, I. V.; SAMAIA, H. B.; VALLADA-FILHO, H. P. Genética: In: LAFER, B.; ALMEIDA, O. P.; FRÁGUAS JR., R.; MIGUEL, E. C. *Depressão no Ciclo da Vida*. Porto Alegre: Artes Médicas, 2000, p. 56-65.
18. MEIRA-LIMA, I. V.; VALLADA-FILHO, H. P. O fenômeno da antecipação genética e a expansão de repetições trinucleotídicas nas psicoses endógenas. *Revista ABP-APAL, 20:* 19-23, 1998.
19. MENDLEWICKZ, J.; RAINER, J. D. Adoption Study supporting genetic transmission in manic-depressive illness. *Nature, 268:* 327-329, 1977.
20. MITCHELL, P.; MACKINNON, A.; WATES, B. The genetics of bipolar disorder. *Austr N Z J Psychiatry, 27:* 560-580, 1993.
21. OHARA, K.; SUZUKI, Y.; YOSHIDA, K. Antecipation and imprinting in Japanese familial mood disorders. *Psychiatry Res, 79 (3):* 191-198, 1998.
22. PAYKEL, E. S. Life events, social support and depression. *Acta Psychiatr Scand, 89 (suppl 377):* 50-58, 1994.
23. PORTER, R. *Cambridge Illustrated History of Medicine*. Cambridge: Cambridge University Press, 1966.
24. POTTER, W. Z.; MANJI, H. K. Catecholamine in depression: an update. *Clin Chem,* 279-287, 1994.
25. ROCHA-BARROS, E. M.; DANTAN JR., A.; ROCHA-BARROS, E. L. Depressão: uma perspectiva psicanalítica. In: LAFER, B.; ALMEIDA, O. P.; FRÁGUAS JR., R.; MIGUEL, E. C. *Depressão no Ciclo da Vida*. Porto Alegre: Artes Médicas, 2000, p. 92-101.
26. ROMANOV, K.; VARJONEN, J.; KAPRIO, J.; KOSKENVUO, M. Life events and depressiveness – the effect of adjustment for psychosocial factors, somatic health and genetic liability. *Acta Psychiatr Scand, 107:* 25-33, 2003.

85-7241-569-6

27. SASSI, R. B.; SOARES, J. C. Ressonância magnética estrutural nos transtornos afetivos. *Rev Bras Psiquiatr, 23 (suppl 1):* 11-14, 2000.
28. SCHILKRAUT, J. F.; GORDON, E. K.; DURELL, J. Catecholamine metabolism in affective disorders: normetanephine and VMA excretion depressed patient treated with imipramine. *J Psychiatric, 3:* 213-228, 1965.
29. SOARES, J. C.; MANN, J. J. The anatomy of mood disorders – review of structural neuroimaging studies. *Biol Psychiatry, 41:* 86-106, 1997.
30. STHAL, S. M. *Psicofarmacologia – Bases Neurocientíficas e Aplicações Clínicas.* Rio de Janeiro: Medsi, 1998.
31. THIHER, A. *Revels in Madness. Insanity in Medicine and Literature.* Ann Arbor: Michigan University Press, 2002.
32. VALLADA-FILHO, H. P.; CRADDOCK, N.; VASQUES, L.; CURTIS, D.; KIROO, G.; LAURIANO, V. et al. Linkage studies in bipolar affective disorder with markers on chromosome 21. *J Affect Dis, 41:* 217-221, 1996.
33. VON KNORRING, A. L.; CLONINGER, C. R.; BOHMAN, M.; SIGVARDSSONS, S. An adoption study of depressive disorders and substance abuse. *Arch Gen Psychiatry, 40:* 943-950, 1983.
34. WENDER, P. H.; KETY, S. S.; ROSENTHAL, D.; SCHULSINGER, F.; ORTMAM, J.; LUNDE, I. Psychiatrics disorders in the biological and adoptive families of adopted individuals with affective disorders. *Arch Gen Psychiatry, 43:* 923-929, 1986.

85-7241-569-6

CAPÍTULO 3

Diagnóstico pelo Clínico

Danusa Céspedes Guizzo Ayache
Renério Fráguas Junior
Viviane Vasconcelos Galvão

Introdução

A palavra *diagnóstico* tem origem grega e significa *reconhecimento*. No meio médico, diagnosticar seria o procedimento de reconhecer uma enfermidade por meio de seus sinais, sintomas, curso e, quando necessário, realização de exames complementares. Um diagnóstico correto é imprescindível para o estabelecimento de uma boa conduta terapêutica.

O clínico ou cirurgião, independentemente da sua especialidade, tem um papel fundamental no diagnóstico de depressão na população geral. Sabemos que muitos pacientes não percebem os sintomas depressivos ou, mesmo quando têm uma certa clareza de seu quadro, resistem a procurar o psiquiatra por preconceito em relação a esse especialista e medo do estigma da doença mental. Portanto, essas pessoas buscam freqüentemente outros colegas, que não o psiquiatra, desejando um diagnóstico e/ou alívio dos sintomas depressivos.

O médico muitas vezes dedica pouca atenção aos sintomas psíquicos de seus pacientes, freqüentemente em decorrência de uma restrição no que diz respeito à informação e formação sobre os transtornos mentais e a uma limitação do tempo disponível para cada consulta imposta pelo sistema assistencial. Mesmo no meio médico ainda há quem questione se a depressão é uma patologia. Considerando-se que há muitos anos já temos conhecimento sobre alterações neurofisiológicas, hormonais e imunológicas da depressão, bem como terapêuticas eficazes e seguras, uma sistemática divulgação sobre o assunto se faz necessária.

85-7241-569-6

Desmistificar este tema é um dos principais objetivos deste livro, assim como capacitar médicos não-psiquiatras a diagnosticar e, eventualmente, tratar os casos mais leves, pois a depressão é uma das doenças mais freqüentes na população geral. Estudos da Organização Mundial de Saúde (*World Health Organization*, 2004) revelam que, em termos mundiais, a depressão será a 2ª maior causa de morbidade no ano 2020, perdendo apenas para as doenças cardiovasculares. Fatalmente o número de psiquiatras será insuficiente para tratar todos os casos e haverá necessidade de outros clínicos capacitados a fazê-lo.

Obstáculos que o Médico Não-psiquiatra Enfrenta para Diagnosticar a Depressão

Segundo Furlanetto (2001), existem *barreiras* no diagnóstico da depressão no contexto médico; a seguir salientamos alguns fatores que podem contribuir para a formação dessas barreiras.

Fatores Relacionados a Condições Médicas

Preocupação quanto às conseqüências sociais adversas perante um diagnóstico psiquiátrico; preocupação quanto às reações emocionais que podem ser suscitadas por perguntar sobre aspectos emocionais; tendência a minimizar sintomas clínicos de depressão que são considerados como reações esperadas e compreensíveis diante de uma doença física; crença de que alguns sintomas depressivos somáticos seriam decorrentes de alguma doença física.

Botega *et al.* (2002) citam algumas frases e atitudes freqüentes no meio médico e que podem dificultar a realização do diagnóstico de depressão. Analisaremos em seguida algumas delas:

- *"No lugar dele eu também estaria deprimido"; "Esta depressão é compreensível: não vou tratar":* Esses são exemplos de afirmações totalmente subjetivas e não científicas. Porque um sofrimento é compreensível não deve ser diagnosticado e tratado?
- *"Depressão só dá em quem tem fraqueza de caráter"; "Só depende de você: força de vontade cura a depressão!":* Novos exemplos, também freqüentes, infelizmente. Podemos compreender que o público leigo faça tais afirmações, mas não um médico, diante de todos os avanços das neurociências e da comprovação de que a depressão está relacionada a inúmeros fenômenos neuroquímicos. É lógico que o paciente deve ser estimulado a ter força e a melhorar, mas hoje sabemos que o tratamento medicamentoso é essencial e que apenas uma atitude positiva não pode melhorar uma depressão, assim como um *diabetes mellitus* ou uma hipertensão arterial.
- *"Ele só está estressado...":* É importante que os médicos em geral se empenhem em diferenciar sintomas de cansaço e estresse dos sintomas depressivos propriamente ditos, que serão elucidados mais adiante. Muitos pacientes têm um diagnóstico incorreto de "estresse", são orientados

apenas a "tomar algumas vitaminas" e mudar hábitos de vida, enfatizando-se atividades esportivas e de lazer. Essas medidas, na grande maioria das vezes, não serão suficientes para a melhora de um quadro depressivo, que poderá se agravar levando à ideação suicida e/ou sintomas psicóticos (delírios e alucinações).

- *"Depressão é uma conseqüência natural do envelhecimento":* Nem todos os idosos têm obrigatoriamente depressão. E, se apresentarem o quadro, este deve ser diagnosticado e tratado a fim de que se ofereça melhor qualidade de vida a essa população.
- *"Quem quer se matar mesmo, não ameaça"; "Ameaças de suicídio são apenas para manipular".* Diversos estudos evidenciaram que pessoas que cometeram o suicídio deram indícios de que o fariam e apresentaram tentativas anteriores frustradas (Hawton, 1989; Morgan & Owen, 1990). Nenhuma tentativa de suicídio, por mais inócua em sua aparência, deve ser menosprezada.

Já em 1982, Goldberg cita a crença, de significativa importância, de que o diagnóstico psiquiátrico é *de exclusão* e não poderia ser feito em associação ao de doenças físicas: *"(...) assim, solicitam uma série de exames, e, quando são negativos, dizem que o paciente não têm nada. Ao contrário, se algum exame complementar é positivo, o sofrimento psíquico não é levado em conta. Os médicos deveriam evitar o sistema do 'ou isto ou aquilo', ensinado na faculdade de Medicina: eles devem estar preparados para diagnosticar doenças físicas e transtornos psiquiátricos. Portanto, o diagnóstico de sofrimento psíquico deve se basear em sintomas positivos. (...)"* A importância do diagnóstico de depressão em medicina interna torna-se evidente com pesquisas mostrando uma presença de comorbidade.

Fatores Relacionados à Formação Médica

Limitação do tempo dedicado aos transtornos mentais durante o período de graduação e nas várias especialidades médicas durante a residência médica; corpo docente da psiquiatria restrito a uma determinada *Escola de Psicoterapia* e limitações da psiquiatria em transmitir seu corpo de conhecimento para outras especialidades médicas de forma clara e objetiva.

Fatores Socioculturais

Limitação de tempo e de recursos e falta de privacidade na entrevista.

Fatores Relacionados ao Paciente

A negação de sintomas depressivos é causada por:

- Crença de que falar sobre depressão significa *fraqueza pessoal.*
- Acreditar que aquele não é o local para falar de aspectos emocionais por se tratar de uma consulta *médica*, para a saúde física.

85-7241-569-6

- Ausência de privacidade.
- Percepção de que o médico conduz a entrevista de uma maneira que venha a sugerir que está com pressa ou que não está interessado nesses aspectos.

A psicopatologia da depressão associada a doenças também pode ser diferente da comumente descrita em pacientes de ambulatório ou enfermarias psiquiátricas. A irritabilidade, por exemplo, é considerada um critério diagnóstico para a depressão apenas em crianças ou adolescentes. Entretanto, esse sintoma freqüentemente faz parte das manifestações depressivas associadas a outras condições médicas (Fráguas & Alves, 2002). A não-atenção para esse fato pode acarretar não apenas a não-realização do diagnóstico de depressão como, eventualmente, a prescrição indevida de um benzodiazepínico, pelo fato de o quadro ser diagnosticado como um transtorno associado ao estresse (Fráguas Jr. *et al.*, 2000).

Segundo Fráguas (2000), uma dificuldade que também é freqüentemente relatada pelos colegas é a de como diagnosticar o transtorno depressivo em pessoas com doenças debilitantes, com alguns sintomas (por exemplo, insônia, emagrecimento, cansaço) que se confundem aos da depressão. Esse aspecto será elucidado após a descrição do quadro clínico, ainda neste capítulo.

Subtipos de Transtornos Depressivos no Contexto Médico

Fráguas (2000) e Botega *et al.* (2002) descrevem as possíveis associações entre as manifestações depressivas e a condição médica.

Reação de Ajustamento com Humor Depressivo

Manifestação depressiva decorrente do estresse do adoecer e suas conseqüências. O significado do adoecer, características de personalidade, recursos adaptativos e predisposição genética à depressão são aspectos do paciente que determinam a ocorrência desse transtorno, que geralmente é transitório.

Depressão Secundária – Transtorno Depressivo Secundário a Condições Médicas

Há uma associação etiológica entre a fisiopatologia da condição médica ou o uso de um medicamento e a manifestação depressiva. Como exemplo clássico, poderíamos citar o hipotireoidismo – a diminuição dos níveis de hormônios tireoidianos pode desencadear sintomas depressivos. Inúmeros medicamentos também podem estar envolvidos na fisiopatologia da depressão. O Quadro 3.1 ilustra as principais doenças e medicamentos que podem causar depressão.

85-7241-569-6

Quadro 3.1 – Doenças e medicamentos que podem causar depressão*

Doenças neurológicas:	Anemia
Doença cerebrovascular	Deficiências de folato, B_2, B_{12}
Tumores frontais	Desequilíbrio eletrolítico
Epilepsia (principalmente de lobo temporal)	Dor crônica
Doença de Huntington	Infarto agudo do miocárdio
Doença de Parkinson	Insuficiência renal crônica
Doença de Alzheimer	Intoxicação por metais pesados
Esclerose múltipla	Lúpus eritematoso sistêmico
Paralisia supranuclear progressiva	***Medicamentos:***
Hemorragia subaracnóide	Ácido nalidíxico
Neurossífilis	Anfetamínicos, cocaína (abstinência)
Endocrinopatias:	Anti-hipertensivos (reserpina, metildopa, clonidina, nifedipina, hidralazina, prazosina, diuréticos)
Hiper e hipotireoidismo	Antiinflamatórios não-esteróides
Síndrome de Cushing	Antipsicóticos
Diabetes melittus	Benzodiazepínicos
Doença de Addison	β-bloqueadores (especialmente propranolol)
Hiperparatireoidismo	Cimetidina
Hipopituitarismo	Cinarizina
Acromegalia	Contraceptivos orais
Neoplasias:	Corticosteróides
Carcinoma de pâncreas	Digitálicos
Carcinoma de pulmão	Flunarizina
Tumores do SNC	Interferon
Doenças infecciosas:	Isoniazida
AIDS	Levodopa
Encefalite	Metoclopramida
Gripe	Metronidazol
Hepatite	Abstinência (anfetamínicos, cocaína)
Mononucleose	Ranitidina
Pneumonia viral	Vimblastina
Outras doenças:	Vincristina
Alcoolismo	

* Reproduzido de Botega *et al.*, 2002 (p. 205)

Transtorno Depressivo Desencadeado ou Agravado pela Condição Médica

Neste caso, não há uma reação de ajustamento à doença, nem fatores orgânicos ou medicamentosos relacionados diretamente à fisiopatologia da depressão. A condição médica apenas agravou ou desencadeou um transtorno depressivo preexistente ou latente do paciente. Por exemplo, uma paciente com episódios depressivos recorrentes pode ter uma fase depressiva desencadeada no pós-operatório de uma cirurgia.

85-7241-569-6

Condição Médica Desencadeada ou Agravada pelo Transtorno Depressivo

Pacientes deprimidos freqüentemente não têm hábitos de vida saudáveis como, por exemplo, boa alimentação e prática de exercícios físicos. Isto pode agravar ou desencadear condições médicas, como algumas doenças cardiovasculares e endócrinas.

Associação de Mais de Uma Dessas Possibilidades

A depressão e a condição médica também podem coexistir sem que exista uma associação evidente entre ambas.

Diagnóstico – Quadro Clínico

O diagnóstico deve ser baseado em anamnese cuidadosa, exame físico, psíquico e exames laboratoriais, a fim de se investigar a presença de depressão secundária, bem como a existência de sintomas atípicos, melancólicos ou psicóticos.

Anamnese e Exame Psíquico

A depressão pode acometer qualquer indivíduo, independentemente de sexo, estado civil, idade, escolaridade, religião ou classe social.

Embora a característica mais típica da depressão seja a proeminência de sentimentos de tristeza ou vazio, nem todos os pacientes têm essa queixa subjetiva de tristeza, por isso é comum que os estados depressivos não sejam diagnosticados e tratados. Muitos têm como queixa principal perda da capacidade de sentir prazer em suas atividades diárias, sensação de fadiga ou perda de energia (cansaço exagerado) ou ocorrência de dores variadas.

Os sintomas somáticos são bastante freqüentes (por exemplo, cefaléia, dores articulares, náuseas, epigastralgia, inapetência) e, por isso, muitas vezes os pacientes procuram inicialmente outros especialistas, como neurologistas, reumatologistas e gastroenterologistas. Os que sentem uma sensação de angústia e dores no peito costumam procurar os cardiologistas. Porém as manifestações somáticas são tão diversas que qualquer especialista pode ser procurado.

Outros sintomas comuns são: diminuição da capacidade de pensar, de se concentrar ou tomar decisões; diminuição da auto-estima e da autoconfiança; pessimismo em relação à vida e ao futuro; sentimentos de inutilidade ou culpa excessiva e inapropriada; desinteresse sexual (Mari & Jorge, 1999).

As dificuldades no sono podem se manifestar de diversas formas:

- Pode haver insônia inicial (dificuldade para iniciar o sono).
- Sono interrompido (o paciente queixa-se de um sono conturbado, acordando várias vezes à noite).

85-7241-569-6

- Insônia terminal (o indivíduo desperta 2 ou 3h mais cedo que o habitual e não consegue mais dormir; esta situação geralmente ocorre em depressões mais graves).
- Hipersônia (aumento do sono, o paciente fica extremamente sonolento, mesmo durante o dia).

Individualmente, as alterações de peso também podem variar muito. O paciente pode apresentar tanto um aumento como uma perda significativa de peso.

Em alguns pacientes, pode predominar lentificação e inibição psicomotora. Geralmente é como a maior parte dos médicos e do público leigo visualiza o deprimido. Entretanto, é importante salientar que agitação psicomotora, ansiedade ou irritabilidade também podem ocorrer com bastante freqüência.

Existem ainda pacientes que recorrem ao uso excessivo de bebidas alcoólicas ou drogas (no intuito de aliviar os sintomas depressivos); outros apresentam preocupações hipocondríacas, como o medo inexplicável de apresentar uma doença grave; pode haver também um aumento de manifestações fóbicas e obsessivas ou acentuação de traços de personalidade. Pessoas muito rígidas e detalhistas, por exemplo, podem ter essas características acentuadas durante o episódio depressivo.

Como salientado, se o quadro não for diagnosticado e tratado de modo adequado, ele pode levar o paciente a progressivas dificuldades pessoais, familiares e profissionais. Os sintomas podem ainda se intensificar, evoluindo para quadros graves com pensamentos de morte ou atos lesivos a si mesmo (suicídio) ou outras pessoas. A avaliação do risco de suicídio deve ser sempre abordada e feita com extremo cuidado; nos casos mais graves, não se pode prescindir a vigilância ininterrupta, sendo necessária a internação (Mari & Jorge, 1999).

Os quadros graves podem evoluir também com sintomas psicóticos (delírios ou alucinações), que geralmente têm cunho depressivo. O paciente pode, por exemplo, apresentar delírios persecutórios, afirmando que alguém o está perseguindo e quer prejudicá-lo; ou alucinações auditivas (por exemplo, ouvir vozes que o depreciam e ordenam que ele se mate). Esses quadros devem ser diferenciados da esquizofrenia ou de outros transtornos psicóticos pela presença de sintomas depressivos antecedendo os psicóticos e geralmente também exigem internação hospitalar.

É importante investigar a existência de quadros depressivos anteriores e antecedentes familiares de transtornos de humor e suicídio. Indivíduos predispostos (com antecedentes pessoais e familiares de depressão), diante de estressores (doenças físicas, hospitalização, medicamentos, dor, perdas e medo da morte), estariam mais vulneráveis a um agravamento de sintomas residuais ou a um novo episódio depressivo (Furlanetto, 2001).

Exame Físico

Deve ser realizado da forma mais completa possível, para investigar quadros orgânicos que estejam desencadeando, agravando ou que sejam simplesmente concomitantes ao quadro depressivo e necessitem de tratamento.

Além disso, dados da avaliação clínica inicial serão utilizados na monitoração e escolha da terapêutica empregada (por exemplo, em pacientes cardiopatas que apresentem arritmias graves ou bloqueios de ramo no eletrocardiograma, é contra-indicado o uso de antidepressivos tricíclicos).

Alguns itens do exame físico são particularmente importantes quando há suspeita de depressão secundária: exame da tireóide, verificação de alterações na coloração, textura e temperatura da pele (podem ocorrer no hipotireoidismo, em hepatopatas ou em outras condições) e presença de tumorações, entre outros (Furlanetto, 2001).

A presença de hálito etílico, marcas de injeções, alterações na cavidade nasal ou olhos avermelhados sugere dependência química.

A avaliação neurológica tem particular importância, principalmente quando existem alterações da consciência (por exemplo, sonolência excessiva), orientação, memória, atenção, inteligência e sensopercepção, como alterações visuais e cefaléia (Brasil & Brasil, 1990).

Critérios Diagnósticos

Os critérios diagnósticos mais utilizados atualmente são os da Classificação Internacional de Doenças – CID 10 (World Health Organization, 1993) e do DSM-IV – *Diagnostic and Statistical Manual of Mental Disorders (American Psychiatry Association, 1994)*. Os critérios da CID-10, mais utilizados em nosso meio, estão expostos no Quadro 3.2.

De acordo com as características clínicas, a depressão pode ser subdividida em: melancólica, atípica, com sintomas psicóticos ou com sintomas catatônicos.

As características da depressão melancólica são humor não reativo (o paciente não consegue reagir a estímulos positivos do ambiente), insônia terminal, piora da sintomatologia pela manhã (piora matinal), perda de apetite e culpa excessiva.

A depressão atípica se caracteriza por humor reativo, hipersônia, aumento do apetite, grande sensibilidade ao sentimento de rejeição e sensação de peso nos membros.

A depressão com sintomas psicóticos, como ressaltado anteriormente, se caracteriza pela presença de alucinações e/ou delírios que podem ou não ser congruentes com o humor. Sintomas psicóticos bastante freqüentes são delírios de culpa, de perseguição e/ou alucinações auditivas na forma de vozes que depreciam o paciente ou ordenam que ele se mate.

A depressão com sintomas catatônicos se caracteriza pela presença de negativismo, mutismo e ecolalia (repetir a palavras que acabaram de ser ditas). O paciente pode não apresentar resposta a qualquer estímulo e se manter na mesma posição, geralmente em um quadro de rigidez muscular, por horas.

Essa distinção sintomatológica é acompanhada por diferenças em relação à resposta terapêutica. A depressão atípica tende a não responder bem aos antidepressivos tricíclicos e a responder melhor aos inibidores da monoamino-oxidase (IMAO). A depressão com sintomas psicóticos responde bem à associação de antidepressivos com antipsicóticos, mas não a antidepressivos isoladamente.

85-7241-569-6

QUADRO 3.2 – Critérios diagnósticos da CID-10*

CID-10: F.32 – Episódios Depressivos

Nos episódios típicos de cada um dos três graus de depressão (leve, moderado ou grave), o paciente apresenta rebaixamento do humor, redução da energia e diminuição da atividade. Existe alteração da capacidade de sentir prazer, perda de interesse e diminuição da capacidade de concentração associadas, em geral, a uma fadiga importante, mesmo após um esforço mínimo. Observam-se, em geral, problemas do sono e diminuição do apetite. Existe quase sempre uma diminuição da auto-estima e da autoconfiança e freqüentemente idéias de culpabilidade e ou de indignidade, mesmo nas formas leves. O humor depressivo varia pouco de dia para dia ou segundo as circunstâncias e pode ser acompanhados de sintomas ditos "somáticos", por exemplo, perda de interesse ou prazer, despertar matinal precoce (várias horas antes do habitual), agravamento matinal da depressão, lentidão psicomotora importante, agitação e perda de apetite, de peso e da libido. O número e a gravidade dos sintomas permitem determinar três graus de um episódio depressivo: leve, moderado e grave.

Inclui (episódios isolados de depressão):

- Psicogênica
- Reativa
- Reação depressiva

Exclui (quando associados com):

- Transtornos de conduta em F91-F92.
- Transtornos de adaptação (F43.2)
- Depressivo recorrente (F33.X)

F32.0 – Episódio depressivo leve

Geralmente estão presentes ao menos dois ou três dos sintomas citados anteriormente. O paciente costuma sofrer com a presença desses mas provavelmente será capaz de desempenhar a maior parte das atividades.

F32.1 – Episódio depressivo moderado

Geralmente estão presentes quatro ou mais dos sintomas citados anteriormente e o paciente aparenta ter muita dificuldade para continuar a desempenhar as atividades de rotina.

F32.2 – Episódio depressivo grave sem sintomas psicóticos

Episódio depressivo no qual vários dos sintomas são marcantes e angustiantes, tipicamente a perda da auto-estima e idéias de desvalia ou culpa. As idéias e os atos suicidas são comuns e observa-se em geral uma série de sintomas *somáticos*.
Depressão: agitada, maior ou vital – episódio único sem sintomas psicóticos

F32.3 – Episódio depressivo grave com sintomas psicóticos

Episódio depressivo correspondente à descrição de um episódio depressivo grave (F32.2) mas acompanhado de alucinações, idéias delirantes, lentidão psicomotora ou estupor de tal gravidade que todas as atividades sociais normais tornam-se impossíveis; pode existir o risco de morrer por suicídio, de desidratação ou de desnutrição. As alucinações e os delírios podem não corresponder ao caráter dominante do distúrbio afetivo.

Episódios isolados de depressão:

- Maior com sintomas psicóticos
- Psicótica
- Psicose depressiva psicogênica ou reativa

(Continua)

85-7241-569-6

Quadro 3.2 – Critérios diagnósticos da CID-10* *(Continuação)*
F32.8 – Outros episódios depressivos Depressão atípica Episódios isolados de uma depressão "mascarada" SOE**
F32.9 – Episódio depressivo não especificado Depressão (SOE) Transtorno depressivo (SOE)

* Adaptado de OMS, 1993, p. 117-112
** (SOE) sem outra especificação

Como já foi exposto, muitas vezes é difícil diferenciar alguns sintomas depressivos de sintomas físicos e psíquicos decorrentes da doença de base, medicamentos e/ou hospitalização. Cavanaugh (1995) propõe uma estratégia bastante interessante e útil. Sintomas como fadiga, alterações do sono, do apetite, do peso e da psicomotricidade ajudam a corroborar o diagnóstico quando:

- Em excesso ao esperado para a condição física e seu tratamento.
- Surgem associados temporalmente aos sintomas cognitivos e afetivos da depressão (humor depressivo, anedonia).

Seguindo essas diretrizes, a autora propôs modificações nos critérios diagnósticos do DSM-IV para depressão maior (Quadro 3.3).

Segundo Botega *et al.* (2002), os sintomas depressivos mais prevalentes no hospital geral são perda do interesse nas pessoas, pessimismo, desânimo, indecisão, irritabilidade e anedonia (perda da capacidade de sentir prazer em atividades antes prazerosas para o paciente). Este último sintoma geralmente é de difícil avaliação em pacientes internados ou com comprometimento físico grave. O clínico ou cirurgião deve estar atento, entretanto, ao paciente que não consegue desfrutar nem dos mínimos prazeres acessíveis, como visita de familiares, assistir televisão, ler, conversar com companheiros de quarto, etc.

Exames Complementares

Infelizmente, apesar de todos os avanços nos estudos de neuroquímica (que revelam alterações na concentração cerebral de serotonina, noradrenalina e dopamina), de neuroendocrinologia (alterações do eixo hipotálamo-hipófise-adrenal e hipotálamo-hipófise-tireóide), de imunologia (alterações de fatores inflamatórios como interleucinas, fator de necrose tumoral e proteína C-reativa) e de neuroimagem (que mostram anormalidades cerebrais como alterações volumétricas, metabólicas e de fluxo sangüíneo global e regional), ainda não se dispõe de métodos laboratoriais e exames de imagem que sejam conclusivos para o diagnóstico de depressão (Lafer & Amaral, 2000; Lafer, 2000).

Quadro 3.3 – Critérios para episódio depressivo maior (DSM-IV) modificados*

A. Cinco dos seguintes sintomas têm estado presentes durante o mesmo período de duas semanas e representam uma mudança no funcionamento anterior; pelo menos um dos sintomas está presente: humor deprimido ou perda do interesse ou do prazer, ou *falta de esperança, sentir-se desamparado, não se importar mais com as coisas.*

1. Humor deprimido durante a maior parte do dia, quase todos os dias, como indicado, seja por relato subjetivo (por exemplo, sente-se triste ou vazio) ou observação feita por outras pessoas (por exemplo, parece choroso).
2. Diminuição marcante do interesse em todas, ou quase todas, as atividades, na maior parte do dia, quase todos os dias (como indicado, seja por relato subjetivo ou por observação feita por outras pessoas, *particularmente perda do interesse nas pessoas).*
3. Sentimentos de desvalia *(se sente mal em relação a si mesmo, não em relação à situação)* ou culpa excessiva e não apropriada *(sentimentos de que a doença é um castigo por erros passados)*, quase todos os dias (não meramente auto-acusação por estar doente).
4. Diminuição da habilidade de pensar e da concentração *(não facilmente explicada por* delirium, *demência, doença física ou tratamentos)* ou indecisão, tanto subjetiva quanto observada pelos outros.
5. Pensamentos recorrentes de morte *(não somente medo de morrer),* ideação recorrente de suicídio sem planos específicos ou tentativa de suicídio ou plano específico para cometê-lo *(não simplesmente desejar estar morto para acabar com sofrimento físico).*

Os sintomas abaixo devem estar temporalmente relacionados aos sintomas cognitivos e afetivos de depressão:

6. Alteração significativa de peso (perda ou ganho) sem estar fazendo dieta (por exemplo, mais de 5% do peso corporal em um mês) ou diminuição do apetite quase todos os dias, *não facilmente explicado por doença física, tratamentos ou ambiente hospitalar.*
7. Retardo ou agitação psicomotora quase todos os dias (observado pelos outros, não meros sentimentos de inquietação ou de estar lentificado, *não facilmente explicável por* delirium, *demência, doenças físicas ou tratamentos)*
8. Insônia ou hipersônia quase todos os dias *(não facilmente explicável por doenças físicas, tratamento ou ambiente hospitalar).*
9. Fadiga ou perda de energia quase todos os dias *(não facilmente explicável por doenças físicas ou tratamentos).*

B. Os sintomas causam significativo sofrimento ou prejuízo em nível social, ocupacional ou em outras áreas de funcionamento *(não causado por doença física ou seu tratamento).*
O paciente não participa no cuidado médico, apesar de ter habilidade para tal, não progride, apesar da melhora da condição física e/ou está funcionando em um nível mais baixo do que a condição física possibilita.

C. Não atribuível a efeitos fisiológicos diretos de uma substância (por exemplo, abuso de drogas, medicação prescrita) ou a uma doença física (por exemplo, hipotireoidismo).

D. Os sintomas não são causados por luto depois da perda de um ente querido. Eles persistem por mais de dois meses ou são caracterizados por prejuízo funcional marcante, preocupação mórbida com desvalia, ideação suicida, sintomas psicóticos ou retardo psicomotor.

* Reproduzido de Botega *et al.*, 2002 (p. 208).

85-7241-569-6

Os exames complementares devem ser realizados com o objetivo de se afastar ou confirmar condições médicas que possam estar contribuindo para o desencadeamento ou agravamento da depressão.

Soares & Lafer (2001) recomendam, como investigação clínica básica, os seguintes exames: hemograma completo, exames de função renal e hepática, exames de função tireoideana, glicemia, dosagem sérica de eletrólitos (Na, K, Ca, Mg), sorologia para sífilis, urina Tipo I e radiografia de tórax. Com base em dados da anamnese, ainda podem ser solicitados: eletrocardiograma, ecocardiograma, urocultura, dosagem sérica de substâncias psicoativas, eletroencefalograma e sorologia para HIV (vírus da imunodeficiência humana).

É interessante salientar a importância da solicitação do nível sangüíneo de TSH (hormônio estimulante da tireóide) e T4 livre e, em casos de má resposta terapêutica, complementar a investigação com a dosagem de anticorpos antitireóide. Diversos estudos mostram uma correlação importante da depressão com alterações tireoidianas, particularmente as tireoidites auto-imunes, como a doença de Hashimoto (Pies, 1997; Haggerty & Prange, 1995).

Em casos de suspeita de uso de drogas, recomendamos a dosagem urinária de cocaína e maconha, que ainda são as drogas mais utilizadas em nosso meio e mais freqüentemente relacionadas à depressão.

Soares & Lafer (2001) sugerem a realização de exames de neuroimagem (tomografia computadorizada e ressonância magnética nuclear do crânio) em casos refratários ao tratamento, em pacientes com alterações neurológicas, história de trauma ou epilepsia, no diagnóstico diferencial com demências e no primeiro episódio psicótico.

Alguns autores propõem a utilização do estudo polissonográfico para fins diagnósticos, pois os deprimidos apresentam com freqüência diminuição da latência e aumento da 1ª fase do, além de alterações do sono delta (Kupfer, 1995; Giles *et al.*, 1998).

Finalizando, apesar dos avanços científicos da atualidade, não dispomos ainda de exames complementares decisivos para o diagnóstico de depressão. Este é ainda eminentemente clínico e deve ser feito por meio de anamnese cuidadosa, exame físico e psíquico do paciente.

Considerações Finais

O diagnóstico pelo clínico torna-se cada vez mais imprescindível para a população geral, pois o número de psiquiatras no mundo é insuficiente para atender a esta demanda.

Entretanto, verificamos que ainda há muitos obstáculos para que isto ocorra. Devemos lutar para uma maior conscientização e informação da classe médica e da população em geral sobre os transtornos depressivos, diminuindo assim o preconceito em relação às doenças psiquiátricas e permitindo um tratamento digno e eficiente aos portadores desta doença.

85-7241-569-6

Referências Bibliográficas

1. AMERICAN PSYCHIATRIC ASSOCIATION. *Diagnostic and Statistical Manual of Mental Disorders*. 4. ed. Washington: APA, 1994.
2. BOTEGA, N. J.; FURLANETTO, L.; FRÁGUAS JR., R. Depressão no paciente clínico In: BOTEGA, N. J. *Prática Psiquiátrica no Hospital Geral: interconsulta e emergência*. São Paulo: Artmed, 2002, p. 203-211.
3. BRASIL, M. A.; BRASIL, H. H. A. Exame psiquiátrico. In: PORTO, C. C. *Semiologia Médica*. Rio de Janeiro: Guanabara-Koogan, 1990, p. 1097.
4. CAVANAUGH, S. Depression in the medically ill: critical issues in diagnostic assessment. *Psychosom, 34:* 48-59, 1995.
5. FRÁGUAS JR., R. Depressão no contexto médico. In: LAFER, B.; ALMEIDA, O.; FRÁGUAS JR., R.; MIGUEL, E. C. *Depressão no Ciclo da Vida*. Porto Alegre: Artmed; 2000, p. 179-186.
6. FRÁGUAS JR., R.; RAMADAN, Z. B.; PEREIRA, A. N.; WAJNGARTEN, M. Depression with irritability in patients undergoing coronary artery bypass graft surgery: the cardiologist's role. *Gen Hosp Psychiatry, 22:* 365-374, 2000.
7. FRÁGUAS JR., R.; ALVES, T. C. Depression in general hospital: a study of 136 cases. *Rev Assoc Med Bras, 48:* 225-230, 2002.
8. FURLANETTO, L. Diagnóstico. In: FRÁGUAS JR., R.; FIGUEIRÓ, J. A. B. *Depressões em Medicina Interna e outras Condições Médicas – Depressões Secundárias*. São Paulo: Atheneu, 2001, p. 11-20.
9. GILES, D. E.; KUPFER, D. J.; RUSH, A. J. et al. Controlled comparison of electrophysiological sleep in families of probands with unipolar depression. *Am J Psychiatry, 155 (2):* 192-199, 1998.
10. GOLDBERG, D. The concept of "case" in General Practice. *Soc Psychiatry, 17:* 61-65, 1982.
11. HAGGERTY JR., J. J.; PRANGE JR., A. J. Borderline hypothyroidism and depression. *Ann Rev Med, 46:* 37-46, 1995.
12. HAWTON, K. Suicide and attempted suicide. In: *The Instruments of Psychiatric Research*. London: Thompson, 1989, p.195-210.
13. KUPFER, D. J. Sleep research in depressive illness: clinical implications – a tasting menu. *Biol Psychiatry, 38:* 391-403, 1995.
14. LAFER, B.; AMARAL, J. A. Neuroquímica. In: LAFER, B.; ALMEIDA, O.; FRÁGUAS JR., R.; MIGUEL, E. C. *Depressão no Ciclo da Vida*. Porto Alegre: Artmed, 2000, p. 66 72.
15. LAFER, B. Neuroimagem. In: LAFER, B.; ALMEIDA, O.; FRÁGUAS JR., R.; MIGUEL, E. C. *Depressão no Ciclo da Vida*. Porto Alegre: Artmed, 2000, p. 73-81.
16. MARI, J. J.; JORGE, M. R. Transtornos psiquiátricos na clínica geral. In: PRADO, F. C.; RAMOS, J. A.; VALLE, J. R. *Atualização Terapêutica – Manual Prático de Diagnóstico e Tratamento*. Porto Alegre: Artes Médicas, 1999, p. 1201-1202.
17. MORGAN, H. G.; OWEN, J. H. *Persons at Risk of Suicide: guidelines on clinical practice*. London: PLC, 1990.
18. ORGANIZAÇÃO MUNDIAL DE SAÚDE (OMS). *Classificação de Transtornos Mentais e de Comportamento*. Porto Alegre: Artes Médicas, 1993.
19. PIES, R. W. The diagnosis and treatment of sub-clinical hypothyreoid states in depressed patients. *Gen Hosp Psychiatry, 19 (5):* 344-354, 1997.
20. SOARES, C. N.; LAFER, B. Exames complementares e a avaliação clínica em psiquiatria. In: CORDÁS, T. A.; MORENO, R. A. *Condutas em Psiquiatria*. São Paulo: Lemos, 2001, p. 67-84.
21. WORLD HEALTH ORGANIZATION (WHO). *Depression*. Available at: http://www.who.int/mental_health/management/depression. Acesso em: 20/6/2004.

85-7241-569-6

CAPÍTULO 4

Alterações Imunológicas na Depressão

ANDRÉA MARQUES DEAK
FRANCISCO LOTUFO NETO
EUTHYMIA BRANDÃO DE ALMEIDA PRADO

INTRODUÇÃO

Evidências que revelam a comunicação bidirecional entre o sistema neuroendócrino e o sistema imunológico provêm de estudos neuroendócrinos, comportamentais e imunológicos realizados em animais e em humanos (Ader *et al.*, 1995; Sternberg *et al.*, 1992; Webster *et al.*, 2002). Diversos estudos também vêm demonstrando que uma variedade de fatores estressores físicos e psicossociais pode alterar a resposta imunológica (Kusnekov, 2001).

O termo psiconeuroimunologia foi introduzido por Ader em 1981, como a área da ciência que estuda esta complexa relação entre o sistema nervoso central (SNC) e o sistema imunológico. Os primeiros estudos relatando anormalidades imunológicas em pacientes com transtorno depressivo maior (TDM) foram publicados no início da década de 80 (Kronfol *et al.*, 1983; Kronfol *et al.*, 1984; Schleifer *et al.*, 1984; Schleifer *et al.*, 1985) e, desde então, muitos estudos em indivíduos com quadros depressivos vêm apontando alterações na resposta imunológica e neuroendócrina, evidenciando hiperatividade do eixo hipotálamo-hipófise-adrenal (HHA) e imunossupressão (Andreoli *et al.*, 1993; Herbert & Cohen, 1993; Holsboer, 1995; Maes, 1995; Schiffer & Babigian, 1984; Schleifer *et al.*, 1984; Young *et al.*, 1994). No entanto, deve-se ressaltar que o papel da imunossupressão, observada em pacientes com TDM, em explicar o desencadeamento ou progressão de infecções, alergias, doenças auto-imunes e câncer, ainda não está bem estabelecido,

85-7241-569-6

apesar de estudos epidemiológicos sugerirem esta possível associação (Cohen *et al.*, 1991a; McGee *et al.*, 1994; Nasr *et al.*, 1981; Schiffer & Babigian, 1984; Sephton & Spiegel, 2003; Spiegel & Giese-Davis, 2003).

Com o avanço dos estudos, novas abordagens foram introduzidas no campo da psiconeuroimunologia das doenças afetivas, especificamente com as pesquisas em citocinas nas últimas décadas, revelando o papel desses peptídeos produzidos por células do sistema imunológico, em fenômenos neuroquímicos, neuroendócrinos e comportamentais, e assim novas possibilidades do papel das citocinas na depressão (Kronfol, 2003). Estudos nessa área revelaram que pacientes com TDM podem apresentar não somente imunossupressão, como também imunoativação, demonstrada pelo aumento de citocinas pró-inflamatórias (Leonard & Connor, 1998; Maes, 1995; Maes *et al.*, 1998). Especula-se que a ativação do sistema imunológico pode resultar, em alguns casos, em alterações nos neurotransmissores e no comportamento, levando ao surgimento de sintomas depressivos (Maes *et al.*, 1998). Recentemente, por meio de estudos com expressão de genes de citocinas no SNC, têm sido enfatizada a diferenciação entre ativação imunológica periférica (ou sistêmica) e expressão central de citocinas (ativação de citocinas no SNC); ressaltando que não tenha de ocorrer necessariamente um processo inflamatório no SNC para que ocorra aumento de citocinas central, mas que outros fatores podem desencadear esse processo como estresse, estados nutricionais, neurodegeneração, isquemia, auto-imunidade e possivelmente predisposição genética. Nesta linha de pesquisa, acredita-se que ocorra ativação central da rede de citocinas, o que não implica uma etiologia imunológica ou auto-imune na depressão (Licinio & Wong, 2003).

Portanto, com base nos estudos, discute-se que não somente o sistema imunológico pode ser modulado pelo SNC (estresse e quadros depressivos alterando a imunidade), mas o oposto também pode ocorrer, ou seja, o sistema imunológico pode modular o comportamento e o estado do humor (Ader *et al.*, 1995).

Neste capítulo destacaremos as evidências da imunodesregulação e suas inter-relações com a atividade do eixo HHA, em pacientes com diagnóstico de depressão, bem como suas implicações clínicas.

Histórico

A inter-relação entre estado psicológico e estado imunológico tem sido descrita desde a Antigüidade. Em 200 a.C., Galeno sugeria que mulheres "melancólicas" poderiam ser mais propensas a câncer de mama que mulheres "sangüíneas", mais dispostas e animadas (Leonard, 1987). Em 1876, Koch demonstrou a etiologia microbiana das doenças infecciosas (Lechevalier & Slotorovsky, 1965) e dois anos depois, Pasteur observou que galinhas normalmente resistentes a um agente infeccioso ficavam susceptíveis a este após imersão em água fria. Este foi o marco inicial da pesquisa da relação entre estresse e infecção (Adler *et al.*, 1995). Em 1887, Julius Wagner-Jauregg investigou o efeito das enfermidades febris na psicoses, ganhando em 1927 o primeiro prêmio Nobel concedido a um psiquiatra (Licinio & Wong, 2003). Porém, após a descoberta dos antibióticos, as pesquisas para o tratamento de infecções ou doenças inflamatórias focaram principalmente na eliminação do organismo estranho ou no agente que desencadeava as doenças, desconsiderando o fato de que a resposta do próprio indivíduo poderia influenciar na susceptibilidade às doenças (Sternberg & Gold, 1997).

No entanto, com o avanço nas técnicas moleculares, farmacológicas e genéticas, a intrínseca rede existente entre o sistema imunológico e SNC foi aos poucos sendo revelada. Em 1936, Seyle introduziu o conceito de estresse como uma resposta biológica inespecífica, caracterizada pela ativação do eixo HHA (Seyle, 1936). Este estudo demonstrou que animais submetidos a condições de estresse desenvolviam a tríade: alargamento do córtex adrenal, atrofia do timo e estruturas linfóides, sangramento de úlceras estomacais e duodenais. Sugeriu, ainda, que essas manifestações poderiam ser chamadas de *síndrome de adaptação* (Seyle, 1973).

Existem outras definições do estresse, como a proposta por Sklar & Anisman em 1981, segundo a qual esse seria uma reação do corpo a um fator deletério, que tende a causar perturbação no equilíbrio fisiológico ou na homeostase. Essa reação pode levar a alterações no sistema imunológico, por meio da ativação do sistema nervoso e do sistema endocrinológico (Ader *et al.*, 1995; Biondi & ZanniniI, 1997). A partir da década de 70, foram iniciados estudos mais sistemáticos na área de psiconeuroimunologia, demonstrando que a resposta imunológica pode estar aumentada ou diminuída, após estímulos que requerem elaboração no SNC (Ader *et al.*, 1995; Consoli, 1988). Exemplos importantes são o estresse e o condicionamento clássico. Este fenômeno é chamado de neuromodulação (Biondi, 2001).

A resposta ao estresse resulta na liberação de neurotransmissores e hormônios que têm a função de mensageiros do SNC para regular o sistema imunológico e outros sistemas. As conseqüências dessa resposta tendem a ser adaptativas, porém podem ser deletérias quando o fator estressor se prolonga (Dhabhar & McEwen, 2001). Por outro lado, o sistema imunológico produz peptídeos, que funcionam como sinalizadores e mensageiros (citocinas), que têm função crucial no processo inflamatório e na resposta imune e servem também de mediadores entre o SNC e o sistema imunológico (Kronfol & Remick, 2000).

Nesse sentido, muitos estudos vêm demonstrando que indivíduos com quadros depressivos ou quando submetidos a emoções estressantes podem apresentar respostas imunológicas e neuro-endócrinas alteradas, o que poderia levar a maior susceptibilidade a câncer, doenças auto-imunes, alergias e infecções como pneumonias bacterianas, faringites, doenças periodontais (Irwin, 1999). A depressão está associada a maior freqüência de patologias imuno-relacionadas como infecção (Cohen *et al.*, 1991[a]), alergia (Nasr *et al.*, 1981) e doenças auto-imunes. Isso parece confirmar que essa relação decorra diretamente das alterações imunológicas encontradas em pacientes com depressão (Irwin, 2001).

Especula-se que, além da imunossupressão encontrada em pacientes com depressão, pode ocorrer concomitantemente ativação do sistema imunológico, demonstrada pelo aumento de citocinas pró-inflamatórias séricas (Leonard & Connor, 1998; Maes, 1995), o que pode resultar em alterações nos neurotransmissores e nos comportamentos, levando ao surgimento de sintomas depressivos (Maes *et al.*, 1998). A influência do sistema imunológico nas funções monoa-

85-7241-569-6

minérgicas cerebrais, na atividade do eixo HHA e no comportamento é conhecida, porém a maneira como esses achados podem influenciar no início e/ou evolução dos quadros depressivos ainda não é completamente compreendida (Zorilla *et al.*, 2001).

No entanto, é importante destacar que existe uma produção de citocinas periféricas e centrais no SNC e que essas podem ser ativadas por diversos fatores como estresse e sinais nutricionais, mesmo na ausência de um processo inflamatório local. Recentemente, por meio de estudos com expressão de genes de citocinas no SNC, têm-se ressaltado que imuno-ativação periférica ou sistêmica e expressão de citocinas no SNC não são sinônimos. Nesta linha de pesquisa, acredita-se que nos transtornos psiquiátricos a rede de citocinas central esteja ativada, mas isto não significa uma etiologia imunológica ou auto-imune para a depressão (Licínio & Wong, 2003).

Antes de relatar os principais achados dos estudos de imunidade em pacientes com depressão, faremos uma breve revisão sobre a relação entre o sistema imunológico e neuroendocrinológico.

Inter-relações do Sistema Imunológico e do Sistema Nervoso Central

Ação do Sistema Nervoso Central no Sistema Imunológico

O mecanismo de comunicação entre o sistema imunológico e o sistema nervoso central ocorre por duas vias: o sistema nervoso autônomo (SNA) e o eixo hipotálamo-hipófise-adrenal (HHA).

Fibras simpáticas do SNA inervam os órgãos do sistema imunológico (nódulos linfáticos, medula óssea, timo, baço e tecidos linfóides). A inervação dos órgãos linfóides acompanha os vasos sangüíneos, está presente no parênquima do tecido linfóide e atua nos próprios linfócitos. A presença de terminais nervosos noradrenérgicos no parênquima dos órgãos linfóides sugere que a liberação de noradrenalina pode influenciar as células ao redor (Miller *et al.*, 2000).

De fato, as células do sistema imunológico expressam receptores para diversas moléculas que são reguladas ou derivadas do sistema nervoso e estão envolvidas na intercomunicação entre os sistemas, como neurotransmissores (β-adrenérgicos, α-adrenérgicos, dopamina, serotonina, acetilcolina, histamina, endorfinas, vasopressina), neuropeptídeos (hormônio do crescimento, neuropeptídeo Y, prolactina, hormônio liberador de gonadotropina [GnRH], fator de liberação de corticotropina [CRF], substância P, somatostatina) e hormônios esteróides (glicocorticóide, mineralocorticóide, estrógeno, progesterona, andrógeno) (Miller *et al.*, 2000).

A quantidade de receptores e a presença desses varia nos tecidos imunológicos e nas células desse sistema. Portanto a ação dessas moléculas dependerá do tipo de célula que esse receptor possui, da quantidade de receptores nessa célula e da possibilidade de essas moléculas entrarem em contato com os receptores.

85-7241-569-6

Os linfócitos, por exemplo, possuem receptores β-adrenérgicos, mas a quantidade desses depende do subtipo de linfócito: linfócitos T supressores apresentam maior quantidade que linfócitos T auxiliares. Assim, agonistas β-adrenérgicos *in vitro* inibem a função linfocitária, porém *in vivo*, paradoxalmente, pode ocorrer o oposto (Miller *et al.*, 2000).

O eixo HHA, por sua vez, libera neurotransmissores e hormônios que regulam a atividade dos diversos órgãos e células envolvidas na resposta imunológica. Existem descrições também de receptores de membrana biologicamente ativos para diversos neurotransmissores e hormônios em células do sistema imune (Ader *et al.*, 1995).

Existem evidências de que o cortisol age no sistema imunológico, podendo levar à imunossupressão e também à imuno-ativação. Diversos fatores estão relacionados com o tipo de resposta. Entre esses destacam-se: a forma do cortisol (natural ou sintética), a concentração, o efeito de outros fatores fisiológicos (citocinas, neurotransmissores, hormônios) e o estado de ativação do parâmetro imunológico (Dhabhar & McEwen, 2001).

Como imunossupressor, o glicocorticóide age no processo inflamatório inibindo mecanismos de apoptose, diminuindo a neutrofilia no processo inflamatório, além de suprimir a função dos macrófagos, diminuindo a produção de citocinas. Por outro lado, ele pode exacerbar a resposta imunológica mediada por células (tipo hipersensibilidade tardia), aumentar a secreção de anticorpos (via aumento de citocinas produzidas por linfócitos T Tipo 2 – Th2) e aumentar receptores de IL-1, IL-6 e fator de necrose tumoral (TNF). A secreção e a concentração sérica de hormônio adrenocorticotrópico (ACTH) e, conseqüentemente, do cortisol, flutuam de acordo com o ritmo circadiano, o qual depende do ciclo sono-vigília. Em condições normais, as concentrações do cortisol do plasma alcançam os maiores níveis pela manhã. Após o despertar, os níveis de cortisol diminuem irregularmente e os menores níveis do hormônio são encontrados após o início do sono. O cortisol é utilizado como indicador de função adrenocortical. O aumento nas concentrações séricas do cortisol é encontrado na síndrome de Cushing, em diferentes condições de estresse, depressão, durante a gravidez, na utilização de contraceptivos orais, durante a terapia com corticosteróide e ACTH e no *diabetes mellitus* com angiopatia (Dhabhar & McEwen 2001).

Ação do Sistema Imunológico no Sistema Nervoso Central

Evidências recentes também revelam que o sistema imunológico influencia o SNC por meio da ação das citocinas e da liberação de diversas substâncias, entre elas: hormônios da hipófise e adrenal (papel na regulação do sono, temperatura corporal, comportamento da fome), neurotransmissores, secreção de múltiplos peptídeos e hormônio liberador de corticotropina (CRH), ACTH, prolactina, hormônio estimulante da tireóide (TSH), hormônio folículo-estimulante (FSH), hormônio luteinizante (LH), hormônio do crescimento (GH) e glicocorticóide (Miller *et al.*, 2000).

A produção de certas citocinas pode alterar o comportamento e o humor, levando ao aparecimento de uma *síndrome comportamental da doença*, caracterizada por: fadiga, mal-estar, letargia, diminuição do apetite, anedonia, hipersônia, baixa concentração, hiperalgesia e desinteresse pelas atividades. Esse quadro ocorre tipicamente em indivíduos com infecções ou outras situações clínicas que levem à liberação significativa de citocinas pró-inflamatórias (Kent *et al.*, 1992). Diversos estudos também vêm demonstrando que a administração de citocinas em seres humanos ou animais pode produzir sintomas e comportamentos similares aos encontrados na depressão, como anedonia, fadiga, isolamento social, humor depressivo, irritabilidade, retardo psicomotor, falta de concentração, distúrbio do sono, cefaléia, perda do apetite. Esses efeitos são relacionados à dose e cessam com a retirada da substância (Neveu, 1999).

A injeção de lipopolissacarídeo (LPS), obtida de bactérias Gram-negativas, ou de citocinas, na periferia ou no ventrículo lateral de animais, leva à diminuição da atividade motora, da ingestão de alimento e água e da exploração do ambiente e prejudica o aprendizado e memória (Dantzer, 2001).

Em seres humanos, o uso de recombinantes IL-2 e interferon-alfa (IFN-α) em pacientes com hepatite C e certas formas de câncer leva ao aparecimento de sintomas como anedonia, desesperança, disforia, apatia e lentificação mental (Meyers, 1999).

O efeito predominante das citocinas IL-1α, IL-lβ; IL-2, IL-6 e TNF é induzir a ativação do eixo HHA com conseqüente liberação de CRH e ACTH (Hopkins & Rothwell, 1995), de forma semelhante a que ocorre em indivíduos submetidos a estresse e em pacientes com TDM. Além de estimular o eixo HHA, essas citocinas também levam à supressão do eixo hipotálamo-hipófise-tireóide e do eixo gonadal.

É interessante observar que, em ratos, o pré-tratamento com bloqueadores do receptor da citocina IL-1, o antagonista de receptor de IL-1ra, leva ao bloqueio da ativação do eixo HHA em resposta ao estresse agudo (Shintani *et al.*, 1995) e previne o desenvolvimento de comportamentos deficitários, como o aprendizado de desesperança, encontrado em animais quando submetidos ao estresse (Maes, 1995).

Destacamos três possíveis vias de ação das citocinas no SNC. Primeiramente, as citocinas periféricas ativam neurônios aferentes no local onde está ocorrendo o processo inflamatório, ativando assim o SNC. A segunda forma de ação envolve a difusão lenta das citocinas pelos órgãos circunventriculares e endotélio e plexo coróide para a amígdala e outras regiões do SNC (Dantzer, 2001). A terceira via é a produção de citocinas no SNC pelas células denominadas micróglia, e macrófagos perivasculares e meningeais (van Dam *et al.*, 1992).

Recentemente, têm-se descrito que existem compartimentos distintos de produção de citocinas, centrais e periféricos, os quais são integrados, porém regulados de diferentes formas (Licinio & Wong, 2003). Citocinas atuando perifericamente mediam a resposta inflamatória clássica e, em contraste, no SNC podem se expressar na ausência de processo inflamatório local, ativando respostas neuronais e neuroendócrinas que contribuem favoravelmente na reposta do organismo ao processo inflamatório. Entre os fatores que podem desencadear a expressão de citocinas no SNC destacam-se estresse, sinais nutricionais, isquemia, processos

85-7241-569-6

neurodegenerativos, processos de auto-imunidade, agentes infecciosos e possivelmente predisposição genética. Além disso, na fase aguda e crônica de patologias que ocorrem no SNC (meningites, esclerose múltipla, tumores) e em resposta a doenças sistêmicas, pode haver produção de citocinas centrais. Alguns autores descrevem que existem interações bidirecionais entre citocinas e neurotransmissores, podendo tanto as citocinas modificarem o sistema serotonina-catecolamina no cérebro, como também os neurotransmissores podem afetar a resposta mediada por IL-1β. Esse pode estimular a liberação de serotonina, noradrenalina e dopamina em certas regiões do cérebro (Plata-Salaman & Turrin, 1999).

Resumindo, o equilíbrio entre citocinas pró-inflamatórias (IL-1, IL-6, TNF e IFNs) e inibitórias (IL-1Ra, IL-4, IL-10) é importante para a modulação apropriada da resposta celular no cérebro. Diversas condições clínicas estão associadas ao aumento da concentração de citocinas pró-inflamatórias e baixa atividade de mecanismos inibitórios, podendo levar ao agravamento de processos inflamatórios e citotóxicos. Alterações desse equilíbrio são encontradas em infecções do SNC, mas em outras patologias neurológicas e psiquiátricas, particularmente no transtorno depressivo, esse mecanismo ainda não está elucidado (Plata-Salaman & Turrin, 1999).

Papel do Estresse no Sistema Imunológico

A ativação imunológica com a liberação de citocinas pró-inflamatórias pode ser desencadeada tanto por um processo infeccioso ou trauma (estresse interno), como por fatores externos (estresse psicológico), que por sua vez desencadeiam fenômenos periféricos e centrais. Assim, na resposta ao estresse ocorre ativação do eixo HHA e do córtex-simpático-medular, levando à liberação de catecolaminas e cortisol, o que pode resultar em imunossupressão.

Perifericamente, ocorre liberação de outras citocinas pelos linfócitos (IL-2, IL-6 e TNF-α), levando ao aumento de proteínas de fase aguda. Também ocorre aumento na liberação de CRH (hormônio de liberação de corticotropina), aumento de ACTH e cortisol pela adrenal e diminuição da atividade das células *natural killer* (NK). Por sua vez, o aumento de cortisol funciona como mecanismo de *feedback* negativo para inibir a resposta imunológica exacerbada, iniciada pela cascata de citocinas.

No SNC, IL-1 estimula astrócitos, que levam à produção de IL-6, TNF-α e IL-1. Ocorre também aumento na concentração de noradrenalina, serotonina e dopamina. Conseqüentemente, são observados efeitos no comportamento como a redução do apetite, aumento do sono e diminuição da atividade sexual (Kronfol & Remick, 2000).

No entanto, os resultados dos estudos experimentais e clínicos sobre alterações imunes subseqüentes à exposição a fatores estressores não são uniformes. Em resposta a fatores estressores agudos (exames acadêmicos ou experimentos induzindo estresse), vários trabalhos demonstraram ativação imunológica (Brosschot *et al.*, 1994; Glaser *et al.*, 1985; Maes *et al.*, 1999) e outros encontraram decréscimo da mesma, com diminuição na função e no número de células NK (Kang *et al.*, 1998; Kiecolt-Glaser *et al.*, 1987). Alguns estudos em seres humanos demonstraram diminuição na concentração de IFN-γ e aumento na concentração de IL-1, IL-2 (Dobbin *et al.*, 1991; Glaser *et al.*, 1990), enquanto outros não observaram alterações em medidas de IL-2 e IL-6 após exposição a estressores agudos (Dugue *et al.*, 1993; Zakowski *et al.*, 1992). Além disso, parece haver uma tendência à produção de citocinas Th2 (IL-6) e diminuição na produção de Th1 (IL-2 e IFN-γ) em indivíduos expostos a estresse agudo (Kang & Fox, 2001).

No caso de fatores estressores crônicos como divórcio, morte do cônjuge e estresse relacionado ao trabalho, os estudos encontraram associação com diminuição da função imune (Biondi, 2001).

A metanálise de Herbert & Cohen (1993) encontrou as seguintes alterações em indivíduos submetidos a fatores crônicos: diminuição da circulação de células B e células T-auxiliar (CD4+); diminuição da relação entre as células CD4+ e células CD8+; diminuição da resposta proliferativa a mitógenos; diminuição da atividade e número de células NK e diminuição no número de células CD8+ (Herbert & Cohen, 1993).

Nesta mesma metanálise, comparando estudos com indivíduos submetidos a estresse agudo e crônico, resultados semelhantes foram encontrados nas seguintes medidas: diminuição do número de células CD4+, linfócitos B e resposta proliferativa a mitógenos (Herbert & Cohen, 1993). Outra metanálise mais recente, realizada por Zorilla *et al.* (2001), demonstrou que indivíduos submetidos a estresse apresentam leucocitose, com aumento do número de linfócitos e diminuição da resposta proliferativa a mitógenos. No caso da resposta a estresse agudo, foi observado aumento do número de células CD8+ e NK e diminuição da relação CD4+/CD8+, enquanto no estresse crônico ocorreu uma diminuição da porcentagem de CD8+ e da atividade de NK (Zorilla *et al.*, 2001).

Resumindo, em indivíduos submetidos a estresse agudo, existe predominância de achados demonstrando diminuição da resposta proliferativa a mitógenos, aumento temporário das células e da atividade de NK e aumento de células CD8+, sugerindo associação com ativação imunológica, enquanto no estresse crônico foi encontrada diminuição da resposta proliferativa de linfócitos e redução do número e da atividade de NK (Biondi, 2001).

A estimulação ou inibição imunológica que pode ser induzida pelo estresse parece também ser determinada por diversas variáveis. Segundo Ader *et al.* (1995), estas variáveis são as seguintes: componente imunológico estudado (humoral ou celular); qualidade e quantidade da estimulação imunogênica; relação temporal entre o estresse e a estimulação imunogênica; qualidade (física, psicológica, evitável ou não) e quantidade do estímulo estressor (gravidade, freqüência e duração); características biológicas do grupo estudado (idade, sexo, estado nutricional) e fatores externos (nutrição, fumo, uso de drogas lícitas e não lícitas, consumo de café e álcool) (Kiecolt-Glaser *et al.*, 1988). Também existem evidências de que as alterações imunológicas são inversamente relacionadas à capacidade do indivíduo em lidar com os eventos estressores, sendo que a avaliação e as estratégias de enfrentamento específicas estão relacionadas à resposta imunossupressora ou imuno-estimulante (Olff, 1999) e à experiência prévia de exposição a eventos estressores de cada indivíduo (Brosschot *et al.*, 1994).

85-7241-569-6

Alterações Neuro-endócrinas em Pacientes com Depressão

Pacientes com depressão podem apresentar alteração do eixo HHA, caracterizada por hiper-produção de hormônio de liberação de corticotropina (CRH), que estimula liberação do hormônio adrenocorticotrópico (ACTH) e liberação de cortisol (Pariante & Miller, 2001). Evidências de aumento da secreção de cortisol são encontradas em pacientes com diagnóstico de TDM, variando de 20 a 40% entre pacientes ambulatoriais e entre 40 a 60% em pacientes internados. Taxas maiores são encontradas em idosos, particularmente entre os pacientes com quadros recorrentes e/ou psicóticos.

A hipercortisolemia é um dos achados mais correlacionados à depressão melancólica. Diversos testes podem ser usados para avaliar a atividade do eixo HHA, como dosagem de cortisol urinário (24h), cortisol sérico, cortisol na saliva e teste de supressão da dexametasona (TSD). A hiper-secreção de cortisol e a não-supressão no TSD não apresentam correlação perfeita, estando presente em 60% dos casos (Thase, 2000). Por causa da variação diurna na atividade do eixo, da natureza pulsátil e da meia-vida curta da secreção de cortisol e de ACTH, uma medida única dessas substâncias não produz resultados significativos. Assim dosagens seriadas de 24h de plasma são mais adequadas a cada 30 ou 60min, no caso do cortisol, e a cada 10 a 20min no caso do ACTH. Existem outros testes de estimulação do eixo HHA que podem ser utilizados dependendo do objetivo almejado, como administração de naloxone, teste de estimulação com CRH, infusão de arginina, vasopressina e teste de estimulação com ACTH (Michelson & Gold, 2003). Destacamos outros achados encontrados em pacientes com depressão, como resposta aumentada do cortisol ao uso de ACTH, alargamento da glândula hipófise e adrenal, aumento de CRF no líquor, resposta do ACTH achatada ao uso de CRH (possivelmente refletindo *down-regulation* dos receptores CRH na hipófise) e *down-regulation* dos receptores CRH no córtex frontal de suicidas (Pariante & Miller, 2001).

Por muitas décadas, os estudos em pacientes com TDM enfocaram as mudanças neuro-hormonais relacionadas à imunossupressão, especialmente por causa da influência da ação dos glicocorticóides e das monoaminas no sistema imunológico (Deleplanque & Neveu, 1995). Por outro lado, estudos recentes vêm demonstrando que pacientes com TDM também podem apresentar ativação imunológica, na forma de uma reação de fase aguda mediada pela síntese de citocinas pró-inflamatórias, como IL-1, IL-6 e fator de necrose tumoral (TNF), produzidas por macrófagos ativados (Connor & Leonard, 1998; Smith, 1991; Ur *et al.*, 1992). As citocinas têm papel importante na ativação do eixo HHA (Besedovsky & del Rey, 1996), por isso tem sido especulado que o sistema imunológico e, mais especificamente, as citocinas podem ter papel no início dos sintomas depressivos (Neveu *et al.*, 1999).

Alterações Imunológicas em Pacientes com Depressão

Os estudos revelam ampla variedade de alterações imunológicas, que podem ser agrupadas em três domínios: medidas funcionais, medidas quantitativas e fatores humorais.

Zorilla *et al.* (2001), em uma revisão de metanálise de cerca de 180 estudos, e Herbert & Cohen (1993), em outra revisão de metanálise de 35 amostras, encontraram alterações em medidas funcionais e quantitativas imunológicas em pacientes com diagnóstico de depressão. Zorilla *et al.* (2001) utilizaram análise de efeito fixo, que permite a generalização dos resultados dos estudos revisados para outros indivíduos com quadros semelhantes, e também uma análise mais conservadora de efeito randômico que permite a generalização para futuros estudos (Zorilla *et al.*, 2001).

Os estudos funcionais (*in vitro*), podem avaliar a capacidade fagocitária dos neutrófilos, a resposta proliferativa de linfócitos após estímulo com mitógenos (RPM – resposta proliferativa a mitógenos) e atividade de linfócitos *natural killer* (NK). Foram encontradas as seguintes alterações: diminuição da capacidade fagocitária de neutrófilos, da resposta proliferativa de linfócitos após estímulos com mitógenos e da atividade de NK (Zorrilla *et al.*, 2001; Herbert & Cohen, 1993; ver Tabela 4.1).

Tabela 4.1 – Revisão de estudos em pacientes com depressão quando comparados ao grupo-controle

Publicação	Proliferação de Linfócitos	Atividade de NK	Nº Linfócitos	Nº NK
(Anesi *et al.*, 1994; Kronfol & House, 1985; Kronfol *et al.*, 1983; Schleifer *et al.*, 1984)	⇓			
(Castle *et al.*, 1995)	⇓			⇓
(Darko *et al.*, 1988)	⇓		⇓	⇔
(Kanba *et al.*, 1998)	⇓	⇓		
(Kronfol *et al.*, 1984)	⇓		⇔	
(Kronfol & House, 1989)	⇓		⇓	
(Kronfol *et al.*, 1986)	⇓			
(Schleifer *et al.*, 1989)	⇓			
(Maes *et al.*, 1989)	⇓		⇔	
(Andreoli *et al.*, 1993)	⇔		⇔	
(Bauer *et al.*, 1995)	⇔	⇓		
(Altshuler *et al.*, 1989)	⇑			
(Caldwell *et al.*, 1991)		⇓		
(Evans *et al.*, 1992)		⇓		⇔
(Irwin *et al.*, 1990a)		⇓		
(Kronfol & House, 1989)	⇓	⇓		
(Maes *et al.*, 1992)		⇓		
(Miller *et al.*, 1991)		⇔		
(Reynaert *et al.*, 1995)		⇓		
(Schleifer *et al.*, 1996)		⇓		⇓
(Maes *et al.*, 1994[a]; Natelson *et al.*, 1998)				⇔
(Ravindran *et al.*, 1998)				⇑

NK: *Natural Killer* ; ⇑: aumento; ⇔: inalterado; ⇓: diminuição

85-7241-569-6

A análise da RPM avalia a capacidade dos linfócitos de se dividirem em resposta a estímulos de mitógenos não específicos, avaliando assim a eficiência dos linfócitos. Os estímulos são realizados normalmente com fitohemaglutinina (PHA), concanavalina-A (CONA), mitógeno *pokweed* (PWM) ou lipopolissacarídeo (LPS), que são glicoproteínas derivadas de lecitina ou parede de bactéria. Todas estas substâncias têm a capacidade de desencadear proliferação linfocitária policlonal. Um déficit na RPM está associado ao aumento de hospitalização e mortalidade em idosos (Murasko, 1990) e à aceleração da progressão da AIDS (Murray *et al.*, 1985), apesar de que nem sintomas depressivos nem fatores estressores *per se* parecerem estar relacionados com a aceleração do curso da síndrome da imunodeficiência adquirida (AIDS) (Zorrilla *et al.*, 1996). O teste de avaliação da atividade das células NK avalia a habilidade dessas em lisar células tumorais em cultura, e a diminuição desta atividade está associada ao aumento de morbidade para muitas patologias, incluindo câncer e doenças infecciosas (Whiteside, 1990) e tem sido sugerida como fator de risco para progressão de AIDS (Evans *et al.*, 1995).

Em relação às medidas quantitativas, os resultados indicaram aumento total do número de leucócitos circulantes, acompanhado de aumento absoluto e relativo de neutrófilos e diminuição absoluta e relativa de linfócitos (Kronfol & House, 1989; Kronfol *et al.*, 1984). Contudo, em relação ao número de monócitos, há controvérsia nas duas revisões (Zorrilla *et al.*, 2001; Herbert & Cohen, 1993). Alguns estudos encontraram aumento de monócitos (Maes *et al.*, 1992), outros acharam diminuição e outros, ainda, não encontraram diferenças (Irwin *et al.*, 1990a; Irwin *et al.*, 1987) (Tabela 4.2). Foi observada uma pequena diminuição absoluta de células NK (Evans *et al.*, 1992), porém sem alteração em número relativo (Maes *et al.*, 1992). A análise dos subtipos de linfócitos indica números normais absolutos de células B, CD3+, CD4+ e CD8+ (Kronfol & House, 1989) e aumento relativo de células B e CD4+; diminuição relativa de CD3+, sem alteração na porcentagem de CD8+, e aumento da relação CD4+ /CD8+ (Maes *et al.*, 1992).

Em relação aos fatores humorais, os estudos revelam aumento na concentração de IgM, enquanto as concentrações de IgG e IgA não se alteram (Kronfol & House, 1989). Finalmente, relatamos os resultados de marcadores de ativação imunológica, como proteínas de fase aguda e concentração de citocinas. Foram encontrados aumento de proteínas de fase aguda positiva – haptoglobulina (Hp), α1-glicoproteína ácida e α1-antitripsina – e diminuição de proteína de fase aguda negativa – total de proteína sérica e albumina (Maes, 1993[e]; Maes *et al.*, 1993[a]). Em relação à produção de citocinas, os estudos revelam variações com alguns resultados conflitantes como se pode observar na Tabela 4.2. Quanto à produção de citocinas pró-inflamatórias (IL-1 e IL-6) em pacientes com síndromes depressivas, vários estudos encontraram aumento (Anisman *et al.*, 1999a; Anisman *et al.*, 1999b; Frommberger *et al.*, 1997; Leu *et al.*, 2001; Maes *et al.*, 1997; Maes *et al.*, 1993[b]; Maes *et al.*, 1991[a]; Maes *et al.*, 1995[d]). Poucos não encontraram alteração (Brambilla & Maggioni, 1998; Natelson *et al.*, 1999; Seidel *et al.*, 1995), enquanto outros até encontraram redução (Levine *et al.*, 1999; Weizman *et al.*, 1994) (Tabela 4.2). Em relação à produção de IFN-γ também houve resultados contraditórios: aumento em alguns estudos (Seidel *et al.*, 1995), diminuição em outros (Rothermund *et al.*, 2001) e, ainda, resultados inalterados (Inglot *et al.*, 1994; Natelson *et al.*, 1999).

Tabela 4.2 – Revisão de estudos sobre a produção de citocinas em pacientes com depressão comparados ao grupo-controle

Publicação	IL-1β	SIL-1-r	IL-6	SIL6-r	IFN-γ	IL-2	S IL-2r	IL-10	Método	População
(Maes *et al.*, 1991[a])	⇑								PBMC, PHA	TDM+,TDMe
(Maes *et al.*, 1993[b])	⇑								PBMC, PHA	TDM+,TDMe
(Anisman *et al.*, 1999[a])	⇑								WB, PHA	DY
(Anisman *et al.*, 1999[b])	⇑ ⇔		⇑			⇓			PBMC, PHA	TDM+, DY
(Levine *et al.*, 1999)	⇑		⇓						CSF	TDM+, TAB
(Seidel *et al.*, 1995)	⇔		⇔		⇑	⇔	⇑	⇔	WB,PHA	TDM
(Brambilla & Maggioni, 1998)		⇑	⇔						WB	TDM+, TAB
(Weizman *et al.*, 1994)	⇓	⇓				⇓			PBMC, LPS	TDM
(Maes *et al.*, 1995[b])		⇑							WB	TDM+, TDMe
(Maes *et al.*, 1995[d])			⇑	⇑					WB	TDM
(Leu *et al.*, 2001)			⇑	⇔		⇔			WB	SAD
(Maes *et al.*, 1997)			⇑						WB	TDM+, TAB
(Sluzewska *et al.*, 1996)			⇑	⇑					WB	TDM
(Frommberger *et al.*, 1997)			⇑						WB	TDM
(Inglot *et al.*, 1994)					⇔, ⇓				WB, PHA, LPS	TDM+, EZ
(Maes *et al.*, 1994[b])					⇑				PBMC, PHA	TDM+, DY
(Rothermundt *et al.*, 2001)					⇓	⇓		⇓	WB, PHA	TDM-melancólicos
(Maes *et al.*, 1993[d])			⇑						PBMC, PHA	TDM+,TDM ,DY
(Stubner *et al.*, 1999)			⇓						CSF	TDM
(Natelson *et al.*, 1999)			⇔		⇔	⇔		⇔	PCR	TDM+SFC

PBMC: cultura de células mononucleares periféricas; WB: sangue total; PHA: fitohemaglutinina; LPS: lipopolissacarídeo; CSF: líquor; PCR ; TDM: transtorno depressivo maior; TDMe: transtorno depressivo menor; DY: distimia; SAD: depressão sazonal ; TAB: transtorno afetivo bipolar; EZ: esquizofrenia; SFC: síndrome da fadiga crônica; PCR: reação em cadeia de polimerase; ⇑: aumento; ⇔: inalterado; ⇓: diminuição

85-7241-569-6

Há de se destacar alguns fatores que podem ser responsáveis pela diversidade dos resultados: metodologia dos ensaios [sangue total (WB) x cultura de células mononucleares periféricas (PBMC); *in vivo* ou *in vitro* – após estimulação], ritmo circadiano das citocinas e outras variáveis que caracterizam os pacientes com diagnóstico de depressão, como idade, sexo, estresse, hospitalização, subtipos de depressão, sintomas neurovegetativos, alterações do sono, gravidade do quadro, duração do episódio depressivo, estado nutricional, comorbidades psiquiátricas, dependência de álcool e tabaco (Irwin, 2001). Os achados descritos acima estão apresentados na Tabela 4.3.

Possíveis Implicações Clínicas

É importante ressaltar que o significado clínico das alterações imunológicas encontradas em pacientes com depressão ainda permanece um capítulo aberto na área da psiconeuroimunologia, particularmente nas patologias de origem imune e/ou inflamatória, como câncer e infecções (Irwin, 2001), apesar de estudos epidemiológicos sugerirem esta possível associação (Cohen *et al.*, 1991; Nasr *et al.*, 1981; Schiffer *et al.*, 1984; McGee *et al.*, 1994; Spiegel & Giese-Davis, 2003; Septhon & Spiegel, 2003). Descreveremos abaixo uma breve revisão da literatura resumindo a relação entre depressão e função imunológica no câncer e infecção.

Câncer

Estudos epidemiológicos encontraram associação entre humor depressivo e aumento do risco de câncer (Penninx *et al.*, 1998), apesar de esse dado não ter sido confirmado em outro estudo (Zonderman *et al.*, 1989). McGee *et al.* (1994),

Tabela 4.3 – Resumo das principais alterações imunológicas em pacientes com depressão

Medidas funcionais	Diminuição da capacidade fagocitária de neutrófilos Diminuição da resposta proliferativa de linfócitos após estímulo com mitógenos* Redução da atividade de NK*
Medidas quantitativas	Leucocitose*, neutrofilia*, linfocitopenia* Diminuição do número absoluto de NK Aumento relativo de CD4+/Aumento CD4+/CD8*
Fatores humorais	Aumento de IgM Aumento de proteínas de fase aguda (haptoglobulina*, α1-glicoproteína ácida e α1-antitripsina) Diminuição de proteína de fase aguda negativa: total de proteína sérica e albumina Aumento de IL-6* e IL-1β

* Confirmado pelo efeito randômico na meta-análise de Zorilla *et al.* (2001)

realizando uma metanálise, concluíram que depressão está associada a um aumento pequeno, porém significativo, de risco de câncer.

Estudos de mortalidade em geral revelam que quanto pior for a sociabilidade do indivíduo, maior é a taxa de mortalidade (patologias em geral), sendo que indivíduos bem integrados socialmente reduzem duas vezes a taxa de mortalidade, tendo portanto o mesmo impacto observado de baixo colesterol ou ser não-fumante (House *et al.*, 1988). Resultados semelhantes foram encontrados especificamente para mortalidade em mulheres com câncer, porém não em homens (Reynolds & Kaplan, 1990). Em geral, estudos descrevendo a influência psicossocial na progressão de câncer sugerem que atividades e suporte social são importantes na sobrevivência, enquanto morbidade e mortalidade aumentam em pacientes que demonstram desesperança e depressão (Spiegel, 2002). Porém os estudos do efeito de abordagens psicossociais nesses pacientes revelam resultados controversos (Goodwin *et al.*, 2001; Spiegel *et al.*, 1989). Resultados de estudos relacionando depressão, alteração imunológica e progressão de câncer raramente foram realizados. Levy *et al.* (1987) descreveram a associação entre fatores estressores, diminuição da atividade de NK e prognóstico ruim em pacientes com câncer de mama (Levy *et al.*, 1987). Futuros estudos poderiam abordar essa relação, avaliando o estado imunológico do paciente, o que poderia contribuir para melhor compreensão dessas interações. Recentemente, estudos na área de psiconeuroimunologia têm apontado que uma das possíveis explicações para o fato do estresse psicossocial estar relacionado ao câncer seria a ruptura do ritmo circadiano neuroendócrino e imunológico, que pode ser causada por estresse (Sephton & Spiegel, 2003).

Infecção

A relevância clínica das alterações imunológicas no desenvolvimento de infecções também permanece em discussão (Irwin *et al.*, 2001), visto que as principais alterações encontradas (alteração na distribuição de subtipos de células T e diminuição da atividade de NK e da resposta proliferativa de linfócitos após estímulo) são ensaios *in vitro* não-específicos e, portanto, não são direcionadas a uma patologia específica. Estudos em animais demonstram que, em modelo animal de depressão (choque inescapável), ocorre aumento da susceptibilidade a doenças virais como herpes simples, influenza e *coxackie virus* com alteração da imunidade (Sheridan *et al.*, 1994). No entanto, poucos estudos foram realizados em humanos neste sentido.

Recentemente, foi realizado um estudo questionando o efeito da depressão na imunidade celular específica para o vírus da varicela-zoster (VVZ). Observou-se que a freqüência de células na periferia com capacidade de proliferar estava reduzida em pacientes com depressão, quando comparados com indivíduos da mesma idade. Eram semelhantes ao idosos acima de 60 anos sem depressão, nos quais a incidência de herpes zoster é mais do que o dobro do que em adultos jovens (Inglot *et al.*, 1994; Irwin *et al.*, 1998).

Vários estudos foram realizados em pacientes submetidos a estresse, porém não podemos afirmar que esses resultados possam ser generalizados para pacien-

85-7241-569-6

tes com depressão: Kielcolt *et al.* (1996) demonstraram resposta reduzida na produção de anticorpos à vacinação por influenza, em companheiros que cuidavam de pacientes com demência (modelo de estresse crônico), quando comparados a indivíduos pareados por sexo e idade, mas sem fator estressor presente (Kiecolt-Glaser *et al.*, 1996). Cohen *et al.* (1991), em um estudo experimental em indivíduos saudáveis, realizaram extensa avaliação psicológica após a inoculação do vírus da gripe, tendo observado significativa associação entre a intensidade do estresse e depressão e a gravidade da infecção (Cohen *et al.*, 1991[b]). Outro estudo do mesmo grupo, inoculando o vírus da influenza A em indivíduos saudáveis e monitorando sintomas respiratórios altos e níveis nasais de IL-6, encontrou associação entre a presença de estresse psicológico, gravidade dos sintomas respiratórios e níveis de IL-6 (Cohen *et al.*, 1999). O estresse psicológico também parece estar associado à redução do controle imunológico de vírus latentes da herpes (Epstein-Barr, herpes simples e citomegalovirus), evidenciado pelos altos títulos de anticorpos (Kiecolt-Glaser & Glaser, 1995), e à diminuição da resposta imunológica à vacinação de hepatite B e influenza (Glaser *et al.*, 1992).

Resumo e Considerações Finais

A relação entre depressão e sistema imunológico é complexa, no entanto a existência da comunicação bidirecional entre o SNC e o sistema imunológico ocorre e constitui um fenômeno importante nos mecanismos de homeostase do organismo. Estudos têm demonstrado que pacientes com depressão tendem a apresentar ampla variedade de alterações imunológicas, levando à imunossupressão. Entre elas destacam-se: alterações quantitativas como leucocitose, neutrofilia e linfocitopenia, alterações funcionais como supressão da proliferação de linfócitos induzidas por mitógenos e redução da atividade de NK. A diversidade de resultados encontrados nos estudos com pacientes com depressão pode ser derivada de diversos fatores que podem influenciar os resultados. Estudos futuros na área devem ressaltar o efeito de sexo, idade, condição do paciente (internado ou ambulatorial), índice de massa corpórea, tabagismo, uso de medicação psicotrópica e história recente ou atual de doença infecciosa. Além disso, a heterogeneidade do diagnóstico de depressão (incluindo TDM, distimia, depressão menor, depressão sazonal e transtorno bipolar), a gravidade do quadro e as alterações do ciclo sono-vigília e padrão endocrinológico (cortisol, TSD, etc) são de extrema relevância na avaliação do sistema imunológico. Por fim, a avaliação de comorbidades como dependência de álcool e drogas e quadros ansiosos, como transtorno do estresse pós-traumático, podem levar a alterações imunológicas e do eixo HHA.

Apesar da depressão estar associada a patologias imuno-relacionadas como infecção, alergia, doenças auto-imunes e câncer, ainda não se pode confirmar que esta relação seja decorrente diretamente das alterações imunológicas acima relatadas, visto que as principais alterações foram encontradas em ensaios *in vitro* não-específicos e, portanto, não foram direcionadas a uma patologia específica. Estudos relacionando depressão, alteração imunológica e patologia específica são necessários para esclarecer essas questões.

85-7241-569-6

Além da imunossupressão encontrada em pacientes com depressão, pode-se encontrar concomitantemente ativação do sistema imunológico demonstrada pelo aumento de citocinas pró-inflamatórias séricas e proteínas de fase aguda (principalmente haptoglobulina), sendo que especula-se que esse aumento poderia levar ao surgimento de sintomas depressivos. Recentemente, por meio de estudos com expressão de genes de citocinas no SNC, têm-se enfatizado a diferença entre ativação imunológica periférica e expressão central de citocinas (ativação da rede central de citocinas no SNC). Não necessariamente, há um processo inflamatório no SNC para ocorrer aumento central de citocinas, mas o estresse também pode desencadear esse processo. Nessa linha de pesquisa, acredita-se que ocorra ativação central da rede de citocinas, o que não implicaria em uma etiologia imunológica ou auto-imune na depressão.

Futuras investigações nessa área precisam ser realizadas para compreendermos melhor os mecanismos pelos quais o estresse e a depressão poderiam ativar a rede central de citocinas.

Referências Bibliográficas

1. ADER, R.; COHEN, N.; FELTEN, D. L. Psychoneuroimmunology: interactions between the nervous system and the immune system. *Lancet, 345 (8942):* 99-103, 1995.
2. ADER, R.; COHEN, N.; FELTEN, D. L. Psychoneuroimmunology: interactions between the nervous system and the immune system. *The Lancet*, 345(4): 99-184, 1995.
3. ALTSHULER, L. L.; PLAEGER-MARSHALL, S.; RICHEIMER, S. et al. Lymphocyte function in major depression. *Acta Psychiatr Scand, 80 (2):* 132-136, 1989.
4. ANDREOLI, A. V.; KELLER, S. E.; RABAEUS, M. et al. Depression and immunity: age, severity, and clinical course. *Brain Behav Immun, 7 (4):* 279-292, 1993.
5. ANESI, A.; FRANCIOTTA, D.; DI PAOLO, E. et al. PHA-stimulated cellular immune function and T-lymphocyte subsets in major depressive disorders. *Funct Neurol, 9 (1):* 17-22, 1994.
6. ANISMAN, H.; RAVINDRAN, A. V.; GRIFFITHS, J. et al. Endocrine and cytokine correlates of major depression and dysthymia with typical or atypical features. *Mol Psychiatry, 4 (2):* 182-188, 1999[a].
7. ANISMAN, H.; RAVINDRAN, A. V.; GRIFFITHS, J. et al. Interleukin-1 beta production in dysthymia before and after pharmacotherapy. *Biol Psychiatry, 46 (12):* 1649-1655, 1999[b].
8. BAUER, J.; HOHAGEN, F.; GIMMEL, E. et al. Induction of cytokine synthesis and fever suppresses REM sleep and improves mood in patients with major depression. *Biol Psychiatry, 38 (9):* 611-621, 1995.
9. BESEDOVSKY, H. O.; DEL REY, A. Immune-neuro-endocrine interactions: facts and hypotheses. *Endocr Rev, 17 (1):* 64-102, 1996.
10. BIONDI, M. *Effects of Stress on Immune Functions: an overview*. New York: Academic Press, 2001, vol. 2.
11. BIONDI, M.; ZANNINI, I. L. G. Psycological stress, neuroimmunomodulation, and susceptibility to infectious diseases in animals and man: a review. *Psycother Psychosom, 66:* 3-26, 1997.
12. BRAMBILLA, F.; MAGGIONI, M. Blood levels of cytokines in elderly patients with major depressive disorder. *Acta Psychiatr Scand, 97 (4):* 309-313, 1998.
13. BROSSCHOT, J. F.; BENSCHOP, R. J.; GODAERT, G. L. et al. Influence of life stress on immunological reactivity to mild psychological stress. *Psychosom Med, 56 (3):* 216-224, 1994.
14. CALDWELL, C. L.; IRWIN, M.; LOHR, J. Reduced natural killer cell cytotoxicity in depression but not in schizophrenia. *Biol Psychiatry, 30 (11):* 1131-1138, 1991.

85-7241-569-6

15. CASTLE, S.; WILKINS, S.; HECK, E. et al. Depression in caregivers of demented patients is associated with altered immunity: impaired proliferative capacity, increased CD8+, and a decline in lymphocytes with surface signal transduction molecules (CD38+) and a cytotoxicity marker (CD56+ CD8+). *Clin Exp Immunol, 101 (3):* 487-493, 1995.
16. COHEN, S.; DOYLE, W.; SKNOER, D. Psychological stress, cytokine production and severity of upper respiratory illness. *Psychosom Med, 61:* 175-180, 1999.
17. COHEN, S.; TYRELL, D.; SMITH, A. P. Psychological stress and susceptibility to the common cold. *N Engl J Med, 325:* 606-612, 1991[a].
18. COHEN, S.; TYRRELL, D. A.; SMITH, A. P. Psychological stress and susceptibility to the common cold. *N Engl J Med, 325 (9):* 606-612, 1991[b].
19. CONNOR, T. J.; LEONARD, B. E. Depression, stress and immunological activation: the role of cytokines in depressive disorders. *Life Sci, 62 (7):* 583-606, 1998.
20. CONSOLI, S. M. *Psychoimmunologie*. Paris:Editions Techniques, 1988, vol. 37402-E-10-11.
21. DANTZER, R. Cytokine-induced sickness behavior: where do we stand? *Brain Behav Immun, 15 (1):* 7-24, 2001.
22. DARKO, D. F.; LUCAS, A. H.; GILLIN, J. C. et al. Cellular immunity and the hypothalamic-pituitary axis in major affective disorder: a preliminary study. *Psychiatry Res, 25 (1):* 1-9, 1988.
23. DELEPLANQUE, B.; NEVEU, P. J. *Immunological Effects of Neuropsychotropic Substances.* Paris:John Libbey, 1995.
24. DHABHAR, F. S.; MCEWEN, B. S. *Bidirectional Effects of Stress and Glucocorticoid Hormones on Immune Function: possible explanations for paradoxical observations.* New York: Academic Press, 2001, vol. 1.
25. DOBBIN, J. P.; HARTH, M.; MCCAIN, G. A. et al. Cytokine production and lymphocyte transformation during stress. *Brain Behav Immun, 5 (4):* 339-348, 1991.
26. DUGUE, B.; LEPPANEN, E. A.; TEPPO, A. M. et al. Effects of psychological stress on plasma interleukins-1 beta and 6, C-reactive protein, tumour necrosis factor alpha, anti-diuretic hormone and serum cortisol. *Scand J Clin Lab Invest, 53 (6):* 555-561, 1993.
27. EVANS, D. L.; FOLDS, J. D.; PETITTO, J. M. et al. Circulating natural killer cell phenotypes in men and women with major depression. Relation to cytotoxic activity and severity of depression. *Arch Gen Psychiatry, 49 (5):* 388-395, 1992.
28. EVANS, D. L.; LESERMAN, J.; PERKINS, D. O. et al. Stress-associated educations of cytotoxic T lymphocytes and natural killer cells in asymptomatic HIV infection. *Am J Psychiatry, 152 (4):* 543-550, 1995.
29. FROMMBERGER, U. H.; BAUER, J.; HASELBAUER, P. et al. Interleukin-6- (IL-6) plasma levels in depression and schizophrenia: comparison between the acute state and after remission. *Eur Arch Psychiatry Clin Neurosci, 247 (4):* 228-233, 1997.
30. GLASER, R.; KENNEDY, S.; LAFUSE, W. P. et al. Psychological stress-induced modulation of interleukin 2 receptor gene expression and interleukin 2 production in peripheral blood leukocytes. *Arch Gen Psychiatry, 47 (8):* 707-712, 1990.
31. GLASER, R.; KIECOLT-GLASER, J. K.; BONNEAU, R. H. et al. Stress-induced modulation of the immune response to recombinant hepatitis B vaccine. *Psychosom Med, 54 (1):* 22-29, 1992.
32. GLASER, R.; KIECOLT-GLASER, J. K.; STOUT, J. C. et al. Stress-related impairments in cellular immunity. *Psychiatry Res, 16 (3):* 233-239, 1985.
33. GOODWIN, P. J.; LESZCZ, M.; ENNIS, M. et al. The effect of group psychosocial support on survival in metastatic breast cancer. *N Engl J Med, 345 (24):* 1719-1726, 2001.
34. HERBERT, T. B.; COHEN, S. Depression and immunity: a meta-analytic review. *Psychol Bull, 113:* 472-486, 1993.
35. HOLSBOER, F. L.; SCHREIBER, W.; KRIEG, J. C. Altered hypothalamic-pituitary-adrenocortical regulation in healthy subjects at high familial risk for affective disorders. *Neuroendocrinology, 62:* 340-347, 1995.

85-7241-569-6

36. HOPKINS, S. J.; ROTHWELL, N. J. Cytokines and the nervous system. I: Expression and recognition. *Trends Neurosci, 18 (2):* 83-88, 1995.
37. HOUSE, J. S.; LANDIS, K. R.; UMBERSON, D. Social relationships and health. *Science, 241 (4865):* 540-545, 1988.
38. INGLOT, A. D.; LESZEK, J.; PIASECKI, E. et al. Interferon responses in schizophrenia and major depressive disorders. *Biol Psychiatry, 35 (7):* 464-473, 1994.
39. IRWIN, M. Immune correlates of depression. *Adv Exp Med Biol, 461:* 1-24, 1999.
40. IRWIN, M. *Depression and Immunity*. New York: Academic Press, 2001, vol. 1.
41. IRWIN, M.; COSTLOW, C.; WILLIAMS, H. et al. Cellular immunity to varicella-zoster virus in patients with major depression. *J Infect Dis, 178 (suppl 01):* S104-S8. 1998.
42. IRWIN, M.; PATTERSON, T.; SMITH, T. L. et al. Reduction of immune function in life stress and depression. *Biol Psychiatry, 27 (1):* 22-30, 1990[a].
43. IRWIN, M.; SMITH, T. L.; GILLIN, J. C. Low natural killer cytotoxicity in major depression. *Life Sci, 41 (18):* 2127-2133, 1987.
44. KANBA, S.; MANKI, H.; SHINTANI, F. et al. Aberrant interleukin-2 receptor-mediated blastoformation of peripheral blood lymphocytes in a severe major depressive episode. *Psychol Med, 28 (2):* 481-484, 1998.
45. KANG, D. H.; COE, C. L.; KARASZEWSKI, J. et al. Relationship of social support to stress responses and immune function in healthy and asthmatic adolescents. *Res Nurs Health, 21 (2):* 117-128, 1998.
46. KANG, D. H.; FOX, C. Th1 and Th2 cytokine responses to academic stress. *Res Nurs Health, 24 (4):* 245-257, 2001.
47. KENT, S.; BLUTHE, R. M.; KELLEY KW, et al. Sickness behavior as a new target for drug development. *Trends Pharmacol Sci, 13 (1):* 24-28, 1992.
48. KIECOLT-GLASER, J. K.; FISHER, L. D.; OGROCKI, P. et al. Marital quality, marital disruption, and immune function. *Psychosom Med, 49 (1):* 13-34, 1987.
49. KIECOLT-GLASER, J. K.; GLASER, R. Psychoneuroimmunology and health consequences: data and shared mechanisms. *Psychosom Med, 57 (3):* 269-274, 1995.
50. KIECOLT-GLASER, J. K.; GLASER, R.; GRAVENSTEIN, S. et al. Chronic stress alters the immune response to influenza virus vaccine in older adults. *Proc Natl Acad Sci USA, 93 (7):* 3043-3047, 1996.
51. KIECOLT-GLASER, J. K.; KENNEDY, S.; MALKOFF, S. et al. Marital discord and immunity in males. *Psychosom Med, 50 (3):* 213-229, 1988.
52. KRONFOL, Z. *Cytokine Regulation in Major Depression*. Ann Harbor:Kluwer, 2003, vol. 1.
53. KRONFOL, Z.; HOUSE, J. D. Depression, hypothalamic-pituitary-adrenocortical activity, and lymphocyte function. *Psychopharmacol Bull, 21 (3):* 476-478, 1985.
54. KRONFOL, Z.; HOUSE, J. D. Lymphocyte mitogenesis, immunoglobulin and complement levels in depressed patients and normal controls. *Acta Psychiatr Scand, 80 (2):* 142-147, 1989.
55. KRONFOL, Z.; HOUSE, J. D.; SILVA JR., J. et al. Depression, urinary free cortisol excretion and lymphocyte function. *Br J Psychiatry, 148:* 70-73, 1986.
56. KRONFOL, Z.; REMICK, D. G. Cytokines and the brain: implications for clinical psychiatry. *Am J Psychiatry, 157:* 683-694, 2000.
57. KRONFOL, Z.; SILVA JR., J.; GREDEN, J. et al. Impaired lymphocyte function in depressive illness. *Life Sci, 33 (3):* 241-247, 1983.
58. KRONFOL, Z.; TURNER, R.; NASRALLAH, H. et al. Leukocyte regulation in depression and schizophrenia. *Psychiatry Res, 13 (1):* 13-18, 1984.
59. KUSNEKOV, A. S.; RABIN, B. S. *Immunological Effects of Acute Versus Chronic Stress in Animal*. New York: Academic Press, 2001, vol. 2.
60. LECHEVALIER, H. H.; SLOTOROVSKY, M. *Tree Centuries of Microbilogy.* Philadelphia: McGraw Hill, 1965.

61. LEONARD, B. E.; CONNOR, T. J. Depression, stress and immunological activation: the role of cytokines in depressive disorders. *Life Sci, 62:* 583-606, 1998.
62. LEU, S. J.; SHIAH, I. S.; YATHAM, L. N. et al. Immune-inflammatory markers in patients with seasonal affective disorder: effects of light therapy. *J Affect Disord, 63 (1-3):* 27-34, 2001.
63. LEVINE, J.; BARAK, Y.; CHENGAPPA, K. N. et al. Cerebrospinal cytokine levels in patients with acute depression. *Neuropsychobiology, 40 (4):* 171-176, 1999.
64. LEVY, S.; HERBERMAN, R.; LIPPMAN, M. et al. Correlation of stress factors with sustained depression of natural killer cell activity and predicted prognosis in patients with breast cancer. *J Clin Oncol, 5 (3):* 348-353, 1987.
65. LICINIO, J.; WONG, M. L. *Cytokine Pathways in the Brain*. Ann Harbor:Kluwer, 2003, vol. 1.
66. MAES, M. A review on the acute phase response in major depression. *Rev Neurosci, 4 (4):* 407-416, 1993[e].
67. MAES, M.; BOSMANS, E.; DE JONGH, R. et al. Increased serum IL-6 and IL-1 receptor antagonist concentrations in major depression and treatment resistant depression. *Cytokine, 9 (11):* 853-858, 1997.
68. MAES, M.; BOSMANS, E.; MELTZER, H. Y. et al. Interleukin-1 beta: a putative mediator of HPA axis hyperactivity in major depression? *Am J Psychiatry, 150 (8):* 1189-1193, 1993[b].
69. MAES, M.; BOSMANS, E.; SUY, E. et al. Impaired lymphocyte stimulation by mitogens in severaly depressed patients. A complex interface with HPA-axis hyperfunction, noradrenergic activity and the ageing process. *Br J Psychiatry, 155:* 793-798, 1989.
70. MAES, M.; BOSMANS, E.; SUY, E. et al. Depression-related disturbances in mitogen-induced lymphocyte responses and interleukin-1 beta and soluble interleukin-2 receptor production. *Acta Psychiatr Scand, 84 (4):* 379-386, 1991[a].
71. MAES, M.; LAMBRECHTS, J.; BOSMANS, E. et al. Evidence for a systemic immune activation during depression: results of leukocyte enumeration by flow cytometry in conjunction with monoclonal antibody staining. *Psychol Med, 22 (1):* 45-53, 1992.
72. MAES, M.; LAMBRECHTS, J.; SUY, E. et al. Absolute number and percentage of circulating natural killer, non-MHC-restricted T cytotoxic, and phagocytic cells in unipolar depression. *Neuropsychobiology, 29 (4):* 157-163, 1994[a].
73. MAES, M.; MELTZER, H. Y.; BOSMANS, E. et al. Increased plasma concentrations of interleukin-6, soluble interleukin-6, soluble interleukin-2 and transferrin receptor in major depression. *J Affect Disord, 34 (4):* 301-309, 1995[d].
74. MAES, M.; SCHARPE, S.; MELTZER, H. Y. et al. Relationships between interleukin-6 activity, acute phase proteins, and function of the hypothalamic-pituitary-adrenal axis in severe depression. *Psychiatry Res, 49 (1):* 11-27, 1993[d].
75. MAES, M.; SCHARPE, S.; MELTZER, H. Y. et al. Relationships between increased haptoglobin plasma levels and activation of cell-mediated immunity in depression. *Biol Psychiatry, 34 (10):* 690-701, 1993[a].
76. MAES, M.; SCHARPE, S.; MELTZER, H. Y. et al. Increased neopterin and interferon-gamma secretion and lower availability of L-tryptophan in major depression: further evidence for an immune response. *Psychiatry Res, 54 (2):* 143-160, 1994[b].
77. MAES, M.; VAN BOCKSTAELE, D. R.; GASTEL, A. et al. The effects of psychological stress on leukocyte subset distribution in humans: evidence of immune activation. *Neuropsychobiology, 39 (1):* 1-9, 1999.
78. MAES, M.; VANDOOLAEGHE, E.; RANJAN, R. et al. Increased serum interleukin-1-receptor-antagonist concentrations in major depression. *J Affect Disord, 36 (1-2):* 29-36, 1995[b].
79. MAES, M. B. E. Evidence for an immune response in major depression: a review and hypothesis. *Prog Neuro-Psychopharmacol & Biol Psychiatr, 19:* 11-38, 1995.
80. MAES, M. B. E.; BONACCORSO, S.; HUNSEL, F. V. et al. Increased 24-hour urinary cortisol excretion in patients with post-traumatic stress disorder an patients with major depression, but not in patients with fibromyalgia. *Acta Psychiatry Scand, 98:* 328-335, 1998.

85-7241-569-6

81. MCGEE, R.; WILLIAMS, S.; ELWOOD, M. Depression and the development of cancer: a meta-analysis. *Soc Sci Med, 38 (1):* 187-192, 1994.
82. MICHELSON, D.; GOLD, P. W. *Laboratory Evaluation of Neuroendocrine Systems*. American Psychiatry Press, 2003, vol. 1.
83. MILLER, A. H.; ASNIS, G. M.; LACKNER, C. et al. Depression, natural killer cell activity, and cortisol secretion. *Biol Psychiatry, 29 (9):* 878-886, 1991.
84. MILLER, A. H.; PEARCE, B. D.; PARIANTE, C. M. *Immune System and Central Nervous System Interaction*. Philadelphia: Lippincott Williams & Wilkins, 2000.
85. MURRAY, H. W.; HILLMAN, J. K.; RUBIN, B. Y. et al. Patients at risk for AIDS-related opportunistic infections: clinical manifestations and impaired gamma interferon production. *N Engl J Med, 313 (24):* 1504-1510, 1985.
86. NASR, S.; ALTMAN, E. G.; MELTZER, H. Y. Concordance of atopic and affective disorders. *J Affect Disord, 3 (3):* 291-296, 1981.
87. NATELSON, B. H.; DENNY, T.; ZHOU, X. D. et al. Is depression associated with immune activation? *J Affect Disord, 53 (2):* 179-484, 1999.
88. NATELSON, B. H.; LAMANCA, J. J.; DENNY, T. N. et al. Immunologic parameters in chronic fatigue syndrome, major depression, and multiple sclerosis. *Am J Med, 105 (3a):* 43S-49S, 1998.
89. NEVEU, P. Is there evidence for an effect of antidepressant drugs on immune system? New York: Kluwer Academic Plenum Publishers, 1999.
90. OLFF, M. Stress, depression and immunity: the role of defense and coping styles. *Psychiatry Res, 85 (1):* 7-15, 1999.
91. PARIANTE, C. M.; MILLER, A. H. Glucocorticoid receptors in major depression: relevance to pathophysiology and treatment. *Biol Psychiatry, 49 (5):* 391-404, 2001.
92. PENNINX, B. W.; GURALNIK, J. M.; PAHOR, M. et al. Chronically depressed mood and cancer risk in older persons. *J Nat Cancer Inst, 90 (24):* 1888-1893, 1998.
93. PLATA-SALAMAN, C.; TURRIN, N. Cytokine interactions and cytokine balance in the brain: relevance to neurology and psychiatry. *Mol Psychiatry, 4 (4):* 302-306, 1999.
94 RAVINDRAN, A. V.; GRIFFITHS, J.; MERALI, Z. et al. Circulating lymphocyte subsets in major depression and dysthymia with typical or atypical features. *Psychosom Med, 60 (3):* 283-289, 1998.
95. REYNAERT, C.; JANNE, P.; BOSLY, A. et al. From health locus of control to immune control: internal locus of control has a buffering effect on natural killer cell activity decrease in major depression. *Acta Psychiatr Scand, 92 (4):* 294-300, 1995.
96. REYNOLDS, P.; KAPLAN, G. A. Social connections and risk for cancer: prospective evidence from the Alameda County Study. *Behav Med,16 (3):* 101-110, 1990.
97. ROTHERMUNDT, M.; AROLT, V.; FENKER, J. et al. Different immune patterns in melancholic and non-melancholic major depression. *Eur Arch Psychiatry Clin Neurosci, 251 (2):* 90-97, 2001.
98. SCHIFFER, R. B.; BABIGIAN, H. M. Behavioral disorders in multiple sclerosis, temporal lobe epilepsy, and amyotrophic lateral sclerosis. An epidemiologic study. *Arch Neurol, 41 (10):* 1067-1069, 1984.
99. SCHLEIFER, S. J.; KELLER, S. E.; BARTLETT, J. A. et al. Immunity in young adults with major depressive disorder. *Am J Psychiatry, 153 (4):* 477-482, 1996.
100. SCHLEIFER, S. J.; KELLER, S. E.; BOND, R. N. et al. Major depressive disorder and immunity. Role of age, sex, severity, and hospitalization. *Arch Gen Psychiatry, 46 (1):* 81-87, 1989.
101. SCHLEIFER, S. J.; KELLER, S. E.; MEYERSON, A. T. et al. Lymphocyte function in major depressive disorder. *Arch Gen Psychiatry, 41 (5):* 484-486, 1984.
102. SCHLEIFER, S. J.; KELLER, S. E.; SIRIS, S. G. et al. Depression and immunity. Lymphocyte function in ambulatory depressed patients, hospitalized schizophrenic patients, and patients hospitalized for herniorrhaphy. *Arch Gen Psychiatry, 42 (2):* 129-133, 1985.

85-7241-569-6

103. SEIDEL, A.; AROLT, V.; HUNSTIGER, M. et al. Cytokine production and serum proteins in depression. *Scand J Immunol, 41 (6):* 534-538, 1995.
104. SEPHTON, S.; SPIEGEL, D. Circadian disruption in cancer: a neuroendocrine-immune pathway from stress to disease? *Brain Behav Immun, 17 (5):* 321-328, 2003.
105. SEYLE, H. A syndrome produced by diverse nocuous agents. *Nature, 138:* 132, 1936.
106. SEYLE, H. The evolution of stress concept. *Am Sci, 61:* 692-699, 1973.
107. SHERIDAN, J. F.; DOBBS, C.; BROWN, D. et al. Psychoneuroimmunology: stress effects on pathogenesis and immunity during infection. *Clin Microbiol Rev, 7 (2):* 200-212, 1994.
108.SHINTANI, F.; NAKAKI, T.; KANBA, S. et al. Involvement of interleukin-1 in immobilization stress-induced increase in plasma adrenocorticotropic hormone and in release of hypothalamic monoamines in the rat. *J Neurosci, 15 (3 pt 01):* 1961-1970, 1995.
109. SLUZEWSKA, A.; RYBAKOWSKI, J.; BOSMANS, E. et al. Indicators of immune activation in major depression. *Psychiatry Res, 64 (3):* 161-167, 1996.
110. SMITH, R. S. The macrophage theory of depression. *Med Hypotheses, 35 (4):* 298-306, 1991.
111. SPIEGEL, D. Effects of psychotherapy on cancer survival. *Nat Rev Cancer, 2 (5):* 383-389, 2002.
112. SPIEGEL, D.; BLOOM, J. R.; KRAEMER, H. et al. Psychological support for cancer patients. *Lancet, 2 (8677):* 1447, 1989.
113. SPIEGEL, D.; GIESE-DAVIS, J. Depression and cancer: mechanisms and disease progression. *Biol Psychiatry,* 54 (3): 269-282, 2003.
114. STENBERG, E. M. Interactions between the immune and neuroendocrine systems. Prog Brain Res, 122:35-42, 2000.
115. STERNBERG, E. M.; CHROUSOS, G. P.; WILDER, R. L. et al. The stress response and the regulation of inflammatory disease. *Ann Intern Med, 117 (10):* 854-866, 1992.
116. STUBNER, S.; SCHON, T.; PADBERG, F. et al. Interleukin-6 and the soluble IL-6 receptor are decreased in cerebrospinal fluid of geriatric patients with major depression: no alteration of soluble gp130. *Neurosci Lett, 259 (3):* 145-148, 1999.
117. THASE, M. E. *Mood Disorders: neurobiology*. Philadelphia, Lippincott Williams & Wilkins, 2000.
118. UR, E.; WHITE, P. D.; GROSSMAN, A. Hypothesis: cytokines may be activated to cause depressive illness and chronic fatigue syndrome. *Eur Arch Psychiatry Clin Neurosci, 241 (5):* 317-322, 1992.
119. VAN DAM, A. M.; BROUNS, M.; LOUISSE, S. et al. Appearance of interleukin-1 in macrophages and in ramified microglia in the brain of endotoxin-treated rats: a pathway for the induction of non-specific symptoms of sickness? *Brain Res, 588 (2):* 291-296, 1992.
120. WEBSTER, J. I.; TONELLI, L.; STERNBERG, E. M. Neuroendocrine regulation of immunity. *Annu Rev Immunol, 20:* 125-163, 2002.
121. WEIZMAN, R.; LAOR, N.; PODLISZEWSKI, E. et al. Cytokine production in major depressed patients before and after clomipramine treatment. *Biol Psychiatry, 35 (1):* 42-47, 1994.
122. YOUNG, E. A.; HASKETT, R. F.; GRUNHAUS, L. et al. Increased evening activation of the hypothalamic-pituitary-adrenal axis in depressed patients. *Arch Gen Psychiatry, 51 (9):* 701-707, 1994.
123. ZAKOWSKI, S. G.; MCALLISTER, C. G.; DEAL, M. et al. Stress, reactivity, and immune function in healthy men. *Health Psychol, 11 (4):* 223-232, 1992.
124. ZONDERMAN, A. B.; COSTA JR., P. T.; MCCRAE, R. R. Depression as a risk for cancer morbidity and mortality in a nationally representative sample. *JAMA, 262 (9):* 1191-1195, 1989.
125. ZORILLA, E. P. L.; MCKAY, J. R.; ROSENTHAL, R. The relationship of depression and stressors to immunological, assays: a meta-analytic review. *Brain, Behavior, Immun, 15:* 199-226, 2001.
126. ZORRILLA, E. P. L.; MCKAY, J. R.; LUBORSKY, L. et al. Relation of stressors and depressive symptoms to clinical progression of viral illness. *Am J Psychiatry, 153 (5):* 626-635, 1996.

85-7241-569-6

CAPÍTULO 5

Alterações Neuroendócrinas na Depressão

JABER MOHAMED ELCHEICK

"Os hormônios influenciam as atividades de todos os órgãos do corpo humano e o cérebro não é uma exceção."

INTRODUÇÃO

A relação entre disfunção endócrina e doenças psiquiátricas já é sugerida desde o começo do século, quando já se observava que mudanças na cognição, humor e comportamento podem aparecer após o desenvolvimento de distúrbios hormonais.

Diversas alterações endócrinas têm sido relatadas em pacientes com depressão. Em alguns casos elas são conseqüência, e não causa, da psicopatologia e podem estar relacionadas a alterações fisiológicas causadas pelo estresse psicológico, ao tratamento antidepressivo e a alterações comportamentais induzidas pela própria doença (por exemplo, alterações alimentares, abuso de álcool, fumo e drogas). Apesar disso, existem crescentes evidências de que alterações hormonais podem contribuir para o aparecimento e manutenção de doenças psiquiátricas.

O objetivo deste capítulo é fornecer uma noção básica das alterações endócrinas que são observadas mais freqüentemente na depressão. Não é nossa pretensão realizar uma extensa revisão da literatura.

EIXO HIPOTÁLAMO-HIPÓFISE-ADRENAL

A alteração endócrina mais consistente em pacientes deprimidos é a disfunção do eixo hipotálamo-hipófise-adrenal

(HHA). Há mais de 40 anos, pesquisadores demonstraram a hipersecreção de cortisol em pacientes com depressão. Desde então, uma variedade de estudos clínicos indica que o eixo HHA encontra-se desregulado.

A maioria dos relatos sugere que a hipersecreção de cortisol é causada pela hipersecreção sustentada de CRF (fator de liberação de corticotropina) e também de ACTH (hormônio adrenocorticotrópico). Uma provável explicação para tal alteração é que, na depressão aguda, o estresse psíquico provoque um estímulo que aumenta a produção de CRF no hipotálamo e este, por sua vez, estimulará os corticótrofos hipofisários a produzir ACTH, que finalmente atuará no córtex adrenal aumentando a produção de cortisol (Fig. 5.1). Corroborando essa teoria, podemos encontrar nos pacientes deprimidos as seguintes alterações:

- Aumento da concentração de cortisol no sangue, na urina e no líquido cefalorraquidiano.
- Alteração no ritmo circadiano do cortisol, com redução do descenço noturno e aumento no número de pulsos secretórios.
- Resposta exagerada do cortisol ao ACTH exógeno (teste do ACTH).
- Déficit de supressão do cortisol à administração de dexametasona.
- Glândulas adrenais e hipófise aumentada.

Ainda é impossível saber se a hipersecreção de cortisol constitui um epifenômeno da depressão ou se estaria envolvida no seu mecanismo patogênico, porém é mais provável que a segunda situação corresponda à realidade, já que é amplamente conhecido que a administração de altas doses de corticosteródes pode provocar alterações no humor e na capacidade de aprendizado semelhantes às observadas na depressão. Além disso, existem evidências de que drogas que antagonizam a ação do cortisol (por exemplo, RU486) possam ser úteis no tratamento de pacientes deprimidos.

TIREÓIDE

Um dos sintomas mais comuns do hipotireoidismo é o humor deprimido e é observada depressão grave em aproximadamente 50% dos pacientes com

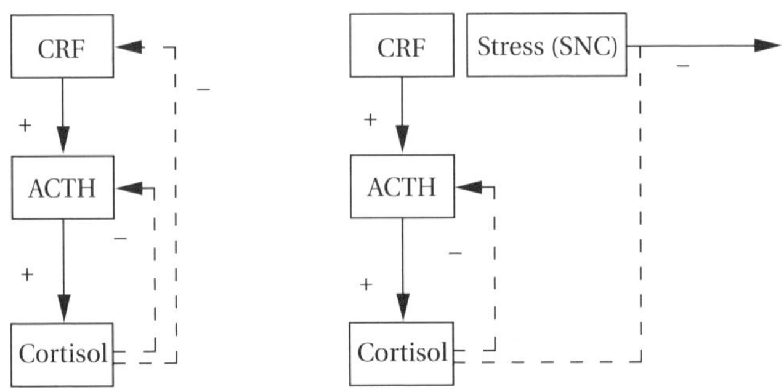

Figura 5.1 – Representação esquemática do eixo HHA normal (*A*) e alteração proposta na depressão (*B*). Linhas contínuas indicam estímulo e linhas tracejadas indicam inibição.

mixedema. Entretanto, a maioria dos pacientes com depressão tem função tireoidiana normal.

Em uma análise laboratorial mais detalhada é possível observar uma elevação dos níveis de T4 (total e livre) em até um quarto dos pacientes com depressão. Estudos de cinética hormonal demonstram que existe um aumento de 30% na produção de T4, porém o motivo desse aumento ainda é desconhecido. Ao contrário, os níveis de T3 e TSH permanecem normais.

Um conceito amplamente divulgado na literatura médica é que a depressão está associada a baixos níveis de serotonina no sistema nervoso central (SNC).

A administração aguda e crônica de T3 provoca um aumento nos níveis de serotonina no córtex cerebral de ratos. Em humanos, os níveis séricos de serotonina correlacionam-se positivamente com os níveis de T3 e o tratamento do hipertireoidismo resulta em redução dos níveis de serotonina. Além disso, existe uma correlação direta entre o estado funcional da tireóide e níveis de serotonina no SNC de ratos, isto é, essa é aumentada no hipertireoidismo e é reduzida no hipotireoidismo. Já foi demonstrado que alguns antidepressivos (por exemplo, fluoxetina, imipramina) aumentam a atividade da deiodase Tipo II, uma enzima que atua na conversão de T4 em T3 especificamente no SNC.

Esses achados, associados à similaridade entre os sintomas de hipotireoidismo e depressão, têm levado ao uso de hormônios de tireóide no tratamento da depressão, tema que será oportunamente abordado em outro capítulo.

Além dos hormônios da tireóide, já foi demonstrada a relação entre a presença de anticorpos anti-TPO (tireoperoxidase) durante a gestação e o risco de desenvolvimento de depressão pós-parto em mulheres com função tireoidiana normal e associação entre títulos elevados desses anticorpos e o aparecimento de depressão na menopausa.

Estrogênio

O interesse na relação entre os hormônios reprodutivos e a depressão vem da observação de que a depressão é 2 a 3 vezes mais comum em mulheres do que em homens e que os episódios depressivos nas mulheres ocorrem especialmente nos períodos de mudança na esteroidogênese ovariana.

Crescentes evidências indicam que flutuações normais nos níveis de esteróides gonadais podem desmascarar sintomas depressivos nas mulheres. Isto é particularmente observável no pós-parto, no estado pré-menstrual e na menopausa.

Estado Disfórico Pré-menstrual

O que foi historicamente referido como síndrome pré-menstrual é atualmente definido como estado disfórico pré-menstrual (EDPM) (DSM-IV). Tal alteração ocorre durante o período pré-menstrual, ou seja, na fase lútea tardia do ciclo (Fig. 5.2). Nessa situação, o distúrbio psiquiátrico é precipitado e sofre remissão em conseqüência de alterações fisiológicas. O diagnóstico dessa patologia baseia-se nos seguintes critérios:

85-7241-569-6

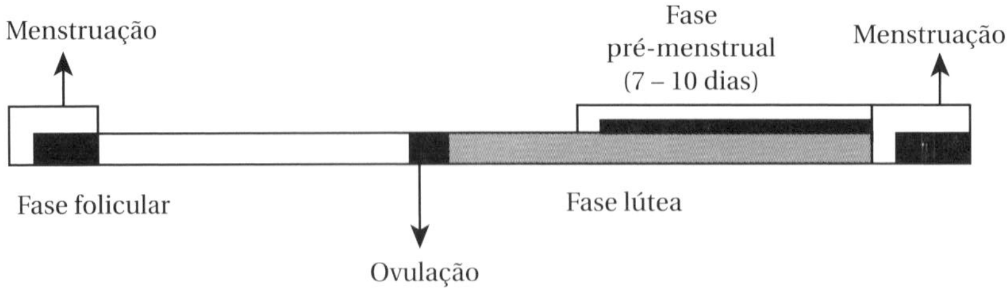

Figura 5.2 – Representação esquemática da época do ciclo em que aparecem os sintomas do EDPM.

- Presença de sintomas relacionados ao humor durante a fase lútea tardia e que entram em remissão após poucos dias do início da fase folicular.
- Acentuada interferência nas atividades sociais, escolares, no trabalho ou nos relacionamentos.
- Os distúrbios não devem ser exacerbação de outros transtornos psiquiátricos (depressão, pânico, distimia ou transtorno de personalidade).

Um dos tratamentos mais efetivos para o EDPM são agonistas do GnRH; esses medicamentos provocam *down-regulation* dos receptores do GnRH na hipófise inibindo a secreção de gonadotropinas [hormônios luteinizante (LH) e folículo-estimulante (FSH)] e, conseqüentemente, a esteroidogênese ovariana (Fig. 5.3). Assim, imaginou-se que gonadotrofinas tivessem relação-chave na etiopatogenia do EDPM. Porém a reposição de progesterona em mulheres tratadas com tais medicamentos provoca o reaparecimento dos sintomas, o que sugere que essa tem um papel importante nesse tipo de transtorno do humor. Além disso, drogas que antagonizam a ação da progesterona (por exemplo, mifeprostone) se mostram úteis no manejo do EDPM.

Depressão Pós-parto

Essa condição pode tornar-se evidente nos primeiros três meses após o parto. Estudos relataram que entre 8 e 20% das mulheres têm depressão diagnosticada dentro desse período.

Os trabalhos não encontraram relação entre um risco elevado de depressão pós-parto e o nível educacional da mulher, o sexo da criança, a amamentação, se a gestação foi ou não planejada ou se o parto foi vaginal ou cesariano. O rápido declínio dos hormônios reprodutivos que se segue ao parto provavelmente exerce um papel importante na gênese dessa depressão. Flutuações nos níveis de hormônios da tireóide também podem contribuir.

Mulheres com maior risco de depressão pós-parto apresentam uma ou mais das seguintes características:

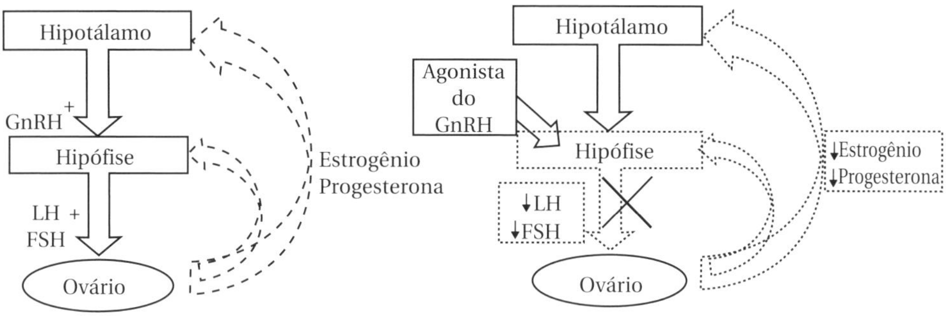

Figura 5.3 – Representação do eixo hipotálamo-hipófise-ovário normal (*A*) e após o tratamento com agonistas do GnRH (*B*).

- História de episódios depressivos prévios.
- História familiar de distúrbios do humor.
- Eventos de vida estressantes (tais como maternidade precoce ou infantes com problemas médicos).
- Falta de suporte social ou sensação de falta de suporte social.

Androgênio

As manifestações do déficit de testosterona incluem fadiga, fraqueza, osteoporose, diminuição da sensação de bem-estar, diminuição da memória e disfunção sexual. Tais sintomas são comumente observados em homens com mais de 55 anos. Essa observação leva a supor que o declínio da testosterona relacionado ao envelhecimento pode contribuir para as altas taxas de quadros depressivos e suicídios em homens idosos.

Diversos trabalhos relacionaram a melhora da função cognitiva e do humor à reposição de testosterona em idosos. Entretanto, a relação entre níveis de testosterona e síndrome depressiva é influenciada por outras variáveis freqüentemente observadas nessa idade, tais como uso de medicamentos, doenças associadas, obesidade, fumo e abuso de álcool.

Recentes estudos parecem não sustentar essa teoria, já que a reposição de testosterona não tem sido relacionada à melhora dos distúrbios do humor comumente encontrados em populações geriátricas.

Considerações Finais

Hoje as pesquisas em neurociências estão avançando de forma rápida numa área do conhecimento (Psiconeuroendocrinoimunologia) que, há algumas décadas, era apenas baseada em hipóteses difíceis de serem testadas. Os pressupostos partiam muito mais da observação clínica do que de achados de pesquisa, com confiabilidade das informações.

Atualmente, há crescente evidência de que os hormônios citados neste capítulo, como os secretados pelo eixo HHA, tireóide e hormônios reprodutivos (estrógeno, progesterona, androgênio), têm relações intrínsecas com os quadros depressivos. Muitas pesquisas já fornecem dados preciosos, porém acreditamos que a médio prazo as respostas sobre a relação desses com os transtornos afetivos serão mais claras, possibilitando então uma profilaxia de certos quadros e também tratamentos com novas classes de medicamentos, baseadas nessas descobertas.

Referências Bibliográficas

1. DINAN, T. G. Psychoneuroendocrinology of mood disorders. *Curr Op Psychiatry, 14 (1):* 51-55, 2001.
2. RUBIN, R. T. Psychoneuroendocrinology: the scientific basis of clinical practice. *Am J Psychiatry, 160 (11):* 2073, 2003.
3. REID, R. L.; FRETTS, C. F. Premenstrual syndrome. In: BAKER, K. L. *Principles and Practice of Endocrinology and Metabolism*. Baltimore: Lippincott Williams & Wilkins, 2001.
4. KLING, M. A.; HATLE, M.; THAPAR, R. K.; GOLD, P. W. Psychiatric-hormonal interrelationships. In: BAKER, K. L. *Principles and Practice of Endocrinology and Metabolism*. Baltimore: Lippincott Williams & Wilkins, 2001.
5. LEIHG, H. Cerebral effects of endocrine disease. In: BAKER, K. L. *Principles and Practice of Endocrinology and Metabolism*. Baltimore: Lippincott Williams & Wilkins, 2001.
6. AMERICAN PSYCHIATRIC ASSOCIATION. *Diagnostic and Statistical Manual of Mental Disorders*. 4. ed. Washington: American Psychiatric Press, 1994.
7. ESPOSITO, S.; PRANGE, A. J.; GOLDEN, R. N. The thyroid axis and mood disorders: overview and future prospects. *Psychopharmacol Bull, 33 (2):* 205, 1997.
8. ORTH, D. N. Corticotropin-releasing hormone in humans. *Endocr Rev, 13:* 164, 1992.
9. YOUNG, E. A. The hypothalamic-pituitary-gonadal axis in mood disorders. Endocrinol Metab Clin North Am, 31 (1): 63-78, 2002.
10. WELLER, L. Menstrual synchrony and cycle variability: a reply to Schank. Psychoneuroendocrinology, 27 (4): 519-526, 2002.
11. WANG, C.; ALEXANDER, G.; BERMAN, N. Testosterone replacement therapy improves mood in hypogonadal men: a clinical research center study. *J Clin Endocrinol Metab, 81:* 3578-3583, 1996.
12. ALLAN, C. A.; MCLACHLAN, R. I. Age-related changes in testosterone and the role of replacement therapy in older men. *Clin Endocrinol, 60:* 653-670, 2004.
13. SIEGMUND, W.; SPIEKER, K.; WEIKE, A. I.; GIESSMANN, T.; MODESS, C.; DABERS, T. et al. Replacement therapy with levothyroxine plus triiodothyronine (bioavailable molar ratio 14:1) is not superior to thyroxine alone to improve well-being and cognitive performance in hypothyroidism. *Clinical Endocrinology, 60 (6):* 750-757, 2004.
14. SHIVELY, C. A.; BETHEA, C. L. Cognition, mood disorders, and sex hormones. *Ilar Journal, 45 (2):* 189-199, 2004.
15. KIRKEGAARD, C.; KØRNER, A.; FABER, J. Increased production of thyroxine and inappropriately elevated serum thyrotropin levels in endogenous depression. *Biol Psychiatry, 27:* 472-476, 1990.
16. KIRKEGAARD, C.; FABER, J. The role of thyroid hormones in depression. *Eur J Endocrinol, 138:* 1-9, 1998.
17. STERN, R. A.; NEVELS, C. T.; SHELHORSE, M. E.; PROHASKA, M. L.; MASON, G. A.; PRANGE JR., A. J. Antidepressant and memory effects of combined thyroid hormone treatment and electroconvulsive therapy: Preliminary findings. *Biol Psychiatry, 30:* 623-627, 1991.

85-7241-569-6

CAPÍTULO 6

Depressão e Doenças Cardiovasculares

RICARDO AYACHE
GERALDO FRANCISCO DO AMARAL

INTRODUÇÃO

Os transtornos depressivos encontrados como comorbidade em pacientes do contexto médico não-psiquiátrico apresentam algumas características diferentes de quadros depressivos observados nas unidades psiquiátricas, principalmente por especificidades ligadas a aspectos da doença clínica relacionada (Fráguas, 2000). Em outras situações, sintomas de ansiedade também são encontrados, adicionando maior complexidade ao diagnóstico e à terapêutica. Por tais motivos, ao clínico importa o reconhecimento de sintomas depressivos que possam nortear diagnóstico e terapêutica adequados, sendo desejável que tal procedimento ocorra no primeiro atendimento (Amaral, 2001; Kaplan, 1999; Musselman, 1998).

Quatro a 7% da população apresentam algum tipo de transtorno depressivo. Em pacientes com afecções orgânicas internados em hospitais gerais, a incidência aumenta para 10 a 14% e, naqueles em tratamento ambulatorial, para 9 a 16%. O interesse pela associação entre transtornos depressivos e doenças cardiovasculares tem se acentuado em virtude das altas taxas de prevalência e elevados níveis de morbidade e mortalidade, aumentando, com isso, custo e tempo de evolução da doença, tempo de afastamento do trabalho, além de procedimentos e exames complementares. Diferenças de sexo também devem ser consideradas, assim como hereditariedade, idade, fatores psicológicos, aumento do número de consultas, atitudes e possibilidades terapêuticas (Wassertheil-Smoller, 2004; Bosch, 2002; Carney, 2002; Rutledge, 2002; Galizzi, 2000; Fráguas, 2000; Frasure-Smith, 1999).

85-7241-569-6

Em pacientes em atendimento ambulatorial ou internados em hospitais gerais, devem ser considerados alguns aspectos especiais relativos à depressão:

- Ela pode aumentar o número de visitas ao clínico ou especialista por falta de resultados, baixa adesão ou prejuízo nas atividades gerais e funcionamento social, capacidade física e familiar, assim como o tempo de internação (Brasil, 1998).
- Aumenta o risco de taquicardia ventricular, complicações cardíacas e ataques isquêmicos cerebrais, além de ser importante fator de risco em cirurgia após infarto agudo do miocárdio e para eventos coronarianos em homens e mulheres (Fráguas, 2000; Frasure-Smith, 1999, Carney, 1988 e 2002).
- Aumenta de modo importante a condição de morbidade e mortalidade em conseqüência do quadro clínico instalado (Musselman, 1998).
- Compromete significativamente a qualidade de vida do paciente em várias condições mórbidas (Wells, 1989).
- Pode dificultar o tratamento em função de órgãos atingidos (Fráguas, 2001).

Manifestações Clínicas

Entrevistas estruturadas, semi-estrutradas ou questionários para rastreamentos e classificação das depressões têm sido validadas e utilizadas em pesquisas e algumas situações clínicas. Todavia, tendo em vista a dificuldade para aplicação de tais entrevistas na clínica diária e para maior facilidade diagnóstica, consideramos suficiente uma abordagem clínica dos transtornos depressivos, salientando algumas peculiaridades relacionadas às doenças cardiovasculares.

Uma forma prática de diferenciarmos uma resposta adaptativa com sentimentos (normais) de tristeza diante de uma situação de grande aflição para a pessoa é que, nestes casos, a pessoa consegue, apesar da tristeza profunda, manter *interesse e prazer* em algumas situações, com atitudes positivas diante de estímulos e sem inibição psicomotora. Além dessas situações, deve-se observar então que, como *sintoma*, a depressão pode estar presente em uma variada gama de quadros clínicos (tanto psiquiátricos quanto físicos) e situações sociais, econômicas e financeiras. Como *síndrome*, observam-se sintomas de alterações do humor (essencialmente tristeza, perda do prazer, energia e satisfação) e outros ligados à cognição e à psicomotricidade acompanhados de alterações vegetativas. Considerada como *entidade clínica* (doença) é classificada como transtorno depressivo maior, melancolia, distimia, ciclotimia, transtornos bipolar Tipo I e II, etc., de acordo com a CID-10 e o DSM-IV-TR (Del Porto, 1999; CID-10, 1993; DSM-IV-TR, 2003).

Furlanetto (2000) descreve quatro características clínicas da depressão, cuja identificação facilita o diagnóstico dos transtornos depressivos (Quadro 6.1).

Didaticamente, durante a realização de uma anamnese, podemos utilizar a divisão proposta por Del Porto (1999) para os transtornos depressivos, compreendendo sintomas psíquicos, fisiológicos e evidências comportamentais (Tabela 6.1).

A partir desses dados, pode-se sugerir uma abordagem terapêutica mais adequada para o paciente ou fazer um encaminhamento para o especialista.

Quadro 6.1 – Características clínicas da depressão (Furlanetto, 2000)

- **Humor** – deprimido, irritável, preocupação excessiva, sensação de vazio, tristeza, "baixo-astral"
- **Cognitiva** – perda do interesse, dificuldade de concentração, baixa auto-estima, pessimismo, indecisão, culpa, ideação suicida, alucinações e delírios
- **Comportamental** – retardo psicomotor ou agitação, choro, retraimento social, dependência, suicídio.
- **Somática** – distúrbios do sono (insônia ou hipersônia), fadiga, alteração do apetite e/ou do peso (aumento ou diminuição), dor, diminuição da libido

Tabela 6.1 – Manifestações clínicas nos transtornos depressivos (Adaptado de Del Porto, 1999)

Sintomas psíquicos	Sintomas fisiológicos	Evidências comportamentais
Humor depressivo: tristeza acentuada, sentimentos de culpa, desvalorização, fracasso, insatisfação, apatia	**Alterações do sono:** insônia (inicial, intermediária, terminal) ou hipersônia – sonolência diurna	**Crise de choro:** imotivado **Retraimento social:** incapacidade inter-relacional
Perda do prazer e interesse: isolamento, sensação de obrigatoriedade nas ações de rotina e lazer	**Apetite:** geralmente perda, pode existir aumento, principalmente para doces e carboidratos	**Retardo ou agitação psicomotora:** com angústia **Desregulação do ritmo circadiano:** temperatura e do sono
Fadiga, perda de energia: despertar cansado, sensação de peso, adiamento das tarefas	**Sexualidade:** redução gradativa ou mesmo perda total da libido	**Ansiedade, dor crônica e sintomas somáticos:** principalmente em idosos
Pensamento, concentração, decisões: lentificação do pensamento, queda do rendimento e concentração, "perda" de memória, ideação suicida		**Sintomas psicóticos:** delírios congruentes com humor (ruína, culpa, punição) – alucinações, em geral auditivas, congruentes (vozes que agridem e condenam)

Pode haver dificuldades para o diagnóstico de depressão em pacientes atendidos em hospitais gerais e ambulatórios de atenção primária por causa da existência de comorbidades, sejam doenças orgânicas ou psíquicas (ansiedade, alcoolismo), que relatam queixas somáticas exacerbadas e sintomatologia depressiva menor (Furlanetto, 2000), sendo necessário compreender os tipos depressivos mais comuns encontrados no contexto médico (Fráguas, 2001; Amaral, 2001; Galizzi, 2000):

- *Reação de ajustamento com humor depressivo*: decorre geralmente de situação ligada ao estresse do adoecer, podendo correlacionar o surgimento dos sintomas com o diagnóstico proposto. A intensidade da reação vai depender da personalidade do paciente e de sua capacidade de adaptação.

- *Transtorno depressivo secundário à condição médica ou doença orgânica*: pode-se associar etiologicamente a manifestação depressiva com a fisiopatologia da doença orgânica. Muitas enfermidades podem desencadear manifestações depressivas. A doença arterial coronariana situa-se entre as afecções que se associam com maior freqüência à depressão.
- *Transtorno depressivo e medicamentos*: embora sem relação causal direta, alguns medicamentos podem interferir no desencadeamento ou agravamento de sintomas depressivos e seu manejo adequado ou descontinuação contribuem para melhora do quadro.
- *Depressão maior, depressão menor e distimia desencadeados ou agravados por doença orgânica*: pacientes nos quais há um estado depressivo, recorrente ou latente, desencadeado após procedimento cirúrgico ou outra condição clínica, ocorrendo com freqüência no pós-operatório de revascularização do miocárdio. Os quadros de depressão menor são considerados assim pela menor intensidade de sintomas e menor prejuízo na vida do paciente e não se enquadram nos critérios para o diagnóstico de distimia (2 anos de evolução do humor rebaixado de acordo com a DSM-IV-TR e CID-10) ou depressão maior.
- *Doença orgânica desencadeada ou agravada por um transtorno depressivo*: em torno de 50% dos pacientes com câncer possuem associação com manifestações depressivas prévias. Em doenças cardiovasculares, a depressão, ao lado de outros fatores de risco, desencadeia mecanismos fisiopatológicos que podem agravar o risco e a evolução da enfermidade.
- *Associação de várias possibilidades*: casos em que o paciente pode apresentar uma recorrência de sintomas depressivos após o uso de alguns medicamentos.

Depressão e Doenças Cardiovasculares

Doença arterial coronariana, hipertensão arterial, infarto agudo do miocárdio e pré e pós-operatório de cirurgia de revascularização do miocárdio apresentam fortes indícios de comorbidade com doenças psiquiátricas, notadamente com transtornos depressivos. A etiologia multifatorial das doenças cardiovasculares tem sido vista em várias pesquisas (epidemiológicas, bioquímicas, clínicas) e sua associação com alterações emocionais agudas ou crônicas foi demonstrada (Joynt, 2003). Embora os transtornos depressivos possam ter diferentes cursos, a depressão aumenta o risco de mortalidade entre pacientes com doença arterial coronariana. Sugere-se que a depressão possa contribuir para o desenvolvimento ou a progressão de aterosclerose coronariana (Carney, 2001). Pessoas com depressão apresentam aumento de risco relativo cinco vezes maior para infarto agudo do miocárdio comparado com aqueles não deprimidos (Telles, 2000). Embora não exista uma relação causal entre hipertensão arterial e depressão, a associação entre essas duas enfermidades é maior do que se pode prever ao acaso (Amaral, 2001).

Há fortes evidências da associação entre depressão e doença arterial coronariana e de que a depressão possa precedê-la e influir no seu desenvolvimento (Telles, 2000; Musselman, 1998). Um estudo de coorte na síndrome coronariana aguda mostra que a história prévia de depressão é um fator de risco, mesmo depois do tratamento da fase aguda (Rumsfeld, 2003), com maior mortalidade, neste grupo de pacientes (Carney, 2001). Em homens, a depressão surge como um fator de risco independente para doença arterial coronariana mesmo décadas após o início da crise depressiva (Ford, 1998). Em mulheres e homens hospitalizados por infarto agudo do miocárdio e acompanhados por 1 ano, a depressão surge como um importante fator preditivo de mortalidade para ambos e o seu impacto independe de outros fatores de risco (Frasure-Smith, 1999).

Em casos de infarto agudo do miocárdio, alguns estudos indicam que o surgimento de depressão é maior do que as taxas encontradas na população em geral, em torno de 15 a 23% para depressão maior e depressão menor. Isso aumenta a comorbidade com outras condições médicas (doenças reumatológicas, pulmonares, insuficiência cardíaca congestiva, *diabetes mellitus* e doença vascular periférica), gerando novas hospitalizações. Tal situação é ligada a um subdiagnóstico de depressão, especialmente nos pacientes deprimidos que apresentam sintomas somáticos (Watkins, 2003). O estudo norte-americano ECA-NIMH (*Epidemiologic Catchment Area Study*) mostra que, mesmo em pessoas que não apresentavam enfermidades orgânicas ao longo de 13 anos, a depressão aumentou o risco de infarto do miocárdio em até quatro vezes, comparando com pessoas não deprimidas, e que sintomas depressivos menores subdiagnosticados contribuem como fator agravante no curso da doença arterial coronariana e infarto agudo do miocárdio por causa do tratamento inadequado (Pratt, 1996; Musselman, 1998).

Na associação entre hipertensão arterial e depressão, embora não exista relação causal absoluta, fatores intervenientes contribuem para o surgimento de depressão em hipertensos e de hipertensão em deprimidos, e a taxa de incidência de hipertensão arterial é mais alta em pessoas que apresentam transtornos depressivos graves. Não foi comprovada uma estrutura de personalidade hipertensiva, mas fatores psicológicos contribuem para o desenvolvimento da hipertensão e na passagem de formas mais brandas para mais graves de hipertensão arterial. Em idosos, sintomas depressivos são efetivos marcadores de gravidade para surgimento e piora da hipertensão arterial. Mulheres hipertensas acima de 40 anos são mais susceptíveis ao desenvolvimento de transtornos depressivos. Não há relação causal direta entre o uso de medicamentos anti-hipertensivos e surgimento de depressão, devendo-se considerar a participação também de outros fatores (genéticos, ambientais, psicológicos, fisiopatológicos). Todavia, o uso de digitálicos é maior em pacientes hipertensos com depressão maior (Amaral, 2001).

Aspectos da Fisiopatologia na Interação Depressão/ Doença Arterial Coronariana

Na década de 30 surgiram as primeiras evidências científicas da associação entre depressão e doenças cardiovasculares (DCV), quando diversos trabalhos publicados encontraram um aumento da incidência de doença coronariana e da mortalidade em pacientes deprimidos (Fuller, 1935; Malzberg, 1937).

85-7241-569-6

Desde então, inúmeros estudos têm demonstrado uma forte associação entre a depressão e o aumento da morbi-mortalidade cardiovascular (Pratt *et al.*, 1996; Barefoot *et al.*, 1996; Cohen *et al.*, 2001; Aroma *et al.*, 1994; Frasure-Smith *et al.*, 1993; Kaufman *et al.*, 1999).

Para entender a associação existente entre essas doenças, é importante conhecer os fatores comportamentais, os de risco para as doenças cardiovasculares e os mecanismos fisiopatológicos comuns a essa comorbidade.

Em termos comportamentais, deprimidos têm maior tendência a não seguir recomendações médicas no tratamento das DCV, tanto com relação ao tratamento medicamentoso (Corney *et al.*, 1995; Wang *et al.*, 2002), quanto à mudança de hábitos de vida ou mesmo adesão a programas de reabilitação cardiovascular após infarto do miocárdio (Ades *et al.*, 1992; Blumenthal *et al.*, 1982; Gelazer *et al.*, 2002). A falta de adesão ao tratamento proposto piora o prognóstico, aumentando a morbimortalidade cardiovascular (Madermott *et al.*, 1997).

Os fatores de risco para as doenças cardiovasculares incluem tabagismo, hipertensão arterial sistêmica, *diabetes mellitus*, dislipidemias, obesidade e níveis elevados de homocisteína, entre outros. Pacientes deprimidos, quando comparados com não-deprimidos, apresentam um ou mais desses fatores, estabelecendo, portanto, um dos mecanismos de associação entre depressão e DCV (Joynt *et al.*, 2003).

Em relação aos mecanismos fisiopatológicos comuns, vários estudos têm mostrado hiperatividade do eixo hipotálamo-hipófise-adrenal em indivíduos deprimidos, ocasionando aumento dos níveis de cortisol que leva ao desenvolvimento de aterosclerose e hipertensão arterial, bem como à lesão de endotélio vascular. A hiperatividade adrenal desencadeia aumento de catecolaminas circulantes e conseqüente vasoconstrição, ativação plaquetária e elevação de freqüência cardíaca, acelerando o desenvolvimento de doença coronariana (Musselman *et al.*, 1998; Joynt *et al.*, 2003).

Em corações normais, há uma grande variabilidade da freqüência cardíaca como resultado de um bom funcionamento do sistema nervoso autônomo. Distúrbios do ritmo cardíaco estão associados a um pior prognóstico em pacientes com doença cardiovascular. Nesses pacientes, um importante fator de risco para morte súbita e arritmias ventriculares é a diminuição da variabilidade da freqüência cardíaca. A combinação entre a hiperatividade simpática e a diminuição do controle parassimpático em pacientes com depressão pode explicar a diminuição da variabilidade da freqüência cardíaca e o alto risco de arritmias fatais em pacientes deprimidos que sofreram infarto do miocárdio (Musselman *et al.*, 1998; Joynt *et al.*, 2003).

Estudos demonstraram que, em pacientes deprimidos, ocorre um aumento dos níveis plasmáticos de marcadores inflamatórios como proteína C-reativa, fibrinogênio, interleucina-1 (IL-1) e interleucina–6 (IL-6), que estão implicados na patogênese da aterosclerose e, conseqüentemente, das DCV. Nesses pacientes há acentuação da resposta inflamatória que leva à lesão endotelial, estimulando aterosclerose e rotura da placa aterosclerótica, mecanismos importantes na fisiopatologia da doença coronariana (Joynt *et al.*, 2003).

Segundo Berk & Plein (2000) e Musselman (1996, 1998), a depressão também está associada ao aumento da agregabilidade plaquetária, contribuindo muito para

85-7241-569-6

aumentar o risco cardiovascular nesses pacientes, enquanto Ramasubbu (2002), em revisão literária, sugere a resistência à insulina como uma alteração metabólica que poderia explicar a forte associação existente entre a depressão e as DCV.

Os mecanismos fisiopatológicos de associação entre a depressão e as DCV ainda não estão completamente esclarecidos; são necessários novos estudos que provavelmente também avaliarão as causas genéticas da ligação entre essas patologias.

Tratamento

Colocar-se disponível para atendimento do paciente sempre que necessário, dando segurança de estar ao seu alcance. Por meio de uma empática relação e respeitando o ritmo e as possibilidades do paciente, objetivar não apenas a melhora dos sintomas, mas mudanças no estilo de vida e nas relações interpessoais.

Ressaltar a necessidade de tratamento e acompanhamento a longo prazo, mesmo com a melhora dos sintomas, orientando todas as necessidades de conhecimento da doença por parte do paciente para obter uma adesão significativa.

Psicoterapia

A psicoterapia pode ser individual, grupal, familiar e de casal. É necessária para ajudar o paciente a solucionar os problemas que contribuíram para o surgimento e/ou desenvolvimento de depressão e comorbidades.

Medicamentos

Utilizar o medicamento correto, na dosagem adequada e por um período suficiente, observando os efeitos cardiovasculares dos antidepressivos, são medidas fundamentais para o êxito do tratamento.

Efeitos Cardiovasculares dos Antidepressivos

Os antidepressivos muitas vezes devem ser utilizados por causa das fortes evidências da associação de depressão e doenças cardiovasculares (Carney *et al.*, 1988; Frasure-Smith *et al.*, 1993; Freedland *et al.*, 1992; Glassman & Shapiro, 1998; Roose *et al.*, 1989; Scheleifer *et al.*, 1989), principalmente nas doenças isquêmicas cardíacas e após complicações de acidentes vasculares cerebrais (Fedoroff & Robinson, 1989).

Como o tratamento da depressão nos pacientes com DCV tem impacto na morbimortalidade cardíaca, os efeitos cardiovasculares dos antidepressivos devem ser conhecidos. O tratamento pode diminuir ou aumentar o risco cardíaco, dependendo das ações fisiológicas, da resolução do episódio depressivo ou como conseqüência do efeito direto ou indireto no sistema cardiovascular, devido ao mecanismo de ação presumível do antidepressivo (Roose, 2003).

85-7241-569-6

Antidepressivos Tricíclicos

Os antidepressivos tricíclicos (ADT) são agentes terapêuticos antidepressivos eficazes, responsáveis por vários efeitos colaterais e amplamente empregados que atuam sobre receptores noradrenérgicos e serotonérgicos (que se acredita mediar sua ação terapêutica), bem como histaminérgicos, alfa-adrenérgicos, muscarínicos e dopaminérgicos. Os mais descritos são hipotensão ortostática, boca seca, tremores, constipação, taquicardia, aumento dos intervalos PR e QRS no eletrocardiograma. Seus múltiplos efeitos colaterais e seu potencial de letalidade na dose excessiva (*overdose*) podem dificultar sua utilização em pacientes cardiopatas.

Os efeitos cardiovasculares da terapêutica e os níveis plasmáticos dos ADT têm sido extensivamente estudados em pacientes deprimidos com ou sem doença cardiovascular (Roose & Glassman, 1989). Os ADT aumentam a freqüência cardíaca (FC) em torno de 11%, o que pode desencadear isquemia miocárdica em coronariopatas conseqüente ao aumento do consumo de oxigênio pelo coração (Veith *et al.*, 1983; Scalco *et al.*, 2000).

Os ADT induzem hipotensão ortostática, levando a hipoperfusão cerebral transitória com potencial para quedas (Liu *et al.*, 1995), síncopes (Atkins *et al.*, 1991), infarto do miocárdio (Murden, 1988) ou acidentes vasculares cerebrais (Dobkin, 1989), principalmente em idosos. São mais significativos em pacientes com insuficiência cardíaca congestiva ou em uso de medicação anti-hipertensiva (Braunwald, 2001).

Eles também levam à diminuição da condução cardíaca, que pode resultar em bloqueio atrioventricular em pacientes com bloqueio de ramo cardíaco preexistente, além de afetar a contratilidade cardíaca (Roose, 2003). Os efeitos arritmogênicos são atribuídos ao prolongamento do intervalo QT e/ou à elevação da noradrenalina miocárdica, resultante da inibição periférica da recaptação da noradrenalina. Esses efeitos pró-arrítmicos são vistos primariamente em doses excessivas, contudo são raros em níveis terapêuticos e ocorrem mais provavelmente em pacientes com doença arterial coronariana preexistente, com intervalo QT prolongado e instabilidade elétrica, ou infarto do miocárdio recente (Braunwald, 2001); portanto não são indicados na presença de distúrbios do ritmo ou de condução, insuficiência cardíaca congestiva grave e até 4 a 6 semanas após um infarto agudo do miocárdio (IAM).

Estudos de Roose *et al.* (1991) e Yeragani (2000) mostraram que o uso de ADT em pacientes com doença isquêmica do coração levaria à redução na variabilidade da freqüência cardíaca, podendo aumentar a incidência de fibrilação ventricular e morte súbita cardiovascular.

Entre os ADT, as aminas terciárias (imipramina e amitriptilina) estão mais associadas a efeitos colaterais, enquanto as aminas secundárias (nortriptilina) apresentam um perfil de efeitos colaterais menos deletérios aos pacientes cardiopatas, segundo Braunwald (2001).

Inibidores Seletivos da Recaptação da Serotonina

De eficácia comparável aos ADT, os inibidores seletivos da recaptação da serotonina (ISRS) não têm efeitos adversos sobre contratilidade cardíaca e sistema

85-7241-569-6

de condução, não havendo evidências de cardiotoxicidade em doses excessivas. Em populações de cardiopatas, não parecem causar alterações eletrocardiográficas e da pressão arterial significativas, embora possam reduzir a FC e raramente produzir um grau clinicamente significativo de bradicardia sinusal (Braunwald, 2001).

Os ISRS têm o potencial para interagir com alguns medicamentos usados no tratamento da doença cardíaca. Alguns inibem as isoenzimas hepáticas do citocromo P450 envolvidas no metabolismo de muitas drogas incluindo betabloqueadores lipofílicos (metoprolol e propranolol), bloqueadores dos canais de cálcio, antiarrítmicos da classe IC, inibidores da enzima conversora da angiotensina, anticonvulsivantes, anti-histamínicos, benzodiazepínicos, ADT, codeína, digoxina e varfarina. Portanto, os ISRS podem elevar os níveis sangüíneos desses agentes quando administrados simultaneamente por serem muito ligados às proteínas plasmáticas, podendo competir e deslocar outras drogas que também se ligam a elas, aumentando assim a biodisponibilidade dessas drogas (Braunwald, 2001). Os pacientes que usam digoxina podem apresentar intoxicação digitálica e os que usam anticoagulantes orais apresentam maior risco de acidentes hemorrágicos (Braunwald, 2001).

Há bastante variação entre os ISRS com relação à inibição de enzimas hepáticas. Estão listados na Tabela 6.2 os potenciais dos antidepressivos para inibir enzimas hepáticas do P450. Observa-se que fluoxetina, paroxetina, fluvoxamina e nefazodona são os inibidores mais potentes dessas enzimas (Preskorn, 1997; Richelson, 1997; Jeppesen *et al.*, 1996). São preferíveis sempre, e principalmente nos idosos, medicações que causem menos inibição hepática, portanto com menor potencial para interações medicamentosas.

Tabela 6.2 – Novos antidepressivos e seu potencial para inibição enzimática do citocromo (CYP) P450

	Enzima do CYP			
Antidepressivo	1A2	2C	2D6	3A4
Fluoxetina	0	++	++++(++++)	++(++)
Sertralina	0	++(++)	+(++)	+(+)
Paroxetina	0	0	++++	0
Fluvoxamina	++++	++	0	++++
Citalopram	0	0	0	0
Nefazodona	0	0	0	++++
Venlafaxina	0	0	0(+)	0
Bupropion	0	0	0	0
Mirtazapina	0	0	0	0
Reboxetina	0	0	0	0

Adaptado de DeVane, 1998

O efeito de metabólitos é mostrado entre parênteses

0 = não conhecido ou insignificante

+ = fraco e normalmente insignificante

++ = moderado e possivelmente significativo

+++ = moderado e usualmente significativo

++++ = potente

85-7241-569-6

Em contrapartida, como efeito protetor cardiovascular, os ISRS podem diminuir a mortalidade em pacientes cardiopatas por seus significativos efeitos antiplaquetários (Roose, 2003), interferindo com a serotonina acumulada nas plaquetas, normalizando os elevados índices de ativação e agregação plaquetária em pacientes com depressão e doença arterial coronariana (Musselman *et al.*, 1998; Pollock *et al.*, 2000).

Pollock *et al.* (2000) estudaram pacientes deprimidos com doença arterial coronariana nos quais o índice de atividade plaquetária, especificamente fator plaquetário-4 e betatireoglobulina, tinham níveis elevados, quando comparados com pacientes com doença arterial coronariana sem sintomas de depressão. Eles compararam o uso de paroxetina e nortriptilina, observando que o grupo que usou a paroxetina normalizou os índices de atividade plaquetária, enquanto o grupo da nortriptilina obteve melhor resultado terapêutico sem redução da atividade plaquetária.

Por causa da eficácia dos ISRS, dos baixos efeitos colaterais e dos efeitos adversos cardiovasculares benignos em pacientes sem doenças cardíacas, um número considerável de estudos vem sendo conduzido com o objetivo de determinar efeitos e segurança na utilização dos diferentes ISRS em pacientes com depressão associada a doença arterial coronariana. Dentre estes, destacamos o estudo SADHART (*Sertraline Antidepressant Heart Attack Randomized Trial*), randomizado, duplo-cego, que avaliou o tratamento antidepressivo com sertralina em pacientes com doença arterial coronariana, demonstrando bom perfil de segurança deste fármaco, sem efeitos significativos na função ventricular, pressão arterial e sistema de condução cardíaca, quando comparada com placebo.

Drogas como o citalopram e escitalopram têm sido estudadas, demonstrando eficácia e boa tolerabilidade em pacientes idosos e com patologias concomitantes (Kyle *et al.*, 1998; Montgomery *et al.*, 2004).

Outros Antidepressivos

Vários outros antidepressivos vêm sendo desenvolvidos, apresentando boa eficácia, com diferentes perfis de efeitos colaterais:

- *Bupropiona (bloqueador da recaptura de noradrenalina e dopamina):* causa menos hipotensão do que os ADT. Não afeta a FC, a condução ou a contratilidade cardíaca e não exacerba as arritmias ventriculares ou bloqueios atrioventriculares, podendo ser utilizado em pacientes com cardiopatias. Incidência de tonturas foi observada em altas doses e ocasionalmente pode elevar à pressão arterial (Braunwald, 2001).
- *Venlafaxina (inibe a recaptação da serotonina e noradrenalina):* parece ter pouca ação cardiovascular e não afeta o eletrocardiograma. Em altas doses foi associada ao aumento de incidência de hipertensão arterial (Thase, 1998). Ao contrário dos ISRS, não inibe as isoenzimas do citocromo P450 e pode ser utilizada em pacientes sob uso de medicação cardiovascular (Braunwald, 2001).

85-7241-569-6

- *Nefazodona*: não possui efeitos anticolinérgicos ou cardiovasculares, porém pode causar hipotensão postural sintomática (Goldberg, 1997; Scalco, 2002).
- *Tianeptina*: não possui efeitos sedativos, anticolinérgicos ou cardiovasculares. Seus principais efeitos adversos são: insônia e pesadelos (Wilde,1995).

Outros antidepressivos como *reboxetina, mirtazapina, amineptina* e *milnaciprano* não apresentam efeitos no sistema cardiovascular.

Antidepressivos

- ISRS – Inibidores seletivos da recaptação da serotonina
  - Fluoxetina – 20-60mg/dia (VO);
  - Sertralina – 50-100mg/dia (VO);
  - Paroxetina – 20-40mg/dia (VO);
  - Citalopram – 20-60mg/dia (VO);
  - Fluvoxamina – 100-300mg/dia (VO);
  - Escitalopram – 10-20mg/dia (VO) – dose única, pela manhã.
- ANSE – Antidepressivo noradrenérgico e serotoninérgico específico
  - Mirtazapina – 30-60mg/dia (VO) – dose única, à noite.
- ISRSN – Inibidor seletivo da recaptação de serotonina e noradrenalina
  - Venlafaxina – 75-225mg/dia (VO) – dose única, pela manhã;
  - Milnaciprano – 50-100mg/dia (VO) 12/12h.
- ISRN – Inibidor seletivo da recaptação da noradrenalina
  - Reboxetina – 4-12mg/dia (VO) 12/12h.
- Monocíclicos
  - Bupropiona – 150-300mg/dia (VO) – dose única, pela manhã.
- Dupla ação
  - Trazodona – 20-600mg/dia (VO) 12/12h;
  - Nefazodona 100 300mg/dia (VO) 12/12h.
- Tricíclicos
- Iniciar o tratamento com doses baixas
  - Imipramina – 75–250mg/dia (VO) 12/12h;
  - Amitriptilina – 75-250mg/dia (VO) 12/12h ou dose única, à noite;
  - Clomipramina – 75-250mg/dia (VO) 12/12h ou dose única diária;
  - Nortriptilina – 50-150mg/dia (VO) 12/12h ou dose única, à noite.
- Tetracíclicos
  - Iniciar com dose baixa e elevar lentamente:
    - Maprotilina – 75-175mg/dia (VO) – baixa o limiar convulsígeno.
- IMAO – Inibidores da monoamino oxidase
  - Menor possibilidade de resposta que os tricíclicos e maior dificuldade de manejo em função de efeitos adversos graves:
    - Tranilcipromina – 50-60mg/dia (VO).

Observação: para obter mais informações sobre o uso dos antidepressivos, consultar Capítulo 9.

85-7241-569-6

Complicações dos Transtornos Depressivos em Comorbidade com Doenças Cardiovasculares

São elas:

- Baixa adesão ao tratamento.
- Incapacitação socioprofissional.
- Rebaixamento do *status* financeiro e social.
- Suicídio.

Possíveis efeitos colaterais dos antidepressivos: ansiedade paradoxal inicial, intensificação do risco de suicídio nas primeiras semanas, sangramentos cutâneos anormais, letalidade (principalmente tricíclicos, tetracíclicos), efeitos cardiovasculares (tricíclicos e tetracíclicos, IMAO), hipotensão arterial em idosos (maprotilina, nortriptilina e trazodona com menos efeito entre os convencionais), efeitos sexuais adversos (redução da libido, disfunção erétil, anorgasmia, exceto com bupropiona) e efeitos anticolinérgicos (que podem involuir em alguns dias). O uso concomitante com *hypericum perfuratum* pode aumentar a incidência de efeitos adversos.

Evolução e Prognóstico

Em geral a evolução é longa, crônica e com recaídas. Podem ocorrer graves problemas em relação à qualidade de vida quando os pacientes são tratados inadequadamente. Um primeiro episódio tende a alterar a biologia cerebral, predispondo a novos episódios e muitos pacientes que não se recuperam totalmente desenvolvem transtornos distímicos.

- *Indicadores de bom prognóstico*: episódios leves, sem sintomas psicóticos, famílias estáveis e colaboradoras, bom funcionamento social do paciente nos anos anteriores, ausência de outros transtornos psiquiátricos, início em fase mais avançada da vida.
- *Indicadores de mau prognóstico*: comorbidades, inclusive distimia, abuso de álcool e outras substâncias, necessidade de hospitalização. Depressões resistentes devem ter atenção específica com relação ao uso concomitante de vários psicofármacos, inclusive com monitoramento de seus níveis séricos. A hospitalização é necessária em pacientes com risco de suicídio, na falta de suporte psicossocial, quando o paciente abusa de álcool ou outra substância ou quando não coopera.

Referências Bibliográficas

1. AMARAL, G. F. *Depressão e Hipertensão Arterial – Uma Revisão*. [Dissertação de Mestrado]. Rio de Janeiro, 2001. Dissertação (Mestrado) – Universidade Federal do Rio de Janeiro.
2. AROMAA, A. et al. Depression and cardiovascular diseases. *Acta Psychiatr Scand, 377*: 77-82, 1944.

85-7241-569-6

3. ATKINS, D.; HANUSA, B.; SEFCIK, T.; KAPOOR, W. Syncope and orthostatic hypotension. *Am J Med, 91:* 179-185, 1991.
4. BAREFOOT, J. C. et al. Depression and long-term mortality risk in patients with coronary artery disease. *Am J Cardiol, 78:* 613-617, 1996.
5. BAREFOOT, J. C.; SCHROLL, M. Symptoms of depression, acute myocardial infarction, and total mortality in a community sample. *Circulation, 93:* 1976-1980, 1996.
6. BERK, M.; PLATELET, P. H. Supersensitivity to thrombin stimulation in depression: a possible mechanism for the association with cardiovascular mortality. *Clin Neuropharmacol, 23:* 182-185, 2000.
7. BOSCH, X.; CASANOVAS, N.; MIRANDA-GUARDIOLA, F.; DIEZ-AJA, S.; SITGES, M. et al. Long-term prognosis with non-ST-segment elevation acute coronary syndromes. A case control study. *Rev Esp Cardiol, 55 (12):* 235-242, 2002.
8. BRASIL, M. A. A. *Pacientes com Queixas Difusas – Estudo Nosológico de Pacientes Apresentando Queixas Somáticas Múltiplas e Vagas*. Rio de Janeiro, 1998. Tese (Doutorado) – Universidade Federal do Rio de Janeiro.
9. BRAUNWALD, E.; DOUGLAS, P. Z.; LIBBY, P. *A Textbook of Cardiovascular Medicine*. 6. ed. Philadelphia: WB Saunders, 2001.
10. CARDIAC ARRHYTHMIA SUPPRESSION TRIAL (CAST) INVESTIGATORS. Preliminary report: effect of ecainide and flecainide on mortality in a randomized trial of arrhythmia suppression after myocardial infarction. *N Engl J Med, 321:* 406-412, 1989.
11. CARDIAC ARRHYTHMIA SUPPRESSION TRIAL II INVESTIGATORS. Effect of the antiarrhythmic agent moricizine on survival after myocardial infarction. *N Engl J Med, 327:* 227-233, 1992.
12. CARNEY, R. M.; FREEDLAND, K. E.; JAFFE, A. S. Depression as a risk factor for coronary heart disease mortality. *Arch Gen Psychiatry, 58 (3):* 229-230, 2001.
13. CARNEY, R. M.; RICH, M. W.; VELDE, A. T.; SAINE, J.; CLARK, K.; FREEDLAND, K. E. The relationship between heart rate, heart rate variabity and depression in patients with coronary artery disease. *J Psychosom Res, 32:* 159-164, 1998.
14. COHEN, H. W.; MADHAVAN, S.; ALDERMAN, M. H. History of treatment for depression: Risk factor for myocardial infarction in hypertensive patients. *Psychosom Med, 63:* 203-209, 2001.
15. FEDOROFF, J. P.; ROBINSON, R. G. Tricyclic antidepressants in the treatment of post-stroke depression. *J Clin Psychiatry, 50 (suppl 07):* 8-23, 1989.
16. DEL PORTO, J. A. Depressão: conceito e diagnóstico. *Rev Bras Psiquiatr, 21:* 6-11, 1999.
17. DOBKIN, B. H. Orthostatic hypotension as a risk factor for symptomatic occlusive cerebrovascular disease. *Neurology, 39:* 30-34, 1989.
18. FORD, D. E. et al. Depression is a risk factor for coronary artery disease in men: the precursors study. *Arch Intern Med, 158:* 1422-1426, 1998.
19. FRASURE-SMITH, N.; LESPÉRANCE, F.; TALAJIC, M. Depression following myocardial infarction: Impact on 6 month survival. *JAMA, 270:* 1819-1825, 1993.
20. FRASURE-SMITH, N. et al. Gender, depression and one-year prognosis after myocardial infarction. *Psychosom Med, 61 (1):* 26-37, 1999.
21. FRÁGUAS JR., R. Depressão no contexto médico. In: LAFER, B.; ALMEIDA, O. P.; FRÁGUAS JR., R.; MIGUEL, E. C. *Depressão no Ciclo de Vida*. Porto Alegre: Artmed, 2001, p. 179-186.
22. FREEDLAND, K. E.; CARNEY, R. M.; LUSTMAN, P. J.; RICH, M. W.; JAFFE, A. S. Major depression in coronary artery disease patients with versus without a prior history of depression. *Psychosom Med, 54:* 416-421, 1992.
23. FULLER, R. G. What happens to mental patients after discharge from the hospital? *Psychiatr Qt, 9:* 95-104, 1935.

24. FURLANETTO, L. M. Diagnóstico. In: FRÁGUAS JR., R.; FIGUEIRÓ, J. A. B. *Depressões em Medicina Interna e Outras Condições Médicas – Depressões Secundárias*. São Paulo: Atheneu, 2000, p. 11-20.
25. FURLANETTO, L. M. Diagnosticando depressão em pacientes internados em enfermaria de clínica médica. *J Bras Psiq, 45:* 362-370, 1996.
26. GALIZZI, H. R. Depressão nas diversas especialidades. In: FRÁGUAS JR., R.; FIGUEIRÓ, J. A. B. *Depressões em Medicina Interna e Outras Condições Médicas – Depressões Secundárias*. São Paulo: Atheneu, 2000, p. 97-108.
27. GLASSMAN, A. H.; O'CONNOR, C. M.; CALIFF, R. M.; SWEDBERG, K.; SCHWARTZ, P.; BIGGER JR., J. T. et al. Sertraline treatment of major depression in patients whit acute MI or unstable angina. *JAMA, 288:* 701-709, 2002.
28. GLASSMAN, A. H.; SHAPIRO, P. A. Depression and the course of coronary artery disease. *Am J Psychiatry, 155:* 4-11, 1998.
29. GOLDBERG, R. J. Antidepressant use in the elderly. Current status of nefazodone, venlafaxine and moclobemide. *Drugs & Aging, 11 (2):* 119-131, 1997.
30. JEPPESEN, U.; GRAM, L. F.; VISTISEN, K.; LOFT, S.; POULSEN, H. E.; BROSEN, K. Inibição dose-dependente do CYP1A2, CYP2C19 e CYP2D6 pelo citalopram, fluoxetina, fluvoxamina e paroxetina. *Eur J Pharmacol, 51:* 73-78, 1996.
31. JOYNT, K.; WHELLAN, D.; O'CONNOR, C. Depression and cardiovascular disease: Mechanisms of interaction. *Biol Psychiatry, 54:* 248-261, 2003.
32. KAPLAN, H. I.; SADOCK, B. J. Transtornos do humor. In: *Tratado de Psiquiatria*. 6. ed. Porto Alegre: Artmed, 1999, p. 1175-1287.
33. KAUFMANN, M. W.; FITZZGIBBONS, J. P.; SUSSMAN, E. J.; REED, J. F.; EINFALT, J. M.; RODGERS, J. I. et al. Relation between myocardial infarction, depression, hostility and death. *Am Heart J, 138:* 549-554, 1999.
34. KYLE, C. J.; PETERSEN, H. E.; OVERO, K. F. Comparison of the tolerability and efficacy of citalopram and amitriptyline in elderly depressed patients treated in general practice. *Depress Anxiety, 8 (4):* 147-153, 1998.
35. LEDERBOGEN, F.; GILLES, M.; MARAS, A. et al. Increased platelet agregability in major depression? *Psychiatry Res, 102:* 255-261, 2001.
36. LIMA, M. S. Epidemiologia e impacto social. *Rev Bras Psiquiatr, 21:* 1-5, 1999.
37. LIU, B. A.; TOPPER, A. K.; REEVES, R. A.; GRYFE, C.; MAKI, B. .E. Falls among older people: relationship to medication use and orthostatic hypotension. *J Am Geriatr Soc, 43:* 1141-1145, 1995.
38. MALZBERG, B. Mortality among patients with involution melancholia. *Am J Psychiatry, 93:* 1231-1238, 1937.
39. MENEZES, P. R.; NASCIMENTO, A. F. Epidemiologia da depressão nas diversas fases da vida. In: LAFER, B.; ALMEIDA, O. P.; FRÁGUAS JR., R.; MIGUEL, E. C. *Depressão no Ciclo da Vida*. Porto Alegre: Artmed, 2000, p. 29-36.
40. MONTGOMERY, S. A.; HUUSOM, A. K. T.; BOTHMER, J. A randomised study comparing escitalopram with venlafaxine XR in primary care patients with major depressive disorder. *Neuropsychobiology, 50:* 57-64, 2004.
41. MURDEN, R. A.; COHN, S. L. Myocardial infarction caused by hypotension during physical examination maneuvers in the elderly. *JAGS, 36:* 1120-1122, 1988.
42. MUSSELMAN, D. L.; TOMER, A.; MANATUNGA, A. K. et al. Exaggerated platelet reactivityin major depression. *Am J Psychiatry,153:* 1313-1317, 1996.
43. MUSSELMAN, D. L.; EVANS, D. L.; NEMEROFF, C. B. The relationship of depression to cardiovascular disease: epidemiology, biology and treatment. *Arch Gen Psychiatry, 55:* 580-592, 1998.
44. PRATT, L. A.; FORD, D. E.; CRUM, R. M.; ARMENIAN, H. K. et al. Depression, psychotropic medication and risk of myocardial infarction – prospective data from the Baltimore ECA follow-up. *Circulation, 94:* 3123-3129, 1996.

85-7241-569-6

45. PRESKORN, S. H. Clinically relevant pharmacology of selective serotonin reuptake inhibitors. An overview with emphasis on pharmacokinetics and effects on oxidative drug metabolism. *Clin Pharmacokinet, 32 (suppl 1):* 1-21, 1997.
46. POLLOCK, B. G.; LAGHRISSI-THODE, F.; WAGNER, W. R. Evalution of platelet activation in depressed patients with ischemic heart disease after paroxetine or nortriptyline treatment. *J Clin Psychopharmacol, 20:* 137-140, 2000.
47. RAMASUBBU, R. *A Metabolic Link between Depressive Disorder and Atherosclerotic Vascular Disease*. Medical Hypotheses, 59*(5):* 537-51, 2002.
48. RICHELSON, E. Pharmacokinetic drug interactions of new antidepressants: a review of he effects on the metabolism of other drugs. *Mayo Clin Proc, 72:* 835-847, 1997.
49. ROOSE, S. P.; GLASSMAN, A. H.; DALACK, G. W. Depression, heart disease, and tricyclic antidepressants. *J Clin Psychiatry, 50 (suppl 7):* 12-16, 1989.
50. RUMESFELD, J. S. et al. History of depression, angina and quality of life after acute coronary syndromes. *Am Heart J Mar, 145 (3):* 493-439, 2003.
51. SCALCO, M. Z. Tratamento de idosos com depressão utilizando tricíclicos, IMAO, ISRS e outros antidepressivos. *Rev Bras Psiquiatr, 24 (supl 1)*, 2002.
52. SCALCO, M. Z.; ALMEIDA, O. P.; HACHUL, D. T.; CASTEL, S.; SERRO-AZUL, J.; WANJGARTEN, M. Comparison of risk of orthostatic hypotension in elderly depressed hypertensive women treated with nortriptyline and thiazides vs elderly depressed normotensive women treated with nortriptyline. *Am J Cardiol, 85:* 1156-1158, 2000.
53. SCHLEIFER, S. J.; MACARI-HINSON, M. M.; COYLE, D. A.; SLATER, W. R.; KAHN, M.; GORLIN, R. et al. The nature and course of depression following myocardial infarction. *Arch Int Med, 148:* 1785-1789, 1989.
54. ROOSE, S. P. Heart disease and the treatment of depression. *Biol Psychiatry, 54:* 262-268, 2003.
55. TELLES, R. M. S.; RAYS, J.; RAMIRES, J. A. F.; WAJNGARTEN, M.; SCALCO, M. Z.; NERI, A. Coronariopatia e insuficiência cardíaca. In: FRÁGUAS JR., R.; FIGUEIRÓ, J. A. B. *Depressões em Medicina Interna e Outras Condições Médicas – Depressões Secundárias*. Porto Alegre: Artmed, 2000, p. 173-179.
56. THASE, M. E. Effects of venlafaxine on blood pressure: a meta-analysis of original data from 3744 depressed patients. *J Clin Psychiatry, 59 (10):* 502-508, 1998.
57. VEITH, R. C.; RASKIND, M. A.; BARNES, R. F.; GUMBRECHT, G.; RITCHIE, J. L.; HALTER, J. B. Tricyclic antidepressant and supine, standing, and exercise plasma norepinephrine levels. *Clin Pharmacol Ther, 33:* 763-769, 1983.
58. WASSERTEHIL SMOLLER, S.; SHUMAKER, S.; OCKNEN, J.; TALAVERA, G. A. et al. Depression and cardiovascular sequelae in postmenopausal women. The Women's Health Initiative (WHI). *Arch Intern Med, 64 (3):* 289-298, 2004.
60. WATKINS, L. L.; SCHNEIDERMAN, N.; BLUMENTHAL, J. A.; SHEPS, D. et al. Cognitive and somatic symptoms of depression are associated with medical comorbidity in patients after acute myocardial infarction. *Am Hearth J, 146 (1):* 48-54, 2003,
61. WILDE, M. I.; BENFIELD, P. Tianeptine: a review of its pharmacodynamic and pharmacokinetic properties, and therapeutic efficacy in depression and coexisting anxiety and depression. *Drugs, 49 (3):* 411-439, 1995.
62. YERAGANI, V. K. Major depression and long-term heart period variability. *Depress Anxiety, 12:* 51-52, 2000.

85-7241-569-6

CAPÍTULO 7

Depressão e Dor

João Américo Domingos
Márcia Cristina do Amaral Rabelo Domingos

Introdução

Depressão e dor são entidades que estão relacionadas psicológica e bioquimicamente, compartilhando neurotransmissores envolvidos nas terminações nociceptivas e no humor, especialmente serotonina e noradrenalina. Os neurônios noradrenérgicos e serotoninérgicos interagem especificamente: os serotoninérgicos exercem efeito inibitório sobre os noradrenérgicos. As vias noradrenérgicas e serotoninérgicas estão presentes no córtex pré-frontal e no sistema límbico, áreas envolvidas nos transtornos do humor, incluindo depressão e ansiedade. Além de inervar as regiões límbica e pré-frontal, esses neurônios também estão envolvidos em um circuito modulador da dor que inclui amígdala, substância cinzenta periaquedutal, tegmento pontino dorsolateral e medula rostroventral. Sabe-se que o paciente deprimido possui um limiar para dor mais baixo do que os indivíduos normais e que apresenta, com muita freqüência, distúrbios do sono associados (Campbel *et al.*, 2003; Fishbain *et al.*, 1997).

A dor é uma experiência sensória e emocional desagradável, associada a um dano tecidual real ou potencial ou descrita em termos de tal dano segundo a Associação Internacional de Estudos Sobre a Dor, em 1979. Não há trabalhos que comprovem a influência dos aspectos culturais na neurofisiologia da dor, porém a capacidade de suportá-la e a maneira de apresentá-la são muito influenciadas por aspectos culturais, circunstanciais, experiências prévias e pelo significado da dor para aquela pessoa, naquele momento.

Nos quadros de dor aguda, a resposta afetiva e comportamental tende a ser mais adaptativa, visando ao término do estímulo nocivo e à busca de auxílio para a reparação do

85-7241-569-6

dano. Sob circunstâncias normais, uma dor aguda será transmitida ao cérebro e resolvida em parte, por causa do sistema endógeno de modulação da dor. Nos casos de dor crônica, a resposta emocional tende a ser desadaptativa, já que a busca de auxílio é uma rotina e o paciente dedica-se, na maior parte do tempo, a comportamentos relacionados à dor. Nesses casos, a resolução não acontece e ocorrem alterações plásticas nas vias neuronais (Aguiar & Callefi, 2001).

Normalmente, descreve-se como dor crônica aquela com duração maior ou igual a 3 meses, porém não há um consenso definido (Aguiar & Callefi, 2001). Cerca de um terço à metade dos pacientes que apresentam dor crônica têm depressão como comorbidade (Banks *et al.*, 1999) e mais da metade dos pacientes deprimidos com dor crônica que procuram atendimento médico queixam-se de sintomas somáticos, na sua maioria sintomas dolorosos (Kroenke *et al.*, 1993).

Não há um diagnóstico psiquiátrico exclusivamente associado à dor crônica e, na maioria das vezes, o que varia é o percentual de fatores psicológicos e orgânicos na gênese e na manutenção do quadro. Ansiedade generalizada ou ataques de pânico podem estar presentes em 30% dos pacientes com dor não tratada (Figueira *et al.*, 1999). Há quatro transtornos somatomorfos, descritos pela CID-10, nos quais pode haver dor associada: transtorno de somatização, transtorno conversivo, hipocondríase e transtorno doloroso somatomorfo persistente; há a presença de dor crônica em cerca de 5 a 15% dos casos (Bouckoms *et al.*, 1997). A dor também pode estar associada a transtornos factícios, estados psicóticos, quadros dissociativos e em abuso e dependência de drogas (Smith, 1992).

Uma das razões de falha no tratamento da dor crônica é a falta do diagnóstico e do tratamento adequado de um transtorno depressivo concomitante que a esteja precedendo ou que seja uma conseqüência do quadro doloroso. Os pacientes que apresentam quadros de depressão e dor crônica vistos por médicos das áreas básicas só são encaminhados ao psiquiatra quando:

- Há uma preocupação dos pacientes em relação à medicação, esses não seguiram as recomendações preconizadas no tratamento ou não responderam às medicações conforme esperado.
- Avaliações médicas extensas foram feitas e trouxeram poucos achados ou resultados equivocados.
- Quando as queixas são vagas e difusas ou há grande disparidade entre as queixas apresentadas e os achados objetivos encontrados (Kranke *et al.*, 1993).

A palavra depressão é geralmente usada por pacientes com quadros de dor crônica que os vivenciam como se esses fossem secundários ao quadro álgico. Geralmente há uma forte resistência por parte desses a realizarem outro tipo de tratamento que não seja referente ao quadro doloroso. Muitos estudos têm sido feitos para tentar obter dados mais fidedignos a respeito da comorbidade depressão-dor, para que sejam obtidos avanços na terapêutica empregada e, principalmente, em seus resultados.

O que se sabe com certeza é que os pacientes que apresentam essa comorbidade tendem a ser mais velhos, têm pouca melhora clínica com o tratamento e

85-7241-569-6

procuram assistência médica com grande freqüência (Banks *et al.*, 1999). Mas, apesar de haver duas patologias envolvidas e intimamente correlacionadas, são poucos os pacientes que são encaminhados aos especialistas da saúde mental, pois muitas vezes esses consideram a depressão como conseqüência do quadro álgico (Campel *et al.*, 2003).

Por meio de uma revisão sistemática da literatura de 1975 até 1990, sobre depressão, transtornos somatomorfos e transtorno de somatização (Aguiar & Caleffi, 2001), foram achadas 14 publicações relacionando-os entre si, das quais 13 abordavam dor e depressão concomitantes. Tal fato demonstra que:

- Há alta prevalência de depressão com transtorno de somatização.
- Há alta prevalência de sintomas hipocondríacos e de somatização em pacientes com depressão.
- Pacientes com dor crônica têm alta prevalência de transtornos depressivos.
- Dor é uma queixa freqüente em pacientes com depressão.
- Há melhora do quadro álgico com o tratamento da depressão.

As queixas somáticas dolorosas são comuns em pacientes deprimidos e, muitas vezes, sintomas como fadiga ou perda de energia, anorexia, alterações do sono e dificuldade de concentração podem estar presentes em outras patologias que não o transtorno depressivo. Deve-se ressaltar que, mesmo que se faça o diagnóstico de depressão, a dor não deve ser negligenciada e o tratamento deve abranger as duas patologias.

A significativa incidência dessa comorbidade suscita, ainda, várias dúvidas sobre qual seria a doença precedente e, em uma revisão sistemática da literatura, encontraram-se evidências de que há uma forte associação entre depressão e dor crônica. A depressão é resultado da dor crônica e, em alguns casos, no início do quadro, a presença de predisposição à depressão aumenta a possibilidade do surgimento dessa em pacientes com esse tipo de dor (Fishbain *et al.*, 1997). Baseado nos dados expostos acima, conclui-se que a dor crônica deve ser tratada de forma interdisciplinar visando alcançar melhores resultados e uma melhor qualidade de vida para esses pacientes.

Síndromes Dolorosas

Abordaremos a seguir algumas das síndromes dolorosas mais comuns na prática diária assim como as suas terapêuticas pertinentes.

Cefaléias

A migrânea e a cefaléia tensional são as cefaléias primárias mais prevalentes e que acarretam grave impacto na qualidade de vida dos portadores e seus familiares. Ambas podem evoluir com freqüências elevadas, podendo ser classificadas como cefaléias crônicas diárias, por ocorrer por pelo menos 15 dias no mês, durante pelo menos 6 meses (*Headache Classification Committee of the International*

85-7241-569-6

Headache Society. Classification and diagnostic criteria for headache disorders, cranial neuralgias and facial pain, 1988).

Segundo Raskin *et al.* (1980), as cefaléias são uma única entidade, as quais pode se manifestar em diversos graus. Num extremo do espectro teríamos o quadro de migrânea e, no outro extremo, a cefaléia do tipo tensional.

A dor é um processo neuroquímico complexo e intrincado que envolve neurotransmissores e outras moléculas, atuando em vias de sinalização periféricas e centrais. Múltiplos neurotransmissores semelhantes estão implicados na depressão, sobrepondo inúmeras vias neuroquímicas, principalmente as mediadas por serotonina e noradrenalina.

Um dos maiores avanços no campo da dor foi a descoberta do sistema inibitório descendente. Em outras palavras, existe no tronco encefálico um sistema descendente que inibe a região proximal da medula espinhal, por onde todas as fibras transmissoras da dor na cabeça e no pescoço transitam. Tal sistema possui a capacidade de *desligar* a transmissão dolorosa no nível da medula e do tronco encefálico, impedindo sua propagação em direção ao córtex cerebral, responsável pela consciência da dor. Tal sistema inibitório (zona moduladora da dor) é compreendida por interneurônios, cujos mediadores são:

- A endorfina na substância cinzenta periaquedutal no mesencéfalo.
- A noradrenalina na ponte (*locus ceruleus*) e a serotonina na *rafe dorsalis.*
- A noradrenalina e o ácido gama-aminobutírico (GABA) na medula.

Uma falha nesse sistema pode significar o desencadeamento de uma cefaléia primária sem causa aparente (Feldman & Gordon, 1995).

Essa sobreposição de vias neuroquímicas dificulta a resposta da questão "*dor crônica leva à depressão ou a depressão causa dor?*". Von Korff & Simon (1996), em revisão epidemiológica, propuseram três amplas generalizações na área:

- A dor está intimamente associada tanto com ansiedade quanto com depressão.
- A distribuição e difusão da dor e o quanto a dor interfere no cotidiano são as características que mais predizem depressão.
- Certos sintomas psicológicos de depressão, incluindo falta de energia, distúrbio do sono e preocupação, são comuns em pacientes com dor.

Com base em seus achados, esses pesquisadores propuseram que dor e afecção psicológica têm efeitos comportamentais e psicológicos recíprocos. Apresentaram, então, duas teorias sobre os mecanismos subjacentes à comorbidade dor/depressão:

- Alguns indivíduos são geneticamente suscetíveis a sintomas físicos e psicológicos e a um estado em que sofrimento psicológico amplifica sensações físicas desagradáveis.
- O estresse físico e psicológico causado pela dor pode induzir ou agravar o sofrimento psicológico.

85-7241-569-6

Uma das razões para a falha no tratamento da dor crônica é a falta de diagnóstico de depressão, e por isso, tal comorbidade necessita ser devidamente reconhecida, diagnosticada e tratada para evitar a deterioração da qualidade de vida e da saúde do indivíduo.

Fibromialgia

A fibromialgia (FM) é uma síndrome dolorosa crônica caracterizada por dores musculoesqueléticas difusas e pela presença de pontos dolorosos em regiões anatomicamente determinadas (Wolfe *et al.*, 1990). Há na literatura a descrição de casos sugestivos de fibromialgia desde de meados do século XIX. Durante as décadas de 50 e 60 usava-se o termo fibrosite de forma pouco específica para aqueles quadros de dores musculares que, muitas vezes, estavam relacionados a sintomas psíquicos. Hench (1976) propôs o termo fibromialgia e Smythe & Moldofsky (1976) os critérios para o seu diagnóstico. Em 1990, o Colégio Americano de Reumatologia propôs como critérios diagnósticos da FM a presença de queixas dolorosas difusas, abrangendo as regiões acima e abaixo da linha da cintura, bilateralmente, por um período maior de três meses e a presença de dor em pelo menos 11 dos 18 pontos dolorosos anatomicamente padronizados e pesquisados por meio de palpação digital com pressão equivalente a 4kg. A combinação dos dois critérios tem sensibilidade de 88,4% e especificidade de 81,1%, sendo que a concomitância com outras patologias não invalida o diagnóstico de FM.

Sua freqüência varia de 1 a 5% na população geral dos EUA (Wolfe & Cathey, 1983; Jacobson *et al.*, 1989) e é diagnosticada em 5 a 11% dos pacientes atendidos em clínicas gerais e de 15 a 20% dos pacientes em clínicas reumatológicas (Goldenberg *et al.*, 1990; Wolfe *et al.*, 1983). No Brasil, Martinez (1992) observou uma freqüência de 10,2%. Em vários estudos constatou-se uma tendência à agregação familiar, tendo sido proposto um padrão de herança autossômica dominante, com prevalência no sexo feminino, e geralmente com distúrbios afetivos associados que também têm uma tendência familiar (Pellegrino *et al.*, 1989; Hudson & Pope, 1989). Em aproximadamente 25% dos casos, a FM pode iniciar-se ainda na infância (Yunus *et al.*, 1981; Wolfe, 1986) com quadro de dores musculoesqueléticas difusas em 55 a 88% dos casos (Yunus & Massi, 1985; Calabro, 1986; Malleson *et al.*, 1992). Ocorre predominantemente no sexo feminino, cerca de 73 a 88% dos casos e, normalmente, inicia-se por volta dos 29 aos 37 anos, sendo, no entanto, diagnosticada apenas por volta dos 34 aos 57 anos (Yunus *et al.*, 1981; Cathey *et al.*, 1986; Muller, 1987; Wolfe *et al.*, 1990).

A dor difusa e crônica, por vezes de difícil localização e/ou de caracterização imprecisa, constitui o sintoma mais comum (Goldenberg, 1987), às vezes incapacitante, sem que haja um comprometimento articular inflamatório ou restritivo a não ser que outras patologias possam estar associadas (Wolfe, 1982). No exame clínico, observa-se a presença de pontos dolorosos sem edema ou sinovite (Wolfe *et al.*, 1984). Os pontos dolorosos padronizados são pesquisados bilateralmente, comparando-se sempre a resposta obtida com pontos-controle menos dolorosos que pontos-padrão (leito ungueal do polegar, ponto médio da

85-7241-569-6

face dorsal do antebraço, fronte e terço médio do terceiro metatarso). A presença de 11 dos 18 pontos padronizados é uma indicação de FM, porém escores abaixo desse nível podem ser considerados como FM desde que hajam outros sinais e sintomas relacionados (Quadro 7.1 e Fig. 7.1).

Em 20 a 35% dos casos, observa-se o fenômeno de Raynaud (Dinerman *et al.*, 1986) que, juntamente com a síndrome do cólon irritável, relaciona-se a distúrbios da motilidade da musculatura lisa e, provavelmente, ao aumento da afinidade dos receptores alfa$_2$-adrenérgicos (Bennet *et al.*, 1993). Não existem alterações no exame neurológico, apesar das queixas de fraqueza muscular, adormecimento e tremor em extremidades, freqüentes em mais de 75% dos pacientes.

Na maioria dos casos são descritos sintomas não relacionados ao aparelho locomotor, tais como:

- Sono não reparador, superficial e com despertares precoces associado a fadiga e rigidez muscular em 75% dos casos (Wolfe *et al.*, 1990; Moldofsky, 1989).
- Cefaléia occipital e frontal (Goldenberg, 1987).
- Síndrome do cólon irritável (Goldenberg, 1987).
- Depressão; ocorre em 25% dos casos de FM e 50% dos pacientes têm antecedentes depressivos (Goldenberg, 1989; Hudson *et al.*,1989; Wolfe, 1986; Moldofsky *et al.*, 1975; Yunus *et al.*, 1981).
- Ansiedade, diminuição da concentração, da memória e da capacidade de executar tarefas comuns (Wolfe,1986; Bengtsson & Henriksson, 1989).
- Parestesia e disestesia de mãos e pés (Demétrio *et al.*, 2003).
- Irritação, choro fácil (Demétrio *et al.*, 2003).
- Dor abdominal difusa e hábito intestinal variável (Demétrio *et al.*, 2003).
- Urgência miccional diurna e noturna (Demétrio *et al.*, 2003).
- Dismenorréia (Demétrio *et al.*, 2003).
- São comuns ainda as associações de FM a distúrbios de personalidade, depressão e ansiedade (Martinez *et al.*, 1992).

No exame físico podem ser vistos (Demétrio *et al.*, 2003):

- Espasmos musculares localizados, dermografismo e sensibilidade ao frio manifestada por *cutis marmorata.*

Quadro 7.1 – Pontos dolorosos (*tender points*) – *American College of Rheumatology*

1. Occipital: nas inserções dos músculos occipitais.
2. Cervicais inferiores: na face anterior dos espaços intervertebrais de C5 a C7.
3. Trapézio: no ponto médio do bordo superior do músculo.
4. Supra-espinhoso: na origem, sobre a espinha da escápula junto ao bordo interno.
5. Segunda costela: nas segundas junções costocondrais.
6. Epicôndilo lateral: 2cm abaixo do epicôndilo.
7. Glúteos: no quadrante superior externo das coxas.
8. Grande trocanter: posterior à proeminência trocantérica.
9. Joelhos: no coxim interno próximo à interlinha medial.

85-7241-569-6

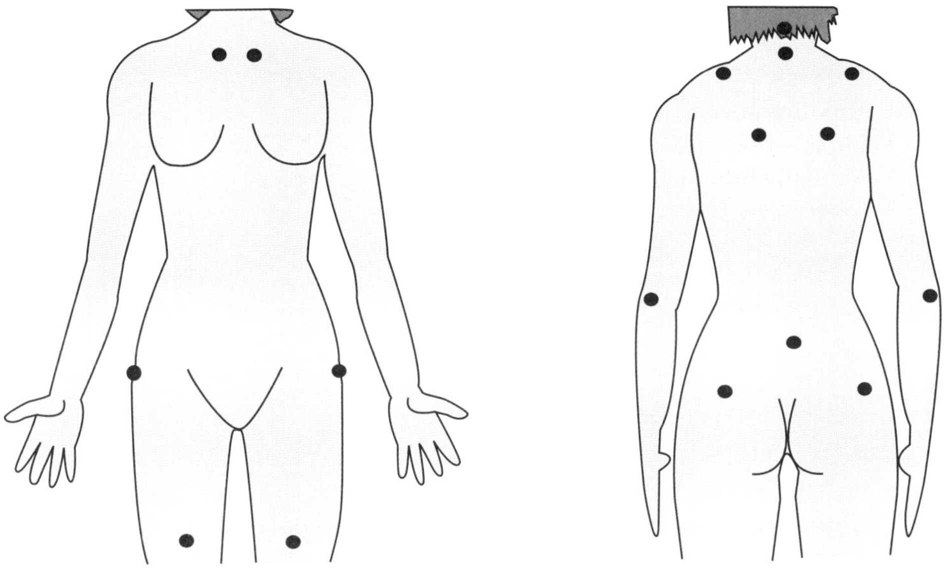

Figura 7.1 – Localização dos *tender points* (American College of Rheumatology).

- Discordância entre os sintomas, o grau de incapacidade e os achados objetivos.
- Múltiplos pontos de hiperalgesia.
- Sensibilidade e deslizamentos sobre a pele (trapézio).
- Hiperemia cutânea após a palpação de pontos dolorosos.
- Presença de pontos de hipossensibilidade (testa e antebraço distal).
- Ausência de sinais objetivos como fraqueza, sinovite e anormalidade neurológica.

Os exames laboratoriais e radiológicos são normais e, mesmo quando alterados, não excluem o diagnóstico de FM, pois não são raras as associações dessa com outras patologias, tais como doenças inflamatórias ou colagenoses (Wolfe *et al.*, 1990). Cerca de 10% dos pacientes podem ter FAN positivo em baixos títulos (Goldenberg, 1989). Níveis elevados e estáveis de substância P no líquor são vistos em 80% dos pacientes por causa da deficiência de aminas biogênicas que regulam a liberação dessa substância. Observam-se ainda evidências de anormalidades no eixo hipotálamo-hipófise-adrenal, gonadal e de hormônios de crescimento levando às alterações encontradas na patologia. Existe ainda um aumento de densidade de receptores alfa$_2$-adrenérgicos causando uma resposta exacerbada frente a níveis normais de liberação de catecolaminas (Yunus *et al.*, 1992; Bennet, 1993).

85-7241-569-6

O diagnóstico diferencial da FM deve ser feito com as seguintes patologias (Demétrio *et al.*, 2003):

- Hipotireoidismo.
- Lúpus eritematoso sistêmico.
- Miopatia inflamatória.
- Osteomalácia.

A FM pode se sobrepor a transtornos dolorosos pré-existentes tais como osteoartrite e câncer (Block, 1993).

Síndrome da Fadiga Crônica

A síndrome da fadiga crônica (SFC) foi descrita por Holmes *et al.*, em 1988, e estudos demográficos, imunológicos e psiquiátricos, assim como investigações sobre fadiga, demonstram algumas semelhanças entre a fibromialgia e essa patologia.

Ela ocorre geralmente em mulheres de meia-idade, previamente saudáveis, e cerca de 50 a 70% desses pacientes preenchem os critérios para fibromialgia, apresentando inclusive pontos dolorosos quando queixas miálgicas estão presentes (Goldenberg *et al.*, 1990).

Assim como a depressão, a SFC não tem etiologia definida e depende de fatores genéticos de vulnerabilidade e fatores ambientais associados. Ela pode ocorrer por causa de alterações em nível central, nas quais se observam fenômenos subjetivos (como a sensação de fadiga) e objetivos (como os relacionados aos recrutamentos temporal e espacial dos motoneurônios) ou em nível periférico, tais como excitabilidade sarcolêmica, conexão eletromecânica, processos de contração e relaxamento muscular e os fatores metabólicos na produção de energia necessária ao músculo (Levy & Vieira, 2001).

Trata-se de uma afecção percebida física e mentalmente e pode ser definida como a impossibilidade de manter a força no nível esperado ou a debilidade para realizar performances rotineiras, sendo que há a sensação da necessidade de aumentar o esforço para manter a potência constante desejada. Segundo Libbius (1995) a fadiga é a sensação sustentada de exaustão acompanhada por dor e diminuição da capacidade para atividades físicas e mentais. A SFC caracteriza-se por fadiga incapacitante presente por mais de 6 meses, juntamente com sintomas que caracterizam comprometimento de concentração, memória, sono, dor muscular e intolerância aos exercícios, na ausência de comprometimento definível médico e psiquiátrico (Fukuda *et al.*, 1994).

Na SFC observa-se diminuição dos níveis de cortisol livre na urina, demonstrando haver hipoatividade do eixo hipotálamo-hipófise-adrenal, sugerindo uma base fisiopatológica diferente entre essa doença e a depressão (Scott & Dinan, 1998).

Alterações na imunidade podem ser notadas (tais como ausência ou redução da resposta na hipersensibilidade cutânea tardia e alterações na resposta linfocitária ao estímulo com feto-hemaglutininas) quando comparados com pacientes com depressão e grupos-controle normais (Lloyd *et al.*, 1992). Outras pesquisas mostraram também alterações discretas no metabolismo aeróbico da musculatura estriada (Manu *et al.*, 1992).

Cerca de 42% dos fibromiálgicos preenchem os critérios para a síndrome de fadiga crônica (Holmes *et al.*, 1988), mais de 90% têm queixas de fadiga e distúrbios do sono e 52% dos pacientes comparam suas queixas a um quadro gripal prolongado (Buchwald *et al.*, 1987).

O diagnóstico da doença é firmado quando há pelo menos 4 dos seguintes sintomas (Libbius *et al.*, 1995; Fukuda *et al.*, 1994):

- Comprometimento da memória de curto prazo ou da concentração, grave o bastante para que haja a redução das atividades da vida diária.
- Dor de garganta.
- Linfonodos sensíveis cervicais ou axilares.
- Dor muscular.
- Dor em múltiplas articulações, sem edema ou rubor.
- Dores de cabeça.
- Sono não restaurador.
- Mal estar após exercícios, com duração de mais de 24h.

O diagnóstico depende inicialmente da exclusão das várias causas de fadiga, secundárias a alterações endócrinas, cardíacas e pulmonares ou ao déficit de produção de energia necessária para o funcionamento da musculatura (Levy *et al.*, 1997). Deve-se ressaltar que existe muita controvérsia sobre se a SFC representa uma entidade autônoma na qual pode se observar depressão secundária em até 80% dos casos ou se essa não seria uma expressão de um transtorno depressivo maior (Sturtz, 1991).

O tratamento baseia-se no uso de antidepressivos tricíclicos ou de nova geração, com acompanhamento psiquiátrico e psicoterapias de suporte, principalmente terapia cognitivo-comportamental. O prognóstico é bom pois a duração dos sintomas oscila entre 37 e 53 meses, podendo tornar-se crônica em alguns pacientes (Levy & Vieira, 2001).

Síndromes Miofasciais

Há controvérsias sobre se as síndromes miofasciais são uma manifestação localizada de fibromialgia (Bengtsson *et al.*, 1986; Travell & Simons, 1983; Simons, 1988; Wolfe *et al.*, 1992), assim como sobre se existe correspondência entre os pontos-gatilho e os pontos dolorosos da fibromialgia. Os pontos-gatilho situam-se mais profundamente na massa muscular levando à diminuição de sua distensibilidade.

A dor é conseqüente à contração desses músculos, sendo patognomônica a observação de fasciculação à rápida percussão de uma faixa muscular retesada. Quando pressionados os pontos-gatilho, há dor intensa no local e também dor referida ou irradiada (Goldenberg, 1991).

85-7241-569-6

De acordo com Wolfe *et al.* (1992), há uma certa semelhança entre ambas as síndromes dolorosas, uma vez que as pacientes com dores miofasciais apresentavam positividade em pelo menos metade do número de pontos padronizados da fibromialgia, sendo que os pontos-gatilho estavam presentes em apenas 20% dos indivíduos pesquisados, tanto no grupo com fibromialgia como no grupo com dores miofasciais. O tratamento é similar nas duas patologias.

As opções terapêuticas incluem um enfoque multidisciplinar para melhorar a qualidade de vida dos pacientes e baseiam-se no uso de medicações para diminuir a dor e melhorar o sono, na prática de atividades físicas para fortalecer a musculatura e melhorar a aptidão cardiovascular, em técnicas de relaxamento para diminuir a tensão muscular e, principalmente, em programas educativos que visem à compreensão e ao manejo da doença (Devins, 1993).

Tratamento

O tratamento se inicia com o diagnóstico acurado da comorbidade e com a estimativa do impacto das patologias sobre a qualidade de vida do paciente. Ambas devem ser tratadas efetivamente, para aumentar a possibilidade de sucesso terapêutico.

Quanto a dor crônica, normalmente se divide o arsenal utilizado em dois grupos, medicamentos abortivos e preventivos (Feldman & Gordon, 1995):

- *Abortivos*: são usados para tratamento agudo da dor, de ocorrência tipicamente intermitente ou exacerbação de dor crônica. Preconiza-se que seu uso não deva exceder dois dias por semana, caso contrário dever-se-á instituir ou reformular o protocolo preventivo.
- *Preventivos*: são aqueles vistos como profiláticos e que visam reduzir o número de crises ou a intensidade da dor, ao regularem os mediadores envolvidos na sua gênese. O tratamento envolve ainda medidas não farmacológicas, comportamentais, que serão sucintamente discutidas a seguir.

Tratamento Abortivo

Analgésicos não Narcóticos

Amplamente anunciados em comerciais e disponíveis nos balcões de farmácias, constituem a linha de frente para o tratamento da dor. O mecanismo pelo qual os analgésicos atuam na dor baseia-se na inibição da síntese de prostaglandinas no sistema nervoso central e nos possíveis efeitos sobre a síntese dos opióides endógenos (Flower *et al.*, 1987). As três drogas representativas dessa classe são o ácido-acetilsalicílico, o paracetamol e a dipirona sódica.

Antiinflamatórios não Esteróides

Antagonizam receptores de prostaglandinas e inibem a síntese dessa substância e os leucotrienos, mitigando assim a dor. Vastamente utilizados, podem ser de extrema eficácia se ingeridos no início da dor. Não se recomenda seu uso freqüente (mais de 3 vezes por semana), por causa dos potenciais efeitos colaterais gastrointestinais, renais, hepáticos e hematológicos (Flower *et al.*, 1987). Entre os muitos antiinflamatórios não esteróides temos naproxeno, ibuprofeno, indometacina, diclofenaco e piroxicam.

Corticóides

Têm uso limitado por seu perfil vasto de efeitos colaterais, compreendendo osteoporose, necrose asséptica da cabeça do fêmur, agravamento do *diabetes mellitus* e da hipertensão arterial sistêmica, depressão imunológica, distúrbios gastrointestinais, distúrbios hidroeletrolíticos e síndrome de Cushing (Haynes & Murad, 1987). São utilizados em alguns casos protraídos, prolongados e intratáveis de enxaqueca, e em cefaléia em salvas (Feldman & Gordon, 1995).

Fenotiazínicos

O efeito benéfico das fenotiazinas na dor ocorre por causa da sua interação com receptores serotoninérgicos e dopaminérgicos (Baldessarini, 1987). Representantes dessa classe são a prometazina e a clorpromazina, que podem ser administradas nas vias oral e parenteral. Os principais efeitos colaterais compreendem reações extrapiramidais, hipotensão arterial grave, sedação e efeitos anticolinérgicos. Por isso deve-se evitar prescrevê-la a pacientes com prostatismo, glaucoma, certas arritmias cardíacas e outras patologias pioradas por anticolinérgicos, assim como a pacientes vulneráveis a reações extrapiramidais e hipotensos (Baldessarini, 1987).

Analgésicos Narcóticos

Os opiáceos podem trazer o alívio da dor a pacientes que não o obtiveram mediante todos os outros recursos. A medicação narcótica se liga aos receptores opiáceos da substancia cinzenta periaquedutal e estimula os neurônios serotoninérgicos da *rafe dorsalis* (Feldman & Gordon, 1995).

Tratamento Preventivo – Antidepressivos

Antidepressivos Tricíclicos

Amitriptilina, imipramina e nortriptilina são usadas no tratamento de dores crônicas, principalmente cefaléias, fibrosites, FM, artrites, artrites reumatóides, e são as primeiras escolhas nas neuropatias pós-herpéticas e diabéticas (Cordioli *et al.*, 2000). A amitriptilina é o antidepressivo mais usado no tratamento da dor, porém não há estudos conclusivos que demonstram sua superioridade quando comparada com outros antidepressivos tricíclicos (ADT) que também podem ser empregados. Na verdade, o grande trunfo da amitriptilina é o seu poder sedativo, útil em muitos casos, principalmente quando a dor provoca insônia. Os ADT são

85-7241-569-6

prescritos em doses baixas, cerca de 10 a 25mg/dia, e seus efeitos terapêuticos podem demorar de 3 a 4 semanas para serem atingidos (Cordioli *et al.*, 2000).

Os antidepressivos também podem ser usados como potencializadores em esquemas terapêuticos dos opiáceos e dos antiinflamatórios não-esteróides, usando-se doses menores desses últimos (Cordioli *et al.*, 2000). Postula-se que a serotonina e a noradrenalina estejam envolvidas na fisiopatogenia da dor, justificadas pelos bons resultados obtidos com o uso dos ADT no alívio da dor. Em pessoas acima de 55 anos e/ou portadoras de certas doenças crônicas, os ADT nem sempre são a primeira escolha, por causa de seus efeitos colaterais, suas interações medicamentosas e suas contra-indicações em algumas doenças, sendo então usadas outras classes de medicamentos.

Inibidores Seletivos da Recaptação da Serotonina: Fluoxetina, Sertralina e Paroxetina

São utilizados quando há uma contra-indicação ao uso dos ADT, em pacientes mais idosos ou que estejam recebendo vários medicamentos ou mesmo por causa de sensibilidade individual. Há vários relatos de uso de fluoxetina, paroxetina e sertralina na prevenção de crises de enxaqueca, com resultados muitas vezes contraditórios, sendo necessários mais estudos e pesquisas nessa área (Adly *et al.*, 1992; Saper *et al.*, 1994).

Inibidores Seletivos da Recaptação de Serotonina e Noradrenalina (ISRSN): Venlafaxina

Há bons resultados, principalmente naqueles pacientes que apresentam transtornos depressivos e/ou ansiosos associados (Dwight *et al.*, 1993). Em doses baixas há uma predominância de ação serotonérgica e, em doses mais elevadas, há maior ação noradrenérgica. Usando-se uma dose de 75mg ao dia de venlafaxina, provavelmente haverá uma maior ação serotoninérgica. Em um estudo prévio, com baixas doses de fluoxetina, houve alívio da ansiedade, depressão e insônia, em pacientes com FM, mas sem efeito sobre a dor. Em pesquisas mais recentes, usando-se doses maiores de venlafaxina, observou-se sucesso maior com dor subjetiva.

Lítio

O lítio tem sido usado nas enxaquecas em salvas, mas sem resultados conclusivos. Nas cefaléias crônicas e enxaquecas, pode ser usado como tratamento alternativo nas doses preconizadas para o tratamento da mania (Cordioli *et al.*, 2000).

Anticonvulsivantes

Vários mecanismos são responsáveis pela atuação dos anticonvulsivantes: bloqueio dos canais de cálcio (carbamazepina, fenitoína, gabapentina, valproato de

85-7241-569-6

sódio), inibição da liberação de glutamato pelo bloqueio dos canais de sódio voltagem-dependentes (carbamazepina, fenitoína, gabapentina, valproato de sódio e topiramato), por meio da potencialização do ácido gama-aminobutírico (gabapentina) (Silva, 2003; Cutrer, 2001).

Valproato e Divalproato de Sódio

É um anticonvulsivante, mas também é utilizado com modulador comportamental e no tratamento de síndromes dolorosas crônicas, principalmente as cefaléias.

Vários estudos têm indicado que o valproato e divalproato de sódio são efetivos e bem tolerados na prevenção da migrânea, levando a uma diminuição progressiva e significante na freqüência das cefaléias, com quadros menos dramáticos, sem a ocorrência de vômitos, fotofobia e fonofobia e com uma menor utilização de medicações sintomáticas. Efeitos adversos referidos foram náusea, astenia, sonolência, vômitos, tremor e alopécia (Mathew *et al.*, 1995; Klapper, 1997).

Gabapentina

A gabapentina é um anticonvulsivante estruturalmente relacionado ao neurotransmissor inibitório ácido gama-aminobutírico (GABA) (Goa & Sorkin, 1993) e também é efetivo no tratamento de síndromes dolorosas crônicas. Tem sido utilizada no tratamento de dor neuropática e sua eficácia preventiva foi testada nas migrâneas (Bigal *et al.*, 2002). Vários estudos confirmaram sua efetividade no controle de dor crônica (cefaléias) em doses que foram tituladas até chegar nas ideais de 1.800 a 2.400mg/dia. Os efeitos colaterais mais freqüentes foram sonolência, fraqueza e astenia, porém esses não foram limitantes (Mathew *et al.*, 2001).

Topiramato

É um anticonvulsivante que também é utilizado para modular comportamento e dor crônica. É uma droga geralmente associada com perda de peso, ao contrário da maioria dos demais preventivos, que se associam a aumento da massa ponderal, razão freqüente para a descontinuação da terapia (Bigal *et al.*, 2002).

Como o valproato e a gabapentina, o topiramato tem vários mecanismos de ação potenciais e relevantes no controle de migrânea e epilepsia.

Shuaib *et al.* (1999) trataram 37 migranosos (mais de 10 cefaléias por mês) com topiramato 25 a 100mg/dia. Onze (30%) dos tratados por 3 a 9 meses relataram diminuição na freqüência de suas cefaléias em mais de 60%; outros onze (30%) referiram diminuição moderada de 40 a 60% e três pacientes pararam o tratamento por causa do surgimento de efeitos colaterais.

Em um estudo de 30 pacientes por Edwards *et al.* (2000), o tratamento com topiramato reduziu de 4,2 para 3,0 a freqüência/mês, comparado com o placebo que foi de 4,1 para 3,8 (p = .09). Em outro estudo de 40 pacientes por Potter *et al.* (2000), o tratamento com topiramato, na dose máxima de 200mg/dia, reduziu de 5,14 para 3,31 a freqüência/mês, comparado com o placebo que foi de 4,37 para

85-7241-569-6

3,83 (p = .0015). Os efeitos colaterais mais freqüentes foram diminuição do apetite, parestesia, sonolência e diarréia.

Todos esses estudos sugerem que o topiramato seja efetivo na prevenção de migrânea.

Benzodiazepínicos

Eles têm efeitos analgésicos porém, como são inferiores aos ADT, são pouco utilizados. Seus efeitos gabaérgicos podem exacerbar a dor e, além disso, seu uso crônico pode predispor à dependência e limitação funcional iatrogênica principalmente em idosos (Cordioli *et al.*, 2000). O uso de hipnóticos é elevado e os benzodiazepínicos são usados para aliviar as queixas referentes ao sono e atuam prolongando o estágio 2 do sono não-REM, à custa de uma diminuição dos estágios profundos do sono (Eisen *et al.*, 1993). A administração da associação de tenoxicam e bromazepam mostra ser mais eficaz que o uso isolado de cada medicamento (Quijada & Carrera, 1996).

Tratamento não Medicamentoso

O manejo dos pacientes deve englobar discussão do diagnóstico, história natural da doença, fatores de melhora e piora e tratamento prévios. Com o conhecimento da doença e de suas implicações, pode-se ter uma diminuição da ansiedade e uma maior adesão ao tratamento de uma patologia que é crônica e ainda sem cura definitiva.

A terapia cognitivo-comportamental pode melhorar o funcionamento global dos pacientes quando aliada a outras estratégias de tratamento (Aguiar & Calleffi, 2001). O condicionamento físico e aeróbico, visando exercitar os músculos doloridos, melhorar as condições cardiovasculares e promover sensação de bem estar, aumentando a resistência e diminuindo a dor, é efetivo. São indicadas atividades que causem pouco impacto, tais como andar de bicicleta, nadar e fazer hidroginástica, que devem ser realizadas em dias alternados, inicialmente, até atingir um bom condicionamento. Martim *et al.* (1996) ressaltaram a importância do exercício físico no controle dos sintomas da doença, sem apresentar efeitos adversos.

Wingers *et al.* (1996) ressaltaram que, a longo prazo, há maior adesão a programas de exercícios aeróbicos do que a tratamentos de controle de estresse. Na prática, poucos pacientes são capazes de cumprir um programa a longo prazo de atividade física vigorosa e alguns enfrentam a exacerbação dos sintomas após o exercício, impedindo-os de realizar qualquer tipo de treinamento. Aqueles que conseguem seguir um programa a longo prazo têm vários benefícios: redução das doses da medicação e quebra do círculo vicioso dor/perda do condicionamento físico/piora, comum em pacientes com sintomas mais graves. Além disso, o exercício melhora o humor e o funcionamento físico em pacientes com FM.

Outras abordagens não farmacológicas que podem ser empregadas incluem: acupuntura; terapia com laser no manejo da dor dos espasmos musculares, da rigidez matinal e do número de pontos dolorosos; hipnoterapia; infiltração

85-7241-569-6

de anestésicos em pontos dolorosos; estimulação transcutânea elétrica de nervos; quiropraxia e *biofeedback* por eletromiografia. Todos esses métodos podem auxiliar no tratamento multidisciplinar da dor, diminuindo os sintomas mais importantes (Aguiar & Caleffi, 2001; Demétrio *et al.*, 2003).

Referências Bibliográficas

1. ADLY, C.; STRAUMANIS, J.; CHENSON, A. Fluoxetine prophylaxis of migraine. *Headache, 32:* 101-104, 1992.
2. AGUIAR, R. W.; CALEFFI, L. Dor crônica. In: FRÁGUAS JR., R.; FIGUEIRÓ, J. A. B. (eds.). *Depressões em Medicina Interna e em Outras Condições Médicas – Depressões Secundárias*. São Paulo: Atheneu, 2001, p. 407-418.
3. BALDESSARINI, R. J. Drogas e tratamento de distúrbios psiquiátricos. In: GOODMAN & GILMAN (eds.). *As Bases Farmacológicas da Terapêutica*. Rio de Janeiro: Guanabara-Koogan, 1987, p. 254-291.
4. BANKS, S. M.; KERNS, R. D. Explaining high rates of depression in chronic pain: a relationship between somatic symptoms and depression. *N Engl J Med, 341 (18):* 1329-1335, 1999.
5. BENGTSSON, A.; BENGTSSON, M. Regional sympathetic blocade in primary fibromyalgia. *Pain, 33:* 161-167, 1988.
6. BENGTSSON, A.; HENRIKSSON, K. G. The muscle in fibromyalgia – a review of Swedish studies. *J Rheumatol, 16 (suppl 19):* 144-149, 1989.
7. BENGTSSON, A.; HENRIKSSON, K. G.; LARSON, J. Reduced high energy phosphate levels in the painful muscles of patients with primary fibromyalgia. *Arthritis Rheum, 29:* 817-821, 1986.
8. BENNETT, R. M. Beyond fibromyalgia: Ideas on etiology and treatment. *J Rheumatol, 16 (suppl 19):* 185-191, 1989.
9. BENNETT, R. M. Fibromyalgia and the facts. Sense or nonsense. *Rheum Dis Clin North Am, 19:* 45-59, 1993.
10. BIGAL, M. E.; RAPAPORT, A.; SHEFTELL, F. A.; TEPPER, S. Novas opções para o tratamento preventivo da migrânea. Atualização com considerações terapêuticas. *Migrânea & Cefaléias, 5:* 13-18, 2002.
11. BLOCK, S. R. Fibromyalgia and the rheumatisms: common sense and sensibility. *Rheum Dis Clin North Am, 19:* 61-78, 1993.
12. BOUCKOMS, A. J.; HACKETT, T. P. Pain patients. In: CLASSEM, N. H. (ed). *Massachusetts General Hospital Handbook of General Hospital Psychiatry*. 4. ed. St. Louis: Mosby, 1997, p. 367-413.
13. BUCHWALD, D.; GOLDENBERG, D. L.; SULLIVAN, J. L.; KOMAROFF, A. L. The chronic, active Epstein-Barr virus infection syndrome and primary fibromyalgia. *Arthritis Rheum, 30:* 1132-1136, 1987.
14. CALABRO, J. J. Fibromyalgia (fibrositis) in children. *Am J Med, 81 (suppl 3a):* 57-59, 1986.
15. CAMPBELL, S. M.; CLARK, S.; TINDALL, E. A.; FOREHAND, M. E.; BENNETT, R. M. Clinical characteristics of fibrositis. A blinded controlled study of symptoms and tender points. *Arthritis Rheum, 26:* 817-824, 1983.
16. CAMPBELL, S. M.; CLAUW, D. J.; KEEFE, F. J. Persistent pain and depression; a biopsychosocial perspective. *Biol Psychiatry, 54:* 399-409, 2003.
17. CANTINI, F.; BELLANDI, F.; CAMPBELL, S. M.; ANDREWS, R. P.; CLARK, S. R.; SCAROLA, J. A. A comparison of cyclobenzaprine and placebo in the management of fibrositis. A double-blind controlled study. *Arthritis Rheum, 31:* 1535-1542, 1988.

18. CATHEY, M. A.; WOLFE, F.; KLEINHEKSEL, S. M.; HAWLEY, D. J. Socio-economic impact of fibrositis – a study of 81 patients with primary fibrositis. *Am J Med, 81 (suppl 3a):* 78-84, 1986.
19. CARETTE, S.; BELL, M. J.; REYNOLDS, W. J.; HARAQUI, B.; MCCAIN, G. A.; BYKERK, V. P. et al. Comparison of amitriptyline, ciclobenzaprine, and placebo in the treatment of fibromyalgia. A randomized, double–blind clinical trial. *Arthritis Rheum, 37:* 32-40, 1994.
20. CARETTE, S.; MCCAIN, G. A.; BELL, D. A.; FAM, A. G. Evaluation of amitriptyline in primary fibrositis; a double- blind, placebo-controlled study. *Arthritis Rheum, 37:* 32-40, 1994.
21. CARETTE, S.; OAKSON, G.; GUIMONT, C.; STERIADE, M. Sleep encephalography and the clinical response to amitriptyline in patients with fibromyalgia. *Arthritis Rheum, 38:* 1211-1217, 1995.
22. CORDIOLI, A. V.; RIBEIRO, L.; GAMA, C. S.; KNIJNIK, D. Z.; SHANSIS, F. M.; GREVET, E. H. Psicofármacos em doenças e problemas físicos. In: *Psicofármacos – Consulta Rápida*. Porto Alegre: Artmed, 2000, p. 518-521.
23. CUTRER, M. F. Antiepileptic drugs: how they work in headache. *Headache, 11/12:* S3-S10, 2001.
24. DEMÉTRIO, F. N.; HIROCE, V. Y.; SMAIRA, S. I.; KERR-CORRÊA, F. Comorbidade em foco: depressão em reumatologia. *Fasc, 2:* 2-12, 2003.
25. DEVINS, G. M.; EDWORTHY, S. M.; PAUL, L. C.; MANDIM, H.; SELAND, T. P. Restless sleep, illness intrusiveness, and depressive symptoms in three chronic illness conditions: rheumatoid arthritis, end-estage renal disease, and multiple sclerosis. *J Psychosom Res, 37:* 163-170, 1993.
26. DINERMAN, H.; GOLDENBERG, D. L.; FELSON, D. T. A prospective evaluation of 118 patients with the fibromyalgia syndrome: prevalence of Raynaud's phenomenon, sicca symptoms, ANA, low complement, and Ig-deposition at the dermal–epidermal junction. *J Rheumatol, 13:* 368-373, 1996.
27. DWIGHT, M. M.; ARNOLD, L. M.; O'BRIEN, H.; METZGER, R.; MORRIS-PARK, E.; EISEN, J. et al. Psychotropic drugs and sleep. *Br Med J, 306:* 921-924, 1993.
28. EISEN, J.; MACFARLANE, J.; SHAPIRO, C. Psychotropic drugs and sleep. *Br Med J, 306:* 1331-1334, 1993.
29. EDWARDS, K. R.; GLANTZ, M. J.; NORTON, J. A.; CROSS, N. Prophylactic treatment of episodic migraine with topiramate: a double-blind, placebo-controlled trial in 30 patients. *Cephalalgia, 20:* 316, 1999.
30. FELDMAN, A.; GORDON, C. D. (eds.). Enxaqueca: considerações históricas, anatômicas e fisiopatológicas. In: *Cefaléia Primária – Diagnóstico e Tratamento*. Porto Alegre: Artes Médicas, 1995, p. 3-12.
31. FELDMAN, A.; GORDON, C. D. (eds.). Enxaqueca: a síndrome em perspectiva. In: *Cefaléia Primária – Diagnóstico e Tratamento*. Porto Alegre: Artes Médicas, 1995, p. 13-24.
32. FELDMAN, A.; GORDON, C. D. (eds.). Enxaqueca: a síndrome em perspectiva. In: *Cefaléia Primária – Diagnóstico e Tratamento*. Porto Alegre: Artes Médicas, 1995, p. 25-29.
33. FELDMAN, A.; GORDON, C. D. (eds.). Enxaqueca: a síndrome em perspectiva. In: *Cefaléia Primária – Diagnóstico e Tratamento*. Porto Alegre: Artes Médicas, 1995, p. 89-107.
34. FIGUEIRA, I.; NARDI, A. E.; MARQUES, C.; VERSIANI, M. Diagnóstico e tratamento dos transtornos somatomorfos. *J Bras Psiq, 48 (1):* 35-42, 1999.
35. FISHBAIN, D. A.; CUTLER, R.; ROSOMOFF, H.; ROSOMOFF, H. L. Chronic pain-associated depression; antecedent or consequence of chronic pain? A review. *Clin J Pain, 13 (2):* 116-137, 1997.
36. FLOWER, R. J.; MORCADA, S.; VANE, J. R. Substâncias antiinflamatórias e analgésicas-antipiréticas: drogas empregadas no tratamento da gota. In GOODMAN & GILMAN (eds.). *As Bases Farmacológicas da Terapêutica*. Rio Janeiro: Guanabara-Koogan, 1987, p. 443-469.

85-7241-569-6

37. FOSSALUZZA, V.; DE VITA, S. Combined therapy with cyclobenzaprine and ibuprofen in primary fibromyalgia syndrome. *Int Clin Pharmacol Res, 12:* 99-102, 1992.
38. FUKUDA, K.; STRAUSS, S. E.; HICKIE, I. The chronic fadigue syndrome: a comprehensive approach to its definition and study. *Ann Intern Med, 121:* 953-959, 1994.
39. GATTER, R. A. Pharmacotherapeutics in fibrositis. *Am J Med, 81:* 63-66, 1986.
40. GOA, K. L.; SORKIN, E. M. Gabapentin: a review of its pharmacological properties and clinical potential in epilepsy. *Drugs, 46:* 409-427, 1993.
41. GOLDENBERG, D. L. Fibromyalgia, chronic fadigue syndrome and myofascial pain syndrome. *Curr Opin Rheumatol, 3:* 247-258, 1991.
42. GOLDENBERG, D. L.; MAYSKIY, M.; MOSSEY, C. A randomized, double-blind crossover trial of fluoxetine and amtriptyline in the treatment of fibromyalgia syndrome. *Arthritis Rheum, 39:* 1852-1859, 1996.
43. GOLDENBERG, D. L. Fibromyalgia and other chronic fatigue syndrome: an emerging but controversial condition. *J Am Med Assoc, 257:* 2782-2787, 1987.
44. GOLDENBERG, D. L. An overview of psychological studies in fibromyalgia. J *Rheumatol, 16 (suppl 19):* 12-14, 1989[b].
45. GOLDENBERG, D. L. Treatment of fibromyalgia syndrome. *Rheum Dis Clin North Am, 15:* 61-71, 1989[a].
46. GOLDENBERG, D. L.; FELSON, D. T.; DINERMAN, H. A. A randomized controlled trial of amitriptyline and naproxen in the treatment of patients with fibromyalgia. *Arthritis Rheum, 29:* 1371-1377, 1990.
47. GOLDENBERG, D. L.; SIMMS, R. W.; GEIGER, A.; KOMAROFF, A. L. High frequency of fibromyalgia in patients with chronic fatigue seen in primary care practice. *Arthritis Rheum, 33:* 381-387, 1990.
48. GOLDENBERG, D. L. A review of the role of tricyclic medications in the treatment of fibromyalgia syndrome. *J Rheumatol, 16 (suppl 19):* 37-39, 1989[a].
49. HAYNER, R. C.; MURAD, F. Hormônio adrenocorticotrópico; esteróides adrenocorticais e seus análogos sintéticos; inibidores da biossíntese adrenocortical de esteróides. In: GOODMAN & GILMAN (eds.). *As Bases Farmacológicas da Terapêutica*. Rio Janeiro: Guanabara-Koogan, 1987, p. 956-975.
50. HEADACHE CLASSIFICATION COMMITTEE OF THE INTERNATIONAL HEADACHE SOCIETY. Classification and diagnostic criteria for headache disorders, cranial neuralgias and facial pain. *Cephalalgia, 9 (suppl 7):* 1-96, 1988.
51. HENCH, P. K. Non-articular rheumatism, twenty-second rheumatism review: of the American an English literature for the years 1973 and 1974. *Arthritis Rheum, 19 (suppl 1):* 1081-1089, 1976.
52. HOLMES, G.; KAPLAN, J. E.; GANTZ, N. M.; KOMAROFF, A. R.; SCHOENBERG, L. B.; STRAUS, S. E. et al. Chronic fatigue syndrome: a working case definition. *Ann Int Med, 108:* 387-389, 1988.
53. HUDSON, J. I.; POPE JR., H. G. Fibromyalgia and pshychopathology; Is fibromyalgia a form of affective spectrum disorder? *J Rheumatol, 19 (suppl 1):* 15-22, 1989.
54. JACOBSSON, L.; LINDGARDE, F.; MANTHORPE, R. The commonest rheumatic complaints of over six weeks duration in a defined Swedish population. *Scand J Rheumatol,18:* 353-360, 1989.
55. JUNG, A. C.; STAIGER, T.; SULLIVAN, M. The efficacy of selective serotonin reuptake inhibitors for the management of chronic pain. *J Gen Intern Med, 12:* 384-389, 1997.
56. KLAPPER, J. Divalproex sodium in migraine prophylaxis: a dose-controlled study. *Cephalalgia, 17:* 103-108, 1997.
57. KROENKE, K.; PRICE, R. K. Symptoms in the community. Prevalence, classification, and psychiatric comorbidity. *Arch Intern Med, 153:* 2474-2480, 1993.

85-7241-569-6

58. LEVY, J. A.; CARVALHO, M. S.; LEVY, A. Dor e fadiga muscular. *J Bras Med, 72:* 78-84, 1997.
59. LEVY, J. A.; VIEIRA, J. C. S. Fadiga crônica. In: FRÁGUAS JR., R.; FIGUEIRÓ, J. A. B. (eds.). *Depressões em Medicina Interna e em Outras Condições Médicas – Depressões Secundárias*. São Paulo: Atheneu, 2001, p. 419-426.
60. LIBBIUS, K.; BAKER, H. L.; OSGOOD, J. M.; PHILLIPS, T. C.; VALENTINE, D. M. Persistent fatigue in weel women. *Women Health, 23:* 57-72, 1995.
61. LLOYD, A.; HICKIE, C.; DEWYER, J.; WAKEFIELD, D. Cell mediated immunity in patients with chronic fatigue syndrome, healthy control subjects and patients with major depression. *Clin Exp Immunol, 87:* 77-79, 1992.
62. MALDOFSKY, H. Sleep-wake mechanisms in fibrositis. *J Rheumatol, 16 (suppl 19):* 47-48, 1989.
63. MALLESON, P. N.; AL-MATAR, M.; PETTY, R. E. Idiopathic musculoskeletal pain syndromes in children. *J Rheumatol, 19:* 1786-1789, 1992.
64. MANU, A. M. P.; MATTHEWS, D. A.; LANE, T. J.; WATSON, R. K.; CASTRIOTTA, R. J. Fibromyalgia and alpha-delta sleep in chronic fatigue syndrome. *Arthritis Rheum, 35 (suppl 1):* S161, 1992.
65. MARTIM, L.; NUTTING, A.; MACINTOSH, B. R.; EDWORTHY, S. M.; BUTTERWICK, D.; COOK, J. An exercise program in the treatment of fibromyalgia. *J Rheumatol, 23:* 1050-1053, 1996.
66. MARTINEZ, J. E.; ALVO, E.; FONTANA, A. M.; DACOL, E. A. Aspectos psicológicos em mulheres com fibromialgia. *Rev Bras Reumatol, 32:* 51-60, 1992.
67. MATHEW, N. T. Antiepileptic drugs in migraine prevention. *Headache*, S11-S12, 2001.
68. MATHEW, N. T.; SAPER, J. R.; SILBERSTEIN, S. D. et al. Migraine prophylaxis with divalproex. *Arch Neurol, 52:* 281-286, 1995.
69. MILLER, D. R.; SEIFERT, R. D. Management of fibromyalgia, a distinct rheumatologic syndrome. *Clin Pharmacol, 6:* 778-786, 1987.
70. MOLDOFSKY, H.; SCARISBRICK, P.; ENGLAND, R.; SMYTHE, H. Musculoskeletal symptoms and not-REM sleep disturbance in patients with fibrositis syndrome and healthy subjects. *Psychosom Med, 37:* 341-351, 1975.
71. MOLDOFSKY, H. Sleep and fibrositis syndrome. *Rheum Dis Clin North Am, 15:* 91-103, 1989.
72. MOLDOFSKY, H. Sleep and musculoskeletal pain. *Am J Med, 81 (suppl 3a):* 85-89, 1986.
73. MULLER, W. The fibrositis syndrome; diagnosis, differential diagnosis and pathogenesis. *Scand J Rheumatol, 65:* 40-53, 1987.
74. NELSON, T. K.; KRAHN, L. E. Treating affective illness in patients with chronic pain. *Current Psychiatry, 3:* 5, 2004.
75. PELLEGRINO, M. J.; WAYLONIS, G. W.; SOMMER, A. Familial occurrence of primary fibromyalgia. *Arch Pshys Med Rehabil, 70:* 61-63, 1989.
76. POTTER, D. L.; HART, D. E.; CALDER, C. S. et al. A double-blind, randomized, placebo-controlled, parallel study to determine the efficacy of Topamax® (topiramate) in the prophylatic treatment of migraine. *Neurology, 52 (suppl 7):* A15, 2000.
77. QUIJADA-CABRERA, J.; VALENZUELA-CASTANO, A.; POVEDANO-GOMES, J.; FERNANDEZ-RODRIGUEZ, A.; HERNANZ-MEDIANO, W.; GUTIERREZ-RUBIO, A. et al. Comparison of tenoxican and bromazepan in treatment of fibromyalgia: a randomized, double-blind, placebo-controlled trial. *Pain, 65:* 221-225, 1996.
78. QUIMBY, L. G.; BLOCK, S. R.; GRATWICK, G. M. Fibromyalgia: generalized pain intolerance and manifold symptom reporting. *J Rheumatol, 15:* 1264-1270, 1988.
79. RASKIN, N. H.; SCWARTZ, R. K. Icepick-like pain. *Neurology, 30:* 203-205, 1980.
80. REYNOLDS, W. J.; MOLDOFSKY, H.; SASKIN, P.; LUE, F. A. The effects of cyclobenzaprine on sleep physiology and symptoms in patients with fibromyalgia. *J Rheumatol, 18:* 452-454, 1991.

85-7241-569-6

81. SAPER, J. R.; SILBERSTEIN, S. D.; LAKE III, A. E. Double-blind trial of fluoxetine: chronic daily headache and migraine. *Headache, 34:* 497-502, 1994.
82. SANTANDREA, S.; MONTRONE, F.; SARZI-PUTTINI, P.; BOCCASSINI, L.; CARUSO, I. A double-blind crossover study of two cyclobenzaprine regimens in primary fibromyalgia syndrome. *J Int Med Res, 21:* 74-80, 1993.
83. SCOTT, L. V.; DINAN, T. G. Urinary free cortisol excretion in chronic fadigue syndrome. *J Affect Disord, 47:* 49-54, 1998.
84. SILVA, W. F. Migrânea. In: *Diagnóstico das Cefaléias*. São Paulo: Lemos, 2003, p. 35-116.
85. SIMMS, R. W.; GOLDENBERG, D. L. Symptoms mimicking neurologic disorders in fibromyalgia syndrome. *J Rheumatol, 15:* 1231-1271, 1988.
86. SIMMS, R. W.; GUNDERMAN, J.; HOWARD, F.; GOLDENBERG, D. L. The alpha-delta sleep anomaly in fibromyalgia. *Arthritis Rheumatol, 31 (suppl 1):* S100, 1988.
87. SIMONS, D. G. Myofascial pain syndromes: where are we? Where are we going? *Arch Phys Med Rehabil, 69:* 207-212, 1988.
88. SMYTHE, H. A.; MOLDOFSKY, H. Two contributions to understanding the fibrositis syndrome. *Bull Rheum Dis, 28:* 928-931, 1977.
89. STURTZ, G. S. Depression and chronic fatigue in children. *Primary Care, 18:* 247-257, 1991.
90. SHUAIB, A.; AHMED, F.; MURATOGLU, M. et al. Topiramate in migraine prophylaxis. A pilot study. *Cephalalgia, 19:* 379-380, 1999.
91. TRAVELL, J. G.; SIMONS, D. G. *Myofascial Pain and Dysfunction: the trigger point manual.* Baltimore: Williams & Wilkins, 1983, p. 713.
92. VON KORFF, M.; SIMON, G. The relationship between pain and depression. *Br J Psychiatry:* 101-108, 1996.
93. WINGERS, S. H.; STILES, T. C.; VOGEL, P. A. Effects of aerobic exercise versus stress management treatment in fibromyalgia. A 04 year prospective study. *Scand J Rheumatol, 25:* 77-86, 1996.
94. WOLFE, F. The clinical syndrome of fibrositis. *Am J Med, 81 (suppl 3a):* 7-14, 1986.
95. WOLFE, F.; CATHEY, M. A. Prevalence of primary and secondary fibrositis. *J Rheumatol, 10:* 965-958, 1983.
96. WOLFE, F.; CATHEY, M. A.; KLEINHEHSEL, S. M. Fibrositis (fibromyalgia) in rheumatoid arthritis. *J Rheumatol, 11:* 814-818, 1984.
97. WOLFE, F.; HAWLEY, D. J.; CATHEY, M. A.; CARO, X.; RUSSELL, I. J. Fibrositis: symptom frequency and criteria for diagnosis. an evaluation of 291 rheumatic disease patients and 58 normal individuals. *J Rheumatol, 12:* 1159-1163, 1985.
98. WOLFE, F.; SIMONS, D. G.; FRICTION, J.; BENNETT, R. M.; BOMBARDIER, C.; GOLDENBERG, D. L. et al. The fibromyalgia and myofascial pain syndromes: a preliminary study of tender points and trigger points in persons with fibromyalgia myofascial pain syndrome and no disease. *J Rheumatol, 19:* 944-951, 1992.
99. WOLFE, F.; SMYTHE, H. A.; YUNUS, M. B.; BENNETT, R. M.; BOMBADIER, C.; GOLDENBERG, D. L. et al. The American College of Rheumatology – Criteria for the Classification of Fibromyalgia – Report of the Multicenter Criteria Comitte. *Arthritis Rheumatol, 33:* 160-172, 1990.
100. YUNUS, M. B. Physichological aspects of fybromialgia syndrome: a component of the dysfunctional spectrum syndrome. *Bailliere's Clinical Rheumatology, 8:* 811-837, 1994.
101. YUNUS, M. B.; AHEES, T. A.; ALDAG, J. C.; MASI, A. T. Relationship of clinical features with psychological status in primary fibromyalgia. *Arthritis Rheum, 34:* 15-21, 1991.
102. YUNUS, M. B.; MASI, A. T. Juvenile primary fibromyalgia syndrome. A clinical of thirty three patients and matched normal controls. *Arthritis Rheum, 28:* 138-145, 1985.

85-7241-569-6

103. YUNUS, M. B.; MASI, A. T.; ALDAG, J. C. Preliminary criteria for primary fibromyalgia syndrome (PFS): multivariate analysis of a consecutive series of PFS, other pain patients and normal subjects. *Clin Exp Rheumatol, 7:* 63-69, 1989.
104. YUNUS, M. B.; MASI, A. T.; CALABRO, J. J.; MILLER, K. A.; FEIGENBAUM, S. L. Primary fibromyalgia (fibrositis); clinical study of 50 patients with matched normal controls. *Semin Arthritis Rheum, 11:* 151-171, 1981.
105. YUNUS, M. B.; BÄCKMAN, K. K.; KHAN, M. A. A study of multicase families with fibromyalgia syndrome with HLA typing. *Arthritis Rheum, 35:* S285, 1992.

85-7241-569-6

CAPÍTULO 8

Manejo da Depressão no Idoso

WANDERLY BARROSO CAMPOS

INTRODUÇÃO

Este capítulo foi elaborado com o propósito de fornecer informações práticas e gerais sobre o tratamento da depressão em pacientes idosos, considerando a existência de vasta literatura especializada sobre o assunto que permite estudo mais profundo aos interessados.

A princípio serão abordados de modo breve alguns aspectos que condicionam o sucesso do tratamento proposto, especialmente a farmacoterapia. Em seguida, serão citados os tipos de tratamentos existentes com atenção especial ao tratamento farmacológico.

A depressão constitui-se em um dos diagnósticos mais comuns no idoso. Apesar disso, é pouco diagnosticada ou tratada adequadamente. As doenças clínicas e as particularidades do contexto social em que esse se encontra contribuem para dificuldades no diagnóstico (Rocha, 1993; Cunha, 1993).

DIAGNÓSTICO CORRETO

É fundamental que o clínico saiba identificar os sinais e sintomas que permitem o diagnóstico de depressão em idosos. Muitas vezes os sintomas clássicos descritos na literatura e que preenchem critérios para depressão de acordo com a 10ª edição da Classificação Internacional de Doenças – CID 10 (OMS, 1993) não são encontrados nessa população (Aguiar & Dunningham, 1993). Queixas clínicas persistentes, como dor e hiporexia, e sem substrato orgânico podem estar mascarando um quadro depressivo.

Episódios depressivos graves e, principalmente, de início tardio podem ser acompanhados de sintomas psicóticos (Baldwin & Tomenson, 1995).

85-7241-569-6

Deve-se, ainda, constatar se o episódio depressivo atual é recorrente ou está ocorrendo pela primeira vez. Os episódios de início tardio (após 65 anos) relacionam-se mais freqüentemente com causas orgânicas, enquanto os episódios recorrentes têm importante componente genético (Krishnan *et al.*, 1995; Baldwin & Tomenson, 1995).

As causas orgânicas citadas referem-se geralmente a doenças comuns em idosos como hipertensão arterial, coronariopatias, *diabetes mellitus*, hipo ou hipertireoidismo, acidentes vasculares cerebrais, doença de Parkinson e demências, entre outras, além de certos medicamentos que podem gerar sintomas depressivos. Essas e outras doenças devem ser pesquisadas durante o exame do paciente (Forlenza, 1997).

Sintomas depressivos leves e sem comprometimento das atividades funcionais do paciente podem estar relacionados a fatores psicossociais (eventos vitais e suporte social) que precisam ser identificados. Nesses casos, os possíveis fatores geradores dos sintomas depressivos devem ser abordados antes ou ao lado do tratamento instituído. Deve-se sempre procurar conhecer o contexto ou o ambiente em que o paciente encontra-se inserido (Zimerman, 2000).

Relação Médico-paciente, Adesão ao Tratamento e Envolvimento de Responsáveis

É importante estabelecer uma ótima relação inicial com o paciente e faz-se necessário mensurar o significado do estado depressivo para ele. A forma com que o doente convive com os sintomas deve ser identificada para possibilitar intervenções terapêuticas não farmacológicas.

Explicar e informar sobre a depressão e suas características poderá torná-lo confiante no tratamento a ser estabelecido e na importância do mesmo para sua saúde de modo geral. Deve-se lembrá-lo de que a melhora da depressão com os medicamentos pode demorar a ser percebida, mas que, inicialmente (a partir de 3 semanas), alguns sintomas como sono e ansiedade devem ser aliviados. Além de informá-lo de que o uso do medicamento deve ser contínuo e de que nunca deve suspendê-lo antes do prazo estabelecido durante a consulta.

Com a permissão do paciente, os familiares mais próximos devem ser envolvidos no sentido de dirimir dúvidas sobre a depressão; alguns mitos sobre a existência natural dessa em idosos devem ser desfeitos. A monitorização do uso correto dos medicamentos pela família torna-se valiosa para pacientes com déficits de memória ou que estão pouco motivados com o tratamento e não seguem a orientação dada pelo médico.

O clínico deve, além de transmitir segurança, disponibilizar-se para contatos telefônicos necessários nas primeiras semanas de tratamento. Todas essas medidas são necessárias para que haja adesão ao tratamento.

Doenças Clínicas

Muitos estudos demonstram a estreita relação entre depressão e doenças clínicas. A depressão pode causar algumas doenças ou agravar as pré-existentes e,

85-7241-569-6

como já foi dito anteriormente, algumas podem evoluir com sintomas que compõem o espectro da depressão. É possível, ainda, que as doenças clínicas possam coexistir com quadros depressivos de forma independente (Stoppe, 1994).

A associação entre demências e depressão também é muito freqüente. Síndromes depressivas com início após os 65 anos podem se apresentar como pródromos de demência (Laks et al., 1998). Sabe-se, também, que taxas maiores de mortalidades entre pacientes portadores de doenças clínicas podem estar associadas à depressão (Evans, 1993).

Polifarmácia

Não é incomum a um grande número de pacientes idosos chegar ao consultório com uma extensa relação de medicamentos de uso continuado. Antes de instituir um tratamento farmacológico para depressão a esses pacientes, o clínico deve eleger alguns antidepressivos de classes diferentes e conhecê-los suficientemente bem para evitar possíveis interações medicamentosas, além de dominar o conhecimento sobre seus potenciais efeitos colaterais e outras características farmacocinéticas e farmacodinâmicas. Pode-se, também, consultar sobre as possíveis interações em manuais práticos disponíveis nos locais de trabalho, sem considerar tal atitude inadequada ou passível de gerar insegurança aos pacientes mesmo durante as consultas.

Esse procedimento poderá evitar interações farmacocinética e farmacodinâmica indesejáveis. Um exemplo dessa última seria a indicação de um antidepressivo tricíclico para o tratamento de um paciente que encontra-se em uso de um diurético, havendo o risco de hipotensão ortostática (Marcolin *et al.*, 2000).

Particularidades Quanto a Farmacocinética e Farmacodinâmica dos Antidepressivos

Sao bem conhecidas as mudanças fisiológicas que ocorrem com o envelhecimento, levando a alterações na absorção, distribuição, metabolismo e excreção das drogas. De modo geral, esse padrão de funcionamento do organismo na senescência exige adequações no manejo dos medicamentos quanto à dose inicial, que deve ser entre um terço e metade da preconizada para os adultos jovens, além da necessidade de um aumento lento das mesmas até atingir-se as doses terapêuticas adequadas (Young & Meyers, 1996).

É importante que o clínico lembre que substâncias de meia-vida longa trarão mais conseqüências indesejáveis que as de meia vida curta.

O mecanismo de ação das drogas pode alcançar os receptores periféricos e alguns efeitos colaterais podem se tornar mais relevantes aos idosos que aos jovens, tais como a ação anticolinérgica dos antidepressivos tricíclicos sobre os aparelhos cardiovascular, gastrointestinal e urinário. Apesar dessas e de outras particularidades, o tratamento farmacológico em idosos deve ser conduzido usando doses terapêuticas adequadas e necessárias.

85-7241-569-6

Início da Melhora

Classicamente há três fases a considerar no tratamento farmacológico da depressão: aguda, continuação e manutenção. A fase aguda pode estender-se por até nove semanas, portanto, um período um pouco maior que aquele estabelecido para adultos jovens (Georgotas & McCue, 1989). Nessa fase pretende-se alcançar a remissão dos sintomas. A fase seguinte é de continuação e dura de quatro a seis meses. A manutenção do tratamento deve estender-se, em média, por dois anos.

Os pacientes e responsáveis devem ser advertidos da possível demora inicial para melhora. Substituições precoces de antidepressivos elevam o custo do tratamento e o uso de vários medicamentos sem resposta pode gerar dúvidas sobre o sucesso terapêutico desejado, prejudicando a adesão ao tratamento.

Tipos de Tratamento

Psicoterapias, terapia cognitivo-comportamental, terapia familiar, eletroconvulsoterapia e famacoterapia são algumas das formas de abordagem terapêutica que se mostraram eficazes no tratamento da depressão na população geriátrica (Alexopoulos, 1996).

Como foi proposto no início deste capítulo, serão abordados a seguir alguns aspectos do tratamento farmacológico.

Tratamento Farmacológico

Várias classes de antidepressivos são utilizadas no tratamento farmacológico da depressão em psicogeriatria. Algumas dessas são tricíclicos, inibidores seletivos de recaptação de serotonina, inibidores de recaptação da serotonina e noradrenalina e antidepressivos noradrenérgico e serotonérgico específicos. Outras drogas psicoativas como os neurolépticos e benzodiazepínicos podem ser necessárias para auxiliar alguns tratamentos específicos, como veremos posteriormente.

Espera-se que os pacientes idosos respondam tão bem quanto os jovens ao uso de antidepressivos. Atenção especial deve ser dispensada aos efeitos colaterais, interações medicamentosas e farmacocinética dessas drogas (McGuire & Rabins, 1994).

Escolha do Antidepressivo

A escolha de um antidepressivo pode depender de vários fatores, tais como: sintomas-alvo iniciais, tipo e gravidade do episódio depressivo, perfil de efeitos colaterais da droga escolhida, comorbidades clínicas, resposta positiva a algum antidepressivo em episódio depressivo anterior, possíveis interações medicamentosas e custo do tratamento, entre outros.

Como já foi salientado, sugere-se que o clínico conheça bem algumas drogas de classes diferentes para facilitar a escolha daquela que seria mais indicada em cada situação.

85-7241-569-6

Classes de Antidepressivos

A *classe dos tricíclicos* reúne drogas como amitriptilina, nortriptilina, imipramina e clomipramina.

Essa classe de antidepressivos tem sua eficácia comprovada no tratamento da depressão em pacientes geriátricos (Salzman, 1994), porém o perfil de efeitos colaterais exige cuidados especiais e limita seu uso em muitos casos, principalmente aqueles associados a doenças cardiovasculares.

Alguns efeitos cardiovasculares dos tricíclicos devem ser considerados: o retardo da condução intraventricular aumenta os intervalos PR e QRS no ECG, sendo um risco para pacientes com bloqueio de ramo ou bloqueios atrioventriculares; o bloqueio $alfa_1$-adrenérgico pode causar hipotensão ortostática com risco de quedas, acidentes vasculares isquêmicos e fraturas; o bloqueio colinérgico aumenta a freqüência cardíaca em 5 a 10bpm, exigindo maior consumo de oxigênio pelo miocárdio, oferecendo riscos para pacientes com insuficiência cardíaca congestiva ou coronariopatia (Scalco, 1997). Pacientes portadores de bloqueio de segundo grau ou mais grave, bloqueio bifascicular, bloqueio de ramo esquerdo ou intervalo QT maior que 480 milissegundos não devem ser medicados com tricíclicos (Blazer & Koenig, 1999).

Outros efeitos indesejáveis dos tricíclicos são os decorrentes do bloqueio de receptores colinérgicos muscarínicos causando obstipação intestinal, retenção urinária, xerostomia (boca seca) e complicação do glaucoma de ângulo estreito. A retenção urinária predispõe a infecções do trato urinário (Stoppe & Louzã, 1999). O efeito anticolinérgico pode, ainda, piorar o desempenho cognitivo dos pacientes e, em doses maiores, provocar confusão mental – *delirium* (Oxman, 1996).

Entre os tricíclicos, a amina secundária nortriptilina mostra-se com o menor perfil de efeitos adversos, sendo mais segura para idosos que os outros da mesma classe.

A *classe dos ISRS (inibidores seletivos da recaptação da serotonina)* agrupa antidepressivos como fluoxetina, sertralina, paroxetina, citalopram e escitalopram. Esses apresentam perfil de efeitos indesejáveis diversos da classe dos tricíclicos, pois praticamente não agem sobre os receptores colinérgicos, adrenérgicos e histaminérgicos.

Os ISRS não são mais eficazes que os tricíclicos, porém são mais seguros e mais bem tolerados, sendo considerados de primeira escolha em muitos estudos. A maioria tem meia-vida em torno de 24h, à exceção da fluoxetina, cujo metabólito ativo norfluoxetina tem meia vida de até 14 dias ou mais. Essa característica torna necessária a espera desse intervalo para introduzir outro antidepressivo após a interrupção do uso da fluoxetina.

Os efeitos adversos mais importantes são gastrointestinais (náuseas, hiporexia, vômitos e diarréia) e neuropsiquiátricos (insônia, ansiedade, agitação, acatisia, tremor e cefaléia). Deve-se considerar também o potencial de inibição dessas drogas sobre as enzimas hepáticas do citocromo P-450, principalmente a 2D6 e 3 A3/4, apesar de muitas interações não serem clinicamente significantes (Stahl, 1997).

A *classe dos IRSN (inibidores de recaptação da serotonina e noradrenalina)* tem a venlafaxina como seu principal representante. Essa não apresenta efeitos colaterais importantes resultantes da ação anticolinérgica, anti-histaminérgica ou

85-7241-569-6

adrenérgica. Muitos estudos demonstram sua segurança e eficácia no tratamento da depressão em idosos. E há relatos de elevação dos níveis de pressão arterial, dose-dependente, em alguns trabalhos.

A *classe dos antidepressivos noradrenérgico e serotonérgico específicos* tem a mirtazapina como seu representante. É um droga com eficácia antidepressiva comprovada e apresenta como principais efeitos indesejáveis aumento do apetite, ganho ponderal, sedação e tontura. A mirtazapina está indicada nos casos que cursam com insônia e ansiedade importantes.

Associação com Benzodiazepínicos

Insônia e ansiedade são sintomas comuns durante os episódios depressivos em pacientes geriátricos. No início, tenta-se o tratamento da depressão em monoterapia e orientações quanto à higiene do sono. Se essas medidas não bastarem, indica-se a associação com benzodiazepínicos por um período curto de tempo, principalmente no início do tratamento, como ansiolíticos e/ou hipnóticos. Deve-se dar preferência aos com meia-vida curta, como o lorazepam (10h), ou meia-vida intermediária, como o alprazolam (15h), utilizados como ansiolíticos. Um benzodiazepínico com meia-vida ultracurta é o midazolam (2h) que pode ser indicado como hipnótico. Todos devem ser prescritos em doses menores que às para adultos jovens (Bottino & Castilho, 1999). O zolpidem é uma droga não benzodiazepínica, sendo uma alternativa como hipnótico.

Pacientes geriátricos têm sensibilidade maior aos efeitos colaterais dos benzodiazepínicos e os cuidados devem ser redobrados nos casos de idosos debilitados ou portadores de demências e doença pulmonar obstrutiva crônica, entre outras.

Associação com Neurolépticos

Sintomas psicóticos e agitação psicomotora podem ser encontrados associados aos episódios depressivos em idosos deprimidos (Baldwin, 1995). A depressão com sintomas psicóticos pode não responder satisfatoriamente à monoterapia com antidepressivos. Em alguns casos é necessário associar neurolépticos em pequenas doses e, preferencialmente, aqueles destituídos de importantes efeitos sedativo, cardiovascular, anticolinérgico e extrapiramidal.

São exemplos de neurolépticos com esse perfil de efeitos adversos a risperidona, a olanzapina e a quetiapina. Esses medicamentos, quando indicados, devem ser usados por períodos curtos, considerando que a idade avançada e a presença de comorbidades clínicas associadas à exposição prolongada aos neurolépticos aumentam o risco para um importante efeito colateral denominado discinesia tardia (Jest *et al.*, 1998).

Considerações Finais

O manejo da depressão em pacientes idosos envolve vários aspectos. O clínico deve avaliar o paciente integralmente, identificando fatores como comorbidades

85-7241-569-6

clínicas e os medicamentos em uso, além do contexto social em que o paciente se encontra inserido.

Para o tratamento farmacológico dispõe-se de drogas eficazes e seguras. Não há um padrão único estabelecido para que determinados grupos de pacientes respondam melhor a antidepressivos específicos. Vários fatores são determinantes na escolha inicial da melhor droga.

A melhora da qualidade de vida e a redução da morbi-mortalidade em idosos podem ser alcançadas quando a depressão é identificada e tratada adequadamente.

As dificuldades no diagnóstico e tratamento da depressão em idosos são reconhecidas por vários autores. Os casos que não respondem à terapêutica convencional devem ser encaminhados para avaliação especializada.

Referências Bibliográficas

1. ALEXOPOULOS, G. S. Affective disorders. In: SADAVOY, J. S.; LAZARUS, L. W.; JARVIK, L. F.; GROSSBERG, G. T. (eds.). *Comprehensive Review of Geriatric Psychiatry – II*. 2. ed. Washington: American Psychiatric Press, 1996, p. 563-592.
2. AGUIAR, W. M.; DUNNINGHAM, W. Depressão geriátrica: aspectos clínicos e terapêuticos. *Arquivos Brasileiros de Medicina (suplemento), 67 (4):* 297-299, 1993.
3. BALDWIN, R. C.; TOMENSON, B. Depression in later life. A comparison of symptoms and risk factors in early and late onset cases. *Br J Psychiatry, 167:* 649-652, 1995.
4. BLAZER, D. G.; KOENIG, H. G. Transtornos do humor. In: BUSSE, E. W.; BLAZER, D. G. (eds.). *Psiquiatria Geriátrica*. 2. ed. Porto Alegre: Artes Médicas, 1999, p. 245-272.
5. BOTTINO, C. M. C.; CASTILHO, A. R. G. L. Terapêutica com benzodiazepínicos em populações especiais: idosos, crianças, adolescentes e gestantes. In: BERNIK, M. A. (coord.). *Benzodiazepínicos*. São Paulo: EDUSP, 1999, p. 157-177.
6. CUNHA, U. G. V. Diagnóstico e tratamento da depressão no paciente de risco – idoso e cardiopata. *J Bras Psiquiatr, 42 (suppl 1):* S33-S37, 1993.
7. EVANS, M. E. Depression in elderly physically ill inpatients: a 12-month prospective study. *Int J Ger Psychiatry, 8:* 587-592, 1993.
8. FORLENZA, O. V. Fatores de risco associados à morbidade psiquiátrica em idosos. In: FORLENZA, O. V.; ALMEIDA, O. P. (eds.). *Depressão e Demência no Idoso*. São Paulo: Lemos, 1997, p. 25-42.
9. GEORGOTAS, A.; MCCUE, R. The additional benefit of extending an antidepressant trial past seven weeks in the depressed elderly. *Int J Ger Psychiatry, 4:* 191-195, 1989.
10. JESTE, D. V. et al. Treatment of disordered behavior and psychosis. In: SALZMAN, C. *Clinical Geriatric Psychopharmacology*. 3. ed. Baltimore: Williams & Wilkins, 1998, p. 106-135.
11. KRISHNAN, K. R. R. et al. Clinical and phenomenological comparisons of late-onset and early-onset depression. *Am J Psychiatry, 152:* 785-788, 1995.
12. LAKS, J. et al. Depressão tardia, demência e pseudodemência. *Rev Bras Neurol, 34 (3):* 105-111, 1998.
13. MARCOLIN, M. A.; RUMI, D. O.; ALMEIDA, O. P. efeitos adversos das interações farmacológicas em geriatria. In: FORLENZA, O. V.; CARAMELLI, P. (eds.). *Neuropsiquiatria Geriátrica*. São Paulo: Atheneu, 2000, p. 613-622.
14. MCGUIRE, M. H.; RABINS, V. P. Mood disorders. In: COFFEY, C. E.; CUMMINGS, J. L. (eds.). *Textbook of Geriatric Neuropsychiatry*. Washington: American Psychiatric Press, 1994, p. 243-260.
15. ORGANIZAÇÃO MUNDIAL DE SAÚDE. *Classificação de Transtornos Mentais e de Comportamento da CID-10*. Porto Alegre: Artes Médicas Sul, 1993.

85-7241-569-6

16. OXMAN, T. E. Antidepressants and cognitive impairment in the elderly. *J Clin Psychiatry, 57 (suppl 5):* 38-44, 1996.
17. ROCHA, F. L. Depressão no idoso. *J Bras Psiquiatr, 9 (42):* 483-490, 1993.
18. SALZMAN, C. Pharmacological treatment of depression in elderly patients. In: SCHNEIDER, I. S.; REYNOLDS, C. F.; LEBOWITZ, B. D.; FRIEDHOFF, A. J. (eds.). *Diagnosis and Treatment of Depression in Late Life*. Washington: American Psychiatry, 1994, p. 181-242.
19. SCALCO, M. Z. Avanços recentes no tratamento da depressão no idoso. In: FORLENZA, O. V.; ALMEIDA, O. P. (eds.). *Depressão e Demência no Idoso*. São Paulo: Lemos, 1997, p. 69-82.
20. STAHL, S. M. *Psychopharmacology of Antidepressants*. United Kingdom: Martin Dunitz, 1997.
21. STOPPE JR., A.; LOUZÃ NETO, M. R. *Depressão na Terceira Idade – Tratamento*. 2. ed. São Paulo: Lemos, 1999, p. 149-177.
22. STOPPE JR., A. Aspectos clínicos da depressão em idosos. *Rev Psiquiatr Clin, 4 (21):* 121-128, 1994.
23. ZIMMERMAN, G. I. *Velhice – Aspectos Biopsicossociais*. Porto Alegre: Artes Médicas Sul, 2000.
24. YOUNG, R. C.; MEYERS, B. S. Psychopharmacology. In: SADAVOY, J. S.; LAZARUS, L. W.; JARVIK, L. F.; GROSSBERG, G. T. (eds.). *Comprehensive Review of Geriatric Psychiatry – II*. 2. ed. Washington: American Psychiatry Press, 1996, p. 755-817.

85-7241-569-6

CAPÍTULO 9

Uso de Antidepressivos pelo Clínico

FABIANO COELHO HORIMOTO
MARIZA FELÍCIO FONTÃO
MARILDA ALVES PINTO

"Depressão é uma doença, não um estado de espírito passageiro".

INTRODUÇÃO

Reconhecer a depressão é o primeiro passo para se fazer o tratamento adequado; o diagnóstico é clínico, ou seja, se ampara na história do paciente e/ou familiares, com a presença de sinais e sintomas da doença. Exames complementares geralmente são utilizados apenas para se fazer um diagnóstico diferencial, nos casos que suscitam dúvida acerca de algum quadro orgânico que possa estar agindo como fator desencadeante ou agravante da depressão, como hipotireoidismo, síndrome de Cushing, lúpus eritematoso sistêmico, doenças degenerativas (de Alzheimer, de Parkinson, de Pick) e outras condições.

Feito o diagnóstico, o próximo passo não se resume apenas em prescrever um antidepressivo, mas procurar estabelecer um vínculo com o paciente, pois esse necessitará ser visto por vários meses (ou anos). É necessário também passar informações ao doente e aos familiares, pois quanto mais estiverem cientes da doença, maior será a adesão ao tratamento. Um dado importante quando se atende um indivíduo no 1º episódio depressivo: 50% dos pacientes, após o tratamento adequado, não terão o 2º episódio; os 50% restantes irão evoluir para depressão recorrente (Moreno, 2003; Botega *et al.*, 2002; Guimarães, 2000). Nesses é importantíssimo abordar a depressão como uma doença controlável, assim como o *diabetes mellitus* e a hipertensão, informan-

85-7241-569-6

do o paciente da necessidade de se utilizar antidepressivos de forma contínua e *nunca* interromper o tratamento por conta própria.

Outra informação valiosa para os clínicos*: os benzodiazepínicos não possuem nenhum efeito antidepressivo.* Quem tem depressão deve receber antidepressivos. Pode parecer óbvio para muitos mas, na prática, a maioria dos pacientes atendidos em atenção primária recebe apenas benzodiazepínicos. Essa preocupação não ocorre apenas no Brasil, pois nos Estados Unidos algumas pesquisas comumente apontam para o uso inadequado ou excessivo dessas drogas (Valenstein *et al.*, 2004); essas podem ser prescritas *apenas como coadjuvantes* no tratamento (Nardi, 1998). Por esse e outros motivos, torna-se imperioso instrumentar o clínico-geral, quanto ao uso de antidepressivos, para que ele possa tratar o maior número possível de pacientes.

Vários estudos apontam para uma alta prevalência de depressão em pacientes ambulatoriais, variando de 12 a 36% de acordo com a população estudada (Hall *et al.*, 1978; Schulberg *et al.*, 1985; Katon & Schulberg, 1992; Kessler *et al.*, 1994). Em algumas especialidades, como a Reumatologia, que lida com portadores de doenças auto-imunes, dor lombar, fibromialgia e síndrome de fadiga crônica, as taxas são mais elevadas. Estudos nacionais, como de Martinez *et al.* (1992), encontraram associação significante entre depressão e fibromialgia. Horimoto & Souza (2002), estudando uma população de 27 pacientes diagnosticados consecutivamente com fibromialgia, por meio da aplicação da Escala de Hamilton para depressão, observaram escores compatíveis com depressão leve, moderada ou grave em 26 pacientes.

Na Cardiologia, estudos já apontam que pacientes com depressão, não tratados, possuem um risco de mortalidade cardiovascular maior (Goldstein & Niaura, 2000; Wassertheil-Smoller *et al.*, 2004). Segundo Manica *et al.* (1999), atualmente já se considera a presença de depressão como um fator de risco independente para as doenças cardíacas isquêmicas, com um aumento de 4 vezes da morbimortalidade nos pacientes deprimidos.

Portanto, o papel do clínico no tratamento dessa patologia torna-se fundamental, pois o mesmo pode atender e acompanhar os casos de intensidade leve a moderada em atenção primária, só encaminhando casos mais graves ou de difícil resolução.

O paciente também deve ser encaminhado ao psiquiatra nas seguintes situações:

- Quando o clínico tratou o quadro depressivo com, no mínimo, 2 drogas de classes diferentes, por *tempo* (8 ou mais semanas, cada ensaio terapêutico) e *doses adequados* (é muito importante tentar se atingir o limite máximo de dosagem de cada antidepressivo, para termos certeza da falta de resposta) e não houve melhora ou essa foi parcial. Nesse caso, o encaminhamento é adequado, pois o psiquiatra terá de utilizar estratégias de potencialização, como associações entre antidepressivos, adição de outras drogas menos comuns, como lítio (Joffe *et al.*, 1993), hormônios tireoidianos (Joffe, 1998), beta-bloqueadores como o pindolol (Blier & Bergeron, 1998), lamotrigina (Soares *et al.*, 2002), psico-estimulantes (Ayache & Fráguas Jr, 2001), triptofano (Kapczinski *et al.*, 1998) e outras;

85-7241-569-6

- Quando o atendimento for de casos graves, com risco de suicídio, também é conveniente o encaminhamento imediato do paciente para conduta especializada ou, caso esse esteja no pronto-socorro, após tentativa de suicídio, sempre solicitar a avaliação do psiquiatra. Infelizmente, no Brasil, isto não é a prática corrente: segundo Botega (1996), "em nosso meio, a grande maioria dos pacientes que tentam o suicídio são dispensados após atendimento no pronto-socorro, sem encaminhamento para um serviço de saúde mental";
- Quando há indicação de outros tratamentos menos utilizados, como eletroconvulsoterapia, que, se corretamente indicada, possui eficácia mais alta do que qualquer tratamento farmacológico (Weiner, 1995; Fink, 2003);
- Quando há necessidade de abordagem mais ampla, envolvendo tratamento clínico e psicoterápico (por exemplo, comorbidades como depressão e transtornos da personalidade);
- Em deprimidos bipolares, o tratamento também deve ser feito pelo especialista, pois é complexo e envolve o uso de outras drogas, os estabilizadores do humor (lítio, carbamazepina, divalproato de sódio e outras). Se for prescrito somente antidepressivo nesses pacientes, mesmo estando deprimidos, há um grande risco de eles terem a *virada maníaca*, ou seja, passarem para o pólo oposto, denominado episódio maníaco (Peet, 1994; Wehr & Goodwin, 1979). Por isso é importante pesquisar antecedentes de mania (transtorno afetivo bipolar, antes denominada psicose maníaco-depressiva) no doente com depressão ou em familiares próximos. Algumas perguntas podem ajudar na anamnese: Já teve períodos anteriores de se sentir eufórico sem motivo aparente, com energia acentuada, com o humor acima do normal ou fez gastos excessivos e desnecessários? Possui algum familiar com doença psiquiátrica? Qual? Descreva como era o quadro clínico ou se tinha comportamento semelhante ao da pergunta acima.

Princípios Básicos de Tratamento

São eles:

- Procurar iniciar os antidepressivos que requerem aumento de dose (por exemplo, tricíclicos), em doses baixas e ir aumentando gradualmente; por exemplo, iniciar 25 a 50mg de clomipramina por 3 dias e a cada 4 a 7 dias aumentar 25 a 50mg até a dose desejada. Em idosos, as doses iniciais *sempre* devem ser menores que nos adultos (Stoppe Jr & Louzã Neto, 1997), pois esses são mais sensíveis aos efeitos colaterais (Scalco, 1997).
- Os tricíclicos fazem efeito em doses de 1 a 3mg/kg de peso corporal. A nortriptilina é a única droga que possui janela terapêutica bem estabelecida (Cordioli *et al.*, 2000), ou seja, só tem efeito dentro das faixas de dosagem de 50 a 150mg/dia (ou 50 à 150ng/mL, caso esteja disponível a avaliação laboratorial do nível sérico da droga). Doses fora dessa faixa, como regra geral, não trarão benefícios para o paciente.

- Qualquer nova droga a ser lançada deve se mostrar, no mínimo, tão eficaz quanto os tricíclicos. Desde a década de 80, quando começaram a surgir novos antidepressivos, sendo a fluoxetina a precursora dessa nova geração de fármacos, aparentemente apenas a venlafaxina (Guimarães, 2000; Maxmen & Ward, 1998) mostrou-se uma droga tão potente quanto os tricíclicos nas depressões graves. A eficácia dos tricíclicos e IMAO é mais alta (Bahls, 2002), a despeito dos efeitos colaterais, enquanto as novas drogas, via de regra, possuem melhor tolerabilidade. Muitos pesquisadores e clínicos acreditam que o mecanismo duplo de alguns antidepressivos (atuar na neurotransmissão de serotonina e noradrenalina) é um dos responsáveis pela maior eficácia desses (Asbahr *et al.*, 2000), mas ainda não há um pleno conhecimento dos fenômenos que ocorrem na depressão, havendo necessidade de mais estudos. Porém, dados de metanálise realizada por Smith *et al.* (2002), provenientes de 32 estudos comparativos entre venlafaxina e outros antidepressivos, mostrou uma maior eficácia dessa em relação aos inibidores de recaptação de serotonina, reforçando essa hipótese. Os efeitos noradrenérgicos de algumas drogas podem se correlacionar com início de ação mais rápido. Segundo Romano-Silva (2004), a *down-regulation* dos receptores beta-adrenérgicos é induzida somente com drogas com potente efeito noradrenérgico agudo.
- Um recente avanço na psicofarmacologia de novas drogas se deve à testagem e posterior utilização de isômeros de drogas já usadas como antidepressivos, como o escitalopram (Burke & Kratochvil, 2002), que se mostrou mais potente na inibição da recaptação de serotonina, em comparação com seu isômero. O citalopram corresponde à mistura de 50% de S-citalopram e 50% de R-citalopram (mistura racêmica dos dois isômeros), enquanto o escitalopram possui apenas moléculas de S-citalopram e aparenta ter um início de ação mais rápido (Gorman *et al.*, 2002).
- Os inibidores seletivos de recaptação de serotonina podem ser combinados com tricíclicos, sendo uma estratégia útil de potencialização do efeito antidepressor, caso o paciente não responda de modo favorável a uma droga usada isoladamente. Lembre, porém, que a fluoxetina, em particular, pode aumentar muito (até 300%) o nível de tricíclicos, pois inibe o citocromo P450 2D6, que é responsável pela metabolização desses. Porém isso não impede de se usar tricíclicos em doses mais baixas associados à fluoxetina. Os outros ISRS (exceto a paroxetina e fluvoxamina) inibem pouco essa enzima.
- Caso haja algum efeito colateral autolimitado (cefaléia, náuseas, tremores, sonolência) no início do tratamento, pode-se esperar alguns dias (3 a 7 dias, por exemplo), pois esses geralmente são minimizados com o passar do tempo. Isso é importante em quadros mais graves, para evitar que se abandone precocemente uma droga que possa ser efetiva no tratamento. Recomenda-se prescrever sintomáticos (analgésicos, antieméticos) para minimizar esses efeitos colaterais nos primeiros dias.
- Não deixar de considerar que alguns remédios possuem um custo elevado e o tratamento é por período prolongado, de no mínimo 4 a 6 meses (Preskorn & Burke, 1992) após a fase aguda, no 1º episódio e mais tempo em depressões recorrentes.

85-7241-569-6

- Em casos de depressão e ansiedade ou insônia importantes, pode-se associar um benzodiazepínico no início do tratamento e depois de algumas semanas retirá-lo, pois o antidepressivo, muitas vezes, só fará efeito após 2 a 4 semanas, enquanto o ansiolítico age em minutos após sua ingestão. Outra medida bastante útil é escolher uma droga com perfil sedativo, como amitriptilina ou mirtazapina.
- O paciente em início de tratamento deve ser visto com mais freqüência, principalmente se o quadro é mais grave.
- Em pacientes com ideação suicida, caso não sejam internados, é necessário haver monitoração, em relação à medicação, quanto a estar tomando corretamente. O ideal é que algum familiar fique encarregado de dar a medicação e que não a deixe disponível para o paciente. Tricíclicos, em doses altas (20 a 60 comprimidos) podem levar a arritmias severas e até à morte. O médico deve prescrever a quantidade mínima suficiente até o retorno. Já as demais classes de antidepressivos são extremamente seguras, quando usadas isoladamente, em superdosagens. Os benzodiazepínicos, apesar de não serem antidepressivos, possuem uma boa margem de segurança quando tomados em excesso. Não é comum casos fatais com doses altas desses medicamentos, quando ingeridos isoladamente, apesar de o paciente poder ficar extremamente sedado.
- Quando utilizar venlafaxina, monitorar constantemente a pressão arterial, pois há possibilidade de aumentos pressóricos, mais freqüente em doses mais altas (Vieira *et al.*, 2001). Evitar, se possível, em hipertensos.
- Uma informação bastante útil e desconhecida por muitos médicos diz respeito aos pacientes tabagistas: o tabaco é um potente indutor enzimático, levando à diminuição significativa do nível sérico de tricíclicos, benzodiazepínicos, antipsicóticos em alguns indivíduos, podendo continuar por meses após a interrupção do uso (Henningfield *et al.*, 1994).
- O clínico deve ter cuidado ao prescrever algum psicotrópico para pacientes que usam outras medicações, pois existem milhares de interações possíveis entre um grande número de substâncias. Por exemplo, sabemos que a cimetidina inibe o metabolismo hepático de tricíclicos, benzodiazepínicos e anticonvulsivantes, portanto devemos optar por outro sal, como a ranitidina. Também é bastante conhecida a interação da fluoxetina, por meio de inibição de enzimas do citocromo P450-2D6, com anticoagulantes orais, antiarrítmicos e várias outras drogas, podendo aumentar suas concentrações e levar a situações de risco para o paciente. Isso ocorre principalmente em doses mais altas e/ou em metabolizadores lentos ou idosos. As interações podem ser farmacocinéticas ou farmacodinâmicas, e conhecer todas elas é praticamente impossível. Portanto, uma boa ferramenta para o médico é munir-se de livros sobre o assunto, antes de prescrever, ou utilizar a Internet para pesquisar.
- Quando pacientes com depressão forem avaliados no pronto-socorro, caso não haja indicação de internação, não liberá-los com antidepressivos. Se necessário (insônia ou ansiedade) pode ser prescrita uma caixa de benzodiazepínico e encaminhá-lo para consultório ou ambulatório. O tra-

85-7241-569-6

tamento da depressão só deve ser iniciado nesses ambientes. É conduta obrigatória, quando há ideação suicida e paciente não quer ser internado, que se solicite familiar ou responsável.

- Após a melhora do paciente (fase aguda), deve-se manter o antidepressivo na mesma dose, sempre que possível, para evitar a recaída (quando paciente volta a piorar da depressão que estava tratando) ou a recorrência (quando paciente tem novo episódio de depressão). Trabalhos de seguimento por vários anos mostram uma taxa muito menor de recaída nos pacientes que se mantiveram com doses plenas, iguais às utilizadas na fase aguda (Kupfer *et al.*, 1992; Glick *et al.*, 2000). Segundo Moreno & Cordás (2001), o tratamento da fase aguda deve durar em torno de 6 a 12 semanas. Após esse período, a medicação deve ser mantida por 4 a 6 meses (no mínimo), se for o 1º episódio. Portanto, o tempo mínimo de tratamento considerado adequado se situa em torno de 6 a 12 meses. No tratamento de pacientes que já tiveram dois ou mais episódios, cada vez mais preconiza-se o tratamento a longo prazo (anos) ou contínuo. A eficácia dos antidepressivos em uso contínuo, para evitar novas crises, é largamente comprovada (Montgomery *et al.*, 1994; Glick *et al.*, 2000).
- Todos os antidepressivos, à exceção da amineptina, são vendidos obrigatoriamente com receita branca em 2 vias (carbonada), não requerendo o receituário azul.
- Recentemente a Agência Nacional de Vigilância Sanitária (ANVISA) autorizou, pela portaria nº 344 (2003), a possibilidade de comprar medicamentos antidepressivos (classe C_1 – receita branca em duas vias) com receita de qualquer estado, o que não era permitido anteriormente. Porém os benzodiazepínicos (classe B_1 – receituário azul) só podem ser comprados no estado onde o médico atua.

Classificação dos Antidepressivos

Classificar medicamentos que agem na depressão é tarefa das mais árduas. Algumas formas podem ser altamente subjetivas (de acordo com eficácia) ou de pouco valor prático (de acordo com a cronologia de lançamento). Portanto, optamos em classificá-los de acordo com o (s) mecanismo (s) de ação principal, com base em ampla revisão da literatura sobre o assunto. Esta classificação listada no Quadro 9.1 compartilha muitos elementos de outras, mas é singular ao agrupar todos de acordo com seus mecanismos altamente específicos, para que haja compreensão total de como a droga atua no SNC (Drogas atualmente disponíveis no Brasil, 2005).

Tricíclicos e Tetracíclicos (Heterocíclicos)

Essa classe é uma das mais conhecidas, principalmente em função do seu longo tempo no mercado, visto que a imipramina foi sintetizada em 1948 e usada a partir do final da década de1950, por Kuhn (1957), originalmente para testá-la como

QUADRO 9.1 – Classificação dos antidepressivos

1. Tricíclicos e tetracíclicos
   - amitriptilina
   - nortriptilina
   - imipramina
   - clomipramina
   - maprotilina
   - mianserina
   - doxepina
2. Inibidores da monoamino-oxidase
   - tranilcipromina
   - moclobemida
3. Inibidores seletivos da recaptação da serotonina (ISRS)
   - fluoxetina
   - sertralina
   - paroxetina
   - citalopram
   - escitalopram
   - fluvoxamina
4. Inibidores seletivos da recaptação de serotonina e noradrenalina (ISRSN)
   - venlafaxina
   - milnaciprano
   - duloxetina
5. Dopaminérgico
   - amineptina
6. Inibidor seletivo da recaptação de noradrenalina e dopamina
   - bupropiona
7. Antidepressivo noradrenérgico e serotoninérgico específico (ANSE)
   - mirtazapina
8. Inibidor seletivo da recaptação da noradrenalina (ISRN)
   - reboxetina
9. Antagonista da serotonina e inibidor da recaptação da serotonina (ASIRS)
   - nefazodona
   - trazodona
10. Serotoninérgico e noradrenérgico atípico
    - tianeptina
11. Fitoterápico
    - *hypericum perfuratum*

antipsicótico, porém essa se mostrou eficaz na melhora do humor dos pacientes tratados e permanece até hoje como um dos melhores antidepressivos. São compostos tidos como altamente eficazes na depressão, apesar dos efeitos colaterais que podem provocar. A imipramina e a clomipramina são consideradas padrão-ouro no tratamento de quadros depressivos. Várias metanálises, citadas por Kennedy *et al.* (2001), confirmam o papel dos tricíclicos como agentes significativamente mais eficazes que os ISRS, principalmente em depressões graves e nos pacientes hospitalizados. Porém, neste trabalho, o autor aponta para uma prefe-

85-7241-569-6

rência de se usar ISRS como tratamento de 1ª linha, tendência comum nos EUA e Canadá, por causa da maior tolerabilidade e segurança.

Zimmerman *et al.* (2004) referem que um dos fatores mais comuns que influenciam na escolha de um antidepressivo é o de se evitar efeitos colaterais específicos. No Brasil a realidade sócio-econômica é um fator a se considerar na escolha do antidepressivo, pois os tricíclicos geralmente são muito mais baratos que os ISRS e as novas drogas, e muitos estão disponíveis na rede pública.

A classe toda é denominada heterocíclicos, por causa do número de anéis de carbono (3 ou 4), porém os tricíclicos são o protótipo dessa classe e os mais utilizados: imipramina, amitriptilina, nortriptilina, clomipramina e doxepina. O único tetracíclico comercializado no país é a maprotilina, embora alguns autores (Kaplan e Sadock, 1995) incluam também a mianserina nessa classe.

Os tricíclicos e tetracíclicos também podem ser divididos em aminas secundárias e terciárias; o que as diferencia é o fato das aminas secundárias (a nortriptilina é a única disponível no Brasil; a desipramina, muito utilizada nos EUA, pode ser importada) possuírem um perfil mais acentuado de ação na recaptação da noradrenalina, levando a uma melhora maior em sintomas como desânimo, falta de energia, perda do prazer (anedonia). A nortriptilina é um metabólito ativo da amitriptilina após a 1º passagem hepática, tornando-se uma amina secundária e diminuindo grande parte dos efeitos colaterais da amitriptilina.

O mecanismo de ação dessas drogas é relacionado à inibição da recaptação de serotonina e noradrenalina no processo de transporte ativo na fenda sináptica, aumentando a concentração desses neurotransmissores no local. Esse não é o mecanismo que leva à melhora do quadro depressivo, pois o fenômeno ocorre nos primeiros dias de utilização da droga, enquanto a melhora geralmente ocorre entre 2 a 4 semanas. Relaciona-se, atualmente, essa melhora ao período que leva para ocorrer o fenômeno denominado *down-regulation*, quando há a dessensibilização de receptores beta-adrenérgicos: como conseqüência da depressão (e não causa, como se acreditava no passado), há uma diminuição no nível dos neurotransmissores e como mecanismo compensatório os receptores aumentam em quantidade e sensibilidade, por meio de mensagens provenientes do núcleo neuronal, após a detecção da diminuição na neurotransmissão normal, por causa da depressão. Com o uso crônico do antidepressivo, há uma dessensibilização dos auto-receptores serotoninérgicos e noradrenérgicos inibitórios (no caso dos tricíclicos) e de receptores pós-sinápticos 5-HT_2 (Guimarães, 2000). Com a dessensibilização desses receptores, normalizam-se os mecanismos intracelulares responsáveis pela liberação de mais neurotransmissores na sinapse. A esse processo dá-se o nome de *down-regulation*, que parece se correlacionar com o início da melhora. A *down-regulation* (regulação para baixo) dos receptores beta-adrenérgicos ocorre, segundo Kaplan *et al.* (1997), quer o efeito inicial seja o bloqueio de receptores beta-adrenérgicos ou serotoninérgicos.

Os estudos mais recentes também indicam que, na depressão, há uma inibição da neurogênese em várias áreas corticais, e existem evidências da implicação de várias substâncias neste processo, como alguns neuropeptídeos e a substância P, que abrem um novo leque de investigações, como drogas capazes de agir como antagonistas da substância P (Rupniak, 2002). Com o tratamento, os neurônios afetados voltam a estabelecer sinapses, num processo contínuo e dinâmico, que leva à melhora de várias funções cerebrais, antes prejudicadas pela doença, como memória, raciocínio e atenção, dentre outras. Esse processo de neuroplasticidade começa a ser estudado com grande interesse, visto algumas pesquisas já correlacionarem uma redução de volume em áreas corticais, como o hipocampo, com o estresse e a depressão (Frodl *et al.*, 2002), principalmente nos quadros de maior duração (Sheline *et al.*, 1999). Parece haver também uma influência de fatores neurotróficos e do glutamato, um neurotransmissor excitatório, nesses processos (Frodl *et al.*, 2004).

Além do mecanismo de ação de inibição da recaptação de serotonina e noradrenalina, esses compostos afetam outros sistemas de neurotransmissão, sendo consideradas drogas *sujas*, pois essas ações causam a maioria dos efeitos colaterais e indesejáveis. Alguns desses efeitos podem ser terapêuticos em determinadas situações, como o efeito anticolinérgico, que propicia melhora na enurese tardia.

- Bloqueio dos receptores histamínicos, central (H_1) e periférico (H_2): o bloqueio central é responsável por sonolência, aumento do apetite e do peso – ação anti-histamínica. O periférico possui a mesma ação dos bloqueadores de H_2, como a cimetidina e ranitidina.
- Bloqueio dos receptores alfa$_1$-adrenérgicos: agem nos receptores alfa$_1$-pré-sinápticos, causando hipotensão postural e podem potencializar a redução de pressão em indivíduos que fazem uso de anti-hipertensivos. É especialmente preocupante a hipotensão causada por esses compostos em idosos, pois há um risco maior de quedas e fraturas.
- Bloqueio dos receptores colinérgicos: causa boca seca, taquicardia reflexa (ocasional), constipação, retenção urinária, midríase. Efeito anticolinérgico.
- Efeito cardíaco: no coração, os tricíclicos provocam retardo na transmissão do estímulo elétrico pelas células do miocárdio, principalmente no segmento distal (Hackett & Cassem, 1987). Por isso, é contra-indicado formalmente em pacientes com bloqueio de ramo prévio (por exemplo, doença de Chagas), pois esse pode evoluir para um bloqueio átrio-ventricular completo caso usem esses fármacos. Esse efeito é similar ao dos antiarrítmicos da classe 1A, como a quinidina. Por causa disso, a imipramina (Kaplan & Sadock, 2002) pode ser utilizada em pacientes com certos tipos de arritmias, como ectopias ventriculares (Tabela 9.1).

Tratamento

- Preconiza-se o tratamento dos quadros depressivos por tempo e dose adequados. As doses recomendadas para depressão, no caso dos tricíclicos, são de 1 a 3mg/kg de peso corpóreo; doses menores dificilmente irão propiciar uma remissão ou melhora substancial da doença. Evitar usar doses subterapêuticas, quando se procede assim, ocorre *falta de resposta, melhora parcial* ou *cronificação da doença.*

85-7241-569-6

Tabela 9.1 – Efeito dos antidepressivos tricíclicos e tetracíclicos sobre os neurotransmissores

	Bloqueio de recaptação		Bloqueio de receptor		
Droga	***Serotonina***	***Noradrenalina***	***Acetilcolina***	***Histamina H1***	***Histamina H2***
Imipramina	+	+	++	+-	+-
Amitriptilina	++	+-	+++	++	++
Nortriptilina	+-	++	+	+-	+-
Clomipramina	++	+-	+	?	?
Maprotilina	+-	+++	+	+-	?
Doxepina	+-	+	++	+++	+

Adaptada de: Tricíclicos e Tetracíclicos: Antidepressivos. In: KAPLAN, H. I.; SADOCK, B. J. *Manual de Farmacologia Psiquiátrica*. Porto Alegre: Artes Médicas, 1995, p. 267.

- Recomenda-se iniciar com baixas doses: 25 a 50mg/noite, aumentando gradativamente 25 a 50mg por semana até a obtenção de uma dose terapêutica ou até a dose que o paciente tolerar. Depois, deve-se aguardar em torno de 2 semanas para se reavaliar a eficácia da medicação ou a necessidade de incrementos na dose. Como regra geral, um ensaio terapêutico com tricíclicos não deve ser interrompido antes de, no mínimo, 1 a 2 meses, alegando falta de eficácia – sabemos que tricíclicos levam várias semanas para começarem a agir. Essa interrupção só se justifica caso o paciente não tolere os efeitos colaterais. Doses médias de 75 a 150mg são capazes de obter a remissão na maioria dos episódios depressivos leves e moderados; casos graves podem requerer a utilização de doses máximas, podendo atingir até 250 a 300mg/dia;
- Após a melhora (remissão) da depressão, manter o tratamento por, no mínimo, 4 a 6 meses, para evitar recaída do quadro, se for o 1º episódio; se o paciente já tiver 2 ou mais episódios anteriores, lidar como doença crônica, como hipertensão (Botega *et al.*, 2002) e *diabetes mellitus*, ou seja, tratamento contínuo. A dose a ser utilizada após a remissão deve ser a mesma do período agudo (Dawson *et al.*, 1998); o uso de uma dose mais baixa na fase de continuação e de manutenção está relacionada a um maior índice de recaídas (Fleck *et al.*, 2001), porém o ideal é individualizar o tratamento de acordo com cada paciente;
- Por causa do baixo índice terapêutico dos tricíclicos, há um efeito cardiotóxico em altas doses. As superdosagens podem ser letais (acima de 40-60 comprimidos de tricíclicos), com efeito igual à intoxicação por quinidina. Ocorrem arritmias graves e o paciente necessita de monitorização cardíaca constante, por pelo menos 24 a 48h, em unidade de terapia intensiva;
- Lembrar que é uma droga que pode trazer ganho de peso, o que atrapalha a adesão ao tratamento ou leva a abandonos, principalmente em mulheres. Porém, muitos pacientes mantêm o peso inalterado;
- Na gestação (vide Cap. 13), faz-se necessária uma análise conjunta entre psiquiatra, ginecologista e pediatra, sobre a necessidade da continuidade (caso

a paciente já use antidepressivo) ou início da medicação, de acordo com o quadro clínico, período gestacional e gravidade do quadro psiquiátrico. Os tricíclicos podem ser usados durante todo o período gestacional, caso necessário, pois são extremamente seguros em relação aos riscos teratogênicos. São utilizados há mais de 40 anos (Altshuler *et al.*, 1996), sem evidências de aumento na incidência de malformações nas mulheres expostas. As drogas mais estudadas para a gestação são a amitriptilina e a nortriptilina;

- Na amamentação, além da mesma necessidade de avaliação da equipe médica que assiste a paciente, é importante salientar que todos os antidepressivos passam para o leite materno e alguns passam em concentrações significativas – é necessário observar se haverá aleitamento materno ou não. Cada caso deve ser analisado separadamente. Se houver quadro de depressão pós-parto, com intensidade grave e sintomas psicóticos, risco de morte para a mãe e/ou o bebê, é indicada a eletroconvulsoterapia (Fink, 2003).

Contra-indicações Absolutas

São elas:

- Bloqueio de ramo prévio.
- Glaucoma de ângulo estreito.
- Infarto do miocárdio recente (menos de 6 meses).
- Doenças cardíacas graves e descompensadas (insuficiência cardíaca congestiva, arritmias graves).
- Uso concomitante ou nos primeiros 15 dias após interrupção de inibidores da monoamino-oxidase (IMAO).

Contra-indicações Relativas

São elas:

- Hiperplasia de próstata.
- Hemorróidas graves.
- Epilepsia de difícil controle.

Drogas Disponíveis no Brasil (Nome Comercial e Apresentações)*

Amitriptilina (Tryptanol®, Amytril®, Neo Amitriptilin®, Protanol®, genérico)

Particularidades:

- É a mais sedativa das drogas dessa classe.
- Possui fortes efeitos anticolinérgicos e bloqueio de receptores alfa$_1$-adrenérgicos.

* Antidepressivos genéricos podem ser mais difíceis de encontrar em algumas regiões do país.

85-7241-569-6

- Possui propriedades excelentes no tratamento de enxaqueca, cefaléia tensional, fibromialgia (Doherty & Jones, 1995; Branco, 1995) e dores crônicas de qualquer etiologia (Cordioli, 2000).
- Meia-vida: 21h, em média.
- Apresentações: comp. não sulcados de 25 e 75mg (Tryptanol®), genérico; comp. sulcados de 25 e 75mg (Amytril®).
- Associado com benzodiazepínico: cápsulas com 12,5 de amitriptilina e 5mg de clordiazepóxido (Limbitrol®) requerem receita azul.

Nortriptilina (Pamelor®, genérico)

Particularidades:

- É o metabólito ativo da amitriptilina resultante da primeira passagem hepática e metabolização dessa, perdendo grande parte dos efeitos anti-colinérgicos, anti-histamínicos e alfa$_1$-adrenérgicos (redução desses efeitos colaterais).
- É o tricíclico que provoca menos hipotensão postural (Flint, 1994).
- É o único dessa classe que possui uma janela terapêutica; as doses eficazes se situam entre 50 a 150 a 200mg/dia ou 50 a 150ng/mL (dosagem plasmática). Aumentos de doses acima de 150 a 200mg não aumentam o efeito terapêutico, apenas os efeitos colaterais.
- Meia-vida: 32h, em média.
- Apresentações: cápsulas de 10, 25, 50, 75mg (Pamelor®, genérico) e solução oral com dosador (2mg/mL). É o único tricíclico com formulação líquida, ideal principalmente para os idosos.

Imipramina (Tofranil® e Tofranil Pamoato®, Depramina®, Imipra®)

Particularidades:

- É o tricíclico mais antigo (1948) e mais estudado.
- Um dos mais bem tolerados, nessa classe.
- Efetivo e mais indicado para crianças com enurese tardia (noturna). Deve-se monitorar com eletrocardiograma antes e durante o uso do fármaco, na população infantil (Mezzacappa *et al.*, 1998).
- Meia-vida: 19h, em média.
- Ligação a proteínas plasmáticas: 86%.
- Apresentações: drágeas não sulcadas de 10, 25mg (Tofranil®); cáps. de 75mg e 150mg (Tofranil Pamoato®).

Clomipramina (Anafranil®, Anafranil SR®, Clo®, genérico)

Particularidades:

- Atualmente é o padrão-ouro para tratamento de depressões graves, além de ser o mais efetivo nos transtornos ansiosos, principalmente no transtorno obsessivo-compulsivo (Clomipramine Colaborative Study Group, 1991), em altas doses, e transtorno do pânico, em baixas doses.

85-7241-569-6

- Possui apresentação injetável, podendo ser usado endovenosamente, diluído em solução salina ou glicosada, e intramuscular.
- É o mais potente da classe em relação à inibição da recaptação da serotonina.
- Junto com a imipramina, um dos mais indicados para ejaculação precoce, em baixas doses.
- Meia-vida:18 a 25h, de acordo com a via de administração; meia-vida maior na administração intramuscular e menor na intravenosa.
- Ligação a proteínas plasmáticas: 97,6%.
- Apresentações: drágeas de 10 e 25mg (Anafranil®); comp. sulcados de 75mg (Anafranil SR®); comp. revestidos de 10 e 25mg (Clo® e genérico) e comp. de liberação lenta de 75mg (Clo®); ampolas com 25mg/2mL (Anafranil®).

Maprotilina (Ludiomil®, genérico)

Particularidades:

- É um composto tetracíclico, com efeito noradrenérgico mais acentuado.
- Em indivíduos com epilepsia pode provocar convulsões, principalmente em doses mais altas (Holliday *et al.*, 1982).
- Meia-vida: 43 a 45h.
- Ligação a proteínas plasmáticas: 88 a 90%.
- Disponível sob a forma injetável, utilizado da mesma forma que a clomipramina.
- Apresentações: drágeas de 25 e 75mg (Ludiomil®); ampolas com 25mg/5mL.

Mianserina (Tolvon®, genérico)

Particularidades:

- Também pode ser considerado um tetracíclico, com menos efeitos colaterais anticolinérgicos que os tricíclicos; alguns autores (Balone, 2003) não consideram como pertencente a essa classe.
- Bom efeito sedativo; mais tolerado que a maioria dos tricíclicos; ideal para pacientes com insônia ou idosos.
- Em relação à eficácia, Balone (2003) considera um agente tão eficaz quanto os tricíclicos, porém é menos utilizado.
- Doses utilizadas: 30 a 90mg/dia.
- Meia-vida: longa, de 7 a 9 dias.
- Apresentação: comp. de 30mg (Tolvon®, genérico).

Doxepina

Particularidades:

- Não é produzido atualmente por laboratórios no Brasil, apenas em farmácias de manipulação. Era produzido com o nome comercial de Sinequan®.

85-7241-569-6

- Alguns trabalhos (Murphy *et al.*, 1990; Edwards *et al.*, 1989) sugerem seu uso no tratamento de interrupção do cigarro, sendo uma opção à bupropiona, mais usada nessa indicação.
- Muito sedativo, mais adequado em pacientes com insônia.
- Meia-vida: 17h.
- Em doses terapêuticas para depressão provoca efeitos colaterais anticolinérgicos e anti-histaminérgicos mais acentuados que os demais da classe.
- Apresentação: manipular a dose desejada.

Inibidores da Monoamino-oxidase

Considerações Gerais

São drogas precursoras, junto com os tricíclicos, de uma nova era no tratamento das depressões. Selikoff *et al.* (1952) observaram que a iproniazida, um inibidor da monoamino-oxidase (IMAO) que era utilizado no tratamento da tuberculose, era uma droga que melhorava sintomas depressivos nesses pacientes, o que levou, em 1957 (Grane) e 1958 (Kline), aos primeiros estudos que comprovaram a eficácia dessas no tratamento da depressão.

Em seu mecanismo de ação, inibem a ação da enzima monoamino-oxidase responsável pela degradação dos neurotransmissores dentro da célula neuronal, aumentando a disponibilidade e a liberação desses na fenda sináptica e a concentração dos mesmos no SNC e na cadeia simpática.

São indicadas para depressões que não respondem satisfatoriamente à terapia com outros antidepressivos (principal), transtorno do pânico, fobia social, transtorno obsessivo-compulsivo refratário.

Os efeitos colaterais são: hipotensão postural, crises hipertensivas (por interações medicamentosas e alimentares), alterações sexuais (anosgarmia ou impotência), estimulação durante o dia e insônia à noite, câimbras musculares e reações tipo miosite, fraqueza, ganho de peso, boca seca, retenção urinária e constipação intestinal (menos intenso que nos tricíclicos).

São contra-indicadas em casos de gravidez, lactação, feocromocitoma e aneurisma intracraniano.

No Brasil, dispomos de 2 tipos de IMAO: IMAO reversível – inibição transitória da MAO (moclobemida) – e IMAO irreversível – inibição irreversível da enzima MAO (tranilcipromina).

Tranilcipromina (Parnate®, Stelapar nº 1® e Stelapar nº 2®)

Particularidades:

- É rapidamente absorvida por via oral, atingindo o pico plasmático cerca de 2h após a ingestão, período em que acontece o maior risco de hipotensão arterial.

- Inibe tanto a MAO-A (que degrada serotonina e noradrenalina) quanto a MAO-B (que degrada dopamina), disponibilizando maior quantidade de neurotransmissores; meia-vida de 1 a 3h.
- A inibição continua semanas após a retirada do IMAO. Durante 15 dias o paciente precisa seguir as restrições dietéticas, até haver nova produção de MAO.
- Pode interagir tanto com medicamentos (simpaticomiméticos), quanto com alimentos ricos em tiramina (substância que também é degradada pelas MAO).
- Remédios que podem interagir: descongestionantes nasais; inibidores do apetite contendo anfetaminas; medicamentos que contenham efedrina, ciclopentamina, fenilpropanalamina, fenilefrina, metaraminol, metilfenidato; anestésicos locais com vasoconstritores; levodopa; antidepressivos ISRS; clomipramina e outros tricíclicos.
- Alimentos que podem interagir: queijos envelhecidos; carnes defumadas ou curtidas; vagem; carnes, aves ou peixes suspeitos de deterioração; frutas secas (uva-passa, banana-passa, frutas cristalizadas) e frutas muito maduras; molho de soja e outros condimentos com soja; bebidas alcoólicas como cerveja tipo chope, vinho (especialmente Chianti), cervejas engarrafadas ou enlatadas e destilados.
- Crise hipertensiva: causada pelas interações com as drogas simpaticomiméticas ou pelos alimentos ricos em tiramina. É uma complicação séria e pode ser fatal.
- Quadro clínico da crise hipertensiva: aumento rápido da pressão sangüínea, cefaléia occiptal, rigidez de nuca, palpitação, sudorese, náuseas, vômitos.
- Tratamento da crise hipertensiva: uso de anti-hipertensivo, sendo o de escolha a nifedipina (Adalat®), 10mg sublingual, retirar o IMAO, observar o paciente.
- Dose utilizada: 20 a 60mg/dia, devendo-se aumentar a dose em 10mg/semana até 60mg/dia.
- Apresentação: drágeas de 10mg (Parnate®); associado com antipsicótico: drágeas com 10mg de tranilcipromina e 1 ou 2mg de trifluoperazina (Stelapar nº 1® e Stelapar nº 2®).

Moclobemida (Aurorix®, genérico)

Particularidades:

- Absorção rápida por via oral, com pico plasmático em menos de 1h.
- Provoca inibição reversível e seletiva da MAO-A, diferenciando-se dos IMAO tradicionais; a MAO-B fica livre para metabolizar a tiramina ingerida, tornando difícil a crise hipertensiva por esse motivo (cuidado com os pacientes hipertensos previamente).
- Doses: não requer período de adaptação, pode-se administrar a dose indicada desde o primeiro dia de uso.

85-7241-569-6

- Dose terapêutica: 300 a 600mg/dia, podendo chegar a 900mg/dia em alguns casos; A partir de 600mg pode se tornar um inibidor irreversível da MAO.
- Apresentação: comprimidos sulcados de 150 e 300mg (Aurorix® e genérico).

Inibidores Seletivos de Recaptação de Serotonina

Considerações Gerais

Com a fluoxetina, lançada pelo laboratório Eli Lilly nos EUA em 1985 (Wong *et al.*, 1985), com o nome fantasia de Prozac®, houve uma verdadeira revolução no tratamento de distúrbios afetivos para a Psicofarmacologia, pois muitos pacientes não toleravam os compostos antigos (tricíclicos e IMAO) ou não apresentavam melhora. O ganho maior foi em relação à menor incidência de efeitos colaterais dessa e das drogas que foram sintetizadas a partir de então, facilitando a adesão por causa da maior tolerabilidade e segurança desses compostos.

Algumas características:

- Mecanismo de ação: inibe, na sinapse neuronal, o processo de recaptação de serotonina.
- Outros efeitos no SNC: são consideradas drogas mais limpas, pois não agem em outros sistemas de neurotransmissão.
- Doses preconizadas para depressão: dependem de cada droga.
- Por causa da sua eficácia e tolerabilidade, além de especificidade na recaptação de serotonina, são as drogas mais indicadas no tratamento do transtorno disfórico pré-menstrual (Soares & Almeida, 1997).
- Efeitos colaterais: nessa classe os efeitos mais comuns são, por ordem de freqüência, náuseas, redução da libido, cefaléia, diarréia e ansiedade. Porém são drogas muito bem toleradas, melhorando a adesão ao tratamento. Os paraefeitos sexuais, dificuldade de ereção e retardo de ejaculação, nos homens, e redução da libido e anorgasmia, nos dois sexos (Souza, 2002), decorrem da ação nos receptores $5HT_2$ e podem levar a abandono do tratamento.
- Geralmente não causam sonolência ou sedação. Podem causar retardo na ejaculação, sendo úteis em pacientes com ejaculação precoce.

Importante: é necessário cautela na prescrição de inibidores seletivos da recaptação da serotonina (ISRS) (fluoxetina, paroxetina e fluvoxamina) em pacientes que fazem uso de várias medicações para tratamento de outras doenças. A fluoxetina e a paroxetina são potentes inibidores da citocromo P450-2D6 (Shad *et al.*, 1998), que são as enzimas responsáveis pela metabolização de várias drogas, como antiarrítmicos, beta-bloqueadores, anticoagulantes orais, antidepressivos tricíclicos, digoxina e várias outras. Um paciente que esteja usando fluoxetina e digoxina pode ter uma intoxicação por digitálicos, pois o índice terapêutico deste é baixo, ou seja, a dose terapêutica é muito próxima da dose tóxica. Os tricíclicos podem ter seu nível plasmático aumentado em até 300% (Schatzberg & Cole, 1993),

85-7241-569-6

portanto essas associações devem ser feitas com extrema cautela. A fluvoxamina é um potente inibidor de enzima CYP1A2 e 3A3/4 (Greenblatt *et al.*, 1998), que metabolizam alprazolam, estradiol, progesterona, lovastatina, antiarrítmicos, cimetidina, warfarin e várias outras drogas.

Outra interação potencialmente perigosa refere-se ao uso de fluoxetina, fluvoxamina, nefazodone e trazodone, potentes inibidores da CYP3A3/4, com drogas inibidoras de protease e antifúngicos (Mattos, 2002), que são metabolizadas por essa enzima, e podem ter seu nível aumentado caso o paciente com AIDS use os antidepressivos acima.

Existe um *site* cuja consulta pode ser bastante útil quando for prescrito algum psicotrópico; nele podemos obter informações sobre possíveis interações desse com vários outros fármacos, pois é praticamente impossível conhecer todas as interações existentes. O programa chama-se *Psychopharmacological drug interactions calculator*, disponibilizado pelo *Germany Journal of Psychiatry*. Basta inserir as quatro palavras-chave acima num *site* de busca, que imediatamente esse remeterá a essa *home-page*.

Em relação à fluoxetina, deve haver precaução em usá-la em pacientes que usam anticoagulantes, podendo haver interação farmacológica e aumento nos níveis desses (Rumi & Marcolin, 1998). Com a sertralina, existem relatos de que possam provocar distúrbios da coagulação (Shen *et al.*, 1999), portanto os pacientes que necessitarem ser operados devem informar a utilização dessas drogas. A sertralina pode deslocar a warfarina das proteínas plasmáticas, levando a aumento do tempo de protrombina.

Quando se prescrever um ISRS e, após tempo e dose adequados, o paciente não melhorar, preconiza-se trocá-lo por um antidepressivo de mecanismo de ação diferente. Mas há um dado interessante na prática clínica: nos casos de troca de um ISRS por outro, pode haver resposta terapêutica. Postula-se que, apesar de serem da mesma classe, os compostos possuem diferenças moleculares, o que pode estar relacionado com a resposta a um ISRS e a não-resposta à outro (Mattos & Bueno, 1997).

Fluoxetina (Prozac®, Daforin®, Fluxene®, Psiquial®, Verotina®, Nortec®, Deprax®, Eufor®, Neo Fluoxetin®, Prozen®, genérico)

Particularidades:

- Foi o primeiro inibidor seletivo lançado, em 1985, nos EUA. Com o surgimento dessa nova classe de medicamentos para depressão, houve uma revolução no tratamento de quadros depressivos, não por ser mais eficaz que os de 1ª geração (tricíclicos e IMAO), mas pela maior tolerabilidade.
- As doses usadas para depressão se situam entre 20 a 80mg/dia. Mostra-se mais eficaz em depressões de intensidade leve e moderada;
- Possui efeito de redução do apetite e perda de peso em alguns pacientes, principalmente em doses mais altas (40 a 80mg/dia). Porém, há estudos (Michelson *et al.*, 1999) indicando que esse efeito pode diminuir com o tempo.

85-7241-569-6

- É um inibidor do sistema citocromo P450, inibindo fortemente as enzimas do grupo 2D6, responsáveis pela metabolização de várias drogas: pode aumentar os níveis plasmáticos de antiarrítmicos, digitálicos, anticoagulantes, beta-bloqueadores, além de aumentar os níveis de psicotrópicos como os antidepressivos tricíclicos (pode ser usado, por esse motivo, como uma estratégia de potencialização antidepressiva).
- Havendo uso de várias medicações concomitantes, saber que a meia-vida de eliminação da fluoxetina é de 3 dias e seu metabólito ativo (norfluoxetina) varia de 15 a 30 dias.
- Bastante usada nos transtornos disfóricos pré-menstruais, em doses de 20 à 40mg/dia; útil em quadros dolorosos crônicos, caso os pacientes não tolerem tricíclicos.
- Não interage significativamente com álcool.
- Obs.: praticamente todas as drogas com mecanismo de ação de inibição da recaptação da serotonina (ISRS) compartilham as mesmas características da fluoxetina, à exceção da meia-vida muito longa desse composto e da inibição significativa do sistema P450.
- Em alguns pacientes se observa redução da eficácia após algum tempo de tratamento, mesmo com aumento da dosagem.
- Possui formulação de liberação lenta, usada 1 vez por semana, para pacientes em tratamento de manutenção, que utilizam 20mg/dia (Prozac Durapac®, Verotina S®). Em dosagens maiores, até o momento não existem estudos que determinem a dosagem adequada dessa formulação;.
- Apresentações: comp. ou cáps. de 10 e 20mg (várias marcas), cáps. de 90mg (Prozac Durapac® e Verotina S®), comp. solúveis de 20mg (Prozac®), solução oral com 5mL/20mg (Prozac®) e gotas com 1mL/20mg (Verotina® gotas e Daforin® gotas).

Sertralina (Zoloft®, Tolrest®, Serenata®, Assert®, Novativ®, Sercerin® e genérico)

Particularidades:

- Compartilha as mesmas indicações da fluoxetina, embora já haja consenso (Ruschel, 1996) de ser um dos mais eficazes dessa classe, com uma relação dose-resposta específica, ou seja, aumentando a dose pode haver um aumento da resposta.
- Um trabalho interessante, conduzido por Lépinne *et al.* (2004), iniciado após a remissão da depressão, usando sertralina na dose de 50-100mg/dia comparado ao placebo, demonstrou uma diferença significativa na taxa de recorrência, que foi de 17% nos pacientes que usaram a medicação, contra 33% nos que tomaram placebo, ao longo de 18 meses.
- Dose antidepressiva: 50 a 200mg/dia.
- Não inibe significativamente o sistema citocromo P450, podendo ser uma boa opção para pacientes com uso de várias medicações ou pacientes internados com patologias clínicas graves e quadro depressivo associado.

85-7241-569-6

- Tem se mostrado bastante efetiva, semelhante à clomipramina, no tratamento do transtorno de pânico.
- A absorção máxima é obtida após as refeições.
- Alguns trabalhos (Freeman *et al.*, 2004) investigam a possibilidade de se utilizá-la no transtorno disfórico pré-menstrual, apenas nos 15 dias que antecedem a menstruação. Outros autores (Steiner, 1995; Yonkers, 1997) preconizam o uso contínuo dessa droga ou da fluoxetina;
- A meia-vida desse e dos demais ISRS (à exceção da fluoxetina) é curta, em torno de 24 a 72h.
- Apresentações: comp. de 50mg (Zoloft®, Assert®, Serenata®, Novativ®, Sercerin® e genérico), comp. de 25, 50, 75 (Tolrest®) e 100mg (Tolrest® e Zoloft®).

Paroxetina (Aropax®, Cebrilin®, Pondera®, Roxetin®, Benepax®, Paxil CR®)

Particularidades:

- Ao contrário dos demais antidepressivos dessa classe, possui efeito anticolinérgico considerável (Stahl, 2000), o que pode ser a causa de alguns pacientes apresentarem síndrome de descontinuação, quando interrompem abruptamente essa droga – sintomas de calafrios, *arrepios*, náuseas, mialgia, mal-estar. Deve-se interromper gradualmente essa medicação, cerca de 25% da droga a cada semana.
- Dose preconizada para depressão: 20 a 80mg/dia.
- Inibe consideravelmente a enzima CYP2D6, que metaboliza alguns psicotrópicos (fluoxetina, tricíclicos, venlafaxina) e antiarrítimicos.
- Pode causar efeitos colaterais anticolinérgicos, como boca seca, retenção urinária e constipação.
- Meia-vida: 26h.
- Apresentações: comp. de 10mg (Cebrilin®, Pondera®), 20mg (todas marcas), 30 e 40mg (Pondera®).
- Está sendo lançada no Brasil, em 2005, a paroxetina de liberação controlada (Paxil CR® – *controlled release*), já aprovada pelo FDA e disponível nos EUA nas apresentações de 12,5mg, 25mg e 37,5mg. Com essa formulação ocorre uma diminuição dos efeitos colaterais gastrointestinais e mesma eficácia que o composto original (Ables & Baughman, 2003).

Citalopram (Cipramil®, Procimax®, Denyl®, Alcytam® e genérico)

Particularidades:

- Bem tolerado, não inibe significativamente os sistemas enzimáticos hepáticos, em doses baixas.
- Alguns estudos indicam boa eficácia em pacientes deprimidos portadores de hepatites B e C, com o uso do citalopram (Gleason *et al.*, 2002) e sertralina (Schramm *et al.*, 2000).

85-7241-569-6

- Meia-vida: 33h.
- Doses usuais para depressão: 20 a 80mg/dia.
- Apresentações: comp. de 20mg (Cipramil®, Procimax®, Denyl®, Alcytam® e genérico), comp. de 40mg (Denyl®).

Escitalopram (Lexapro®)

Particularidades:

- Droga recém-lançada; é um isômero do citalopram, com potência maior na inibição da recaptura da serotonina (Von Moltke *et al.*, 2001). É precursora de uma nova possibilidade de utilização de drogas a partir de seus isômeros, possível a partir de estudos de métodos quirais (Tucker, 2000).
- Alguns estudos comparativos com o citalopram (Gorman *et al.*, 2002; Poole, 2002), mostraram início de ação mais rápido e maior eficácia, com a mesma tolerabilidade. Além disso, trabalhos como o de Culpepper (2002), apontaram para eficácia semelhante entre 10mg de escitalopram e 40mg de citalopram (droga de referência: Cipramil®), um dado importante em relação à farmacoeconomia, pois o tratamento com o citalopram nessa dosagem apresenta um custo 100% maior.
- Gleason et al (2002) observaram melhora da depressão com citalopram, em pacientes com hepatites B e C. Um relato de caso (Horimoto *et al*, 2004) aponta também para uma boa eficácia do escitalopram nos portadores de hepatite C.
- Nos últimos anos, a literatura sobre essa droga dispõe de pesquisas mostrando eficácia no transtorno do pânico (Stahl *et al*, 2003), além de estudos de seguimento maior, como o conduzido por Rapaport (2004), durante 36 semanas, observando taxas de recaída significativamente menores se comparadas as de pacientes em remissão da depressão que usaram placebo nesse período.
- Meia-vida: 30h.
- Doses utilizadas na depressão: 10 a 20mg/dia.
- Apresentação: comp. de 10mg (Lexapro®).

Fluvoxamina (Luvox®)

Particularidades:

- É um dos mais potentes inibidores da recaptação da serotonina, sendo uma boa opção no tratamento do transtorno obssessivo-compulsivo (TOC). Devido ao potente efeito serotoninérgico, tem sido utilizada em várias indicações, nos EUA, como fobia social (Stein *et al.*, 1999), jogo patológico (Hollander *et al.*, 1998), comer compulsivo (Hudson *et al.*, 1998) e outros transtornos que parecem responder melhor a drogas mais serotoninérgicas, à exemplo do TOC.
- Pouco utilizado no Brasil, porém tão eficaz quanto os outros compostos da classe.
- Meia-vida: 16h.

- Efeitos colaterais: alguns pacientes queixam-se de tonturas e sonolência, geralmente incomum com outros ISRS.
- Doses preconizadas para depressão: 100 a 300mg/dia.
- Apresentação: comp. de 100mg (Luvox®).

Inibidores Seletivos da Recaptação de Serotonina e Noradrenalina (ISRSN)

Venlafaxina (Efexor®, Efexor XR® e Venlift OD®)

Particularidades:

- Faz parte de uma classe de drogas mais recente, surgida no início do anos de 90, denominadas drogas de ação dual, pois possuem mecanismo de ação mais amplo que os inibidores de recaptação de serotonina, pois também atuam no sistema noradrenérgico, inibindo a recaptação desse neurotransmissor; também possui ação dopaminérgica em doses mais altas.
- Devido a este perfil, tem se mostrado mais eficaz no tratamento de depressões graves (Sadock & Sadock, 2002), além de causar poucos efeitos colaterais.
- As doses preconizadas para depressão são de 75 a 375mg/dia.
- Cuidados em usá-la em hipertensos graves, pois pode aumentar, em alguns casos, a pressão arterial.
- Possui duas formulações, de liberação normal e de liberação lenta. A absorção da venlafaxina de liberação programada (XR) é mais lenta, porém a meia-vida é semelhante à de liberação normal. A primeira pode dar mais náuseas no início do tratamento. A meia-vida da venlafaxina é de 5h e de seu metabólito ativo, a O-desmetil-venlafaxina, de 11h.
- Pode ter início de ação mais rápido em alguns pacientes, já na primeira semana (Derivan *et al.*, 1995).
- A interrupção da droga deve ser feita de forma gradativa, para evitar sintomas de descontinuação, que pode acontecer caso se interrompa o uso da venlafaxina abruptamente;
- Apresentações: formulação normal, comp. de 37,5, 50 e 75mg (Efexor®). Formulação de liberação lenta (Efexor XR® e Venlift OD®), cáps. de 75 e 150mg.

Milnaciprano (Ixel®)

Particularidades:

- Foi o segundo antidepressivo lançado com mecanismo de ação dual. Mostrou-se, segundo Lecrubier *et al.* (1996), significativamente superior ao placebo na melhora da depressão.

85-7241-569-6

- Lançado no Brasil em 2001, com perfil semelhante à droga anterior, porém tem sido menos utilizada.
- Parece ser menos eficaz que a venlafaxina, até o momento, mas há a necessidade de estudos comparando as duas drogas.
- Doses preconizadas: de 50 a 200mg/dia.
- Apresentação: cáps. de 25 e 50mg (Ixel®).

Duloxetina (Cymbalta®)

Particularidades:

- Foi lançada no Brasil em meados de 2005, pelo laboratório Eli Lilly, sendo mais uma opção de antidepressivo com mecanismo de ação dual (serotonina e noradrenalina).
- Meia-vida: cerca de 12h, sem metabólitos ativos.
- Nas pesquisas preliminares, observou-se que esta droga atinge um equilíbrio plasmático (*steady-state*) em 3 dias, um dos fatores que favorecem um rápido início de ação.
- No momento, vários estudos comparativos encontram-se em andamento, alguns já evidenciando uma resposta superior no tratamento da depressão em relação aos ISRS, como a paroxetina (Goldstein *et al*, 2004). Os efeitos colaterais com maior incidência são náuseas e vômitos (Greist *et al*, 2004), além de insônia em cerca de 10% dos pacientes.
- Trabalhos recentes apontam uma taxa de resposta em 78% dos pacientes tratados e de remissão em 60% (Pitsikas, 2000). Esses dados preliminares indicam que esta é uma medicação bastante promissora no tratamento da depressão.
- Doses preconizadas: 60 a 120mg/dia
- Apresentação: cápsulas de 30 e 60mg (Cymbalta®)

Dopaminérgicos

Amineptina (Survector®)

Particularidades:

- Possui efeito psico-estimulante mais acentuado do que como antidepressor.
- Boa droga para associação com outros antidepressivos, quando há sintomas de desânimo e redução da volição.
- Bastante segura, sem interações medicamentosas significativas, além de não provocar efeitos colaterais; porém deve ser evitada em pacientes com diminuição da função hepática, pois é um dos antidepressivos com maior risco de hepatotoxicidade. Boa opção para idosos (Cordioli, 2000).
- Usá-la em doses pela manhã e no almoço, pois pode provocar insônia se tomada à noite.
- Devido a seu perfil estimulante, pode provocar abuso ou dependência (raro).

85-7241-569-6

- Dosagem preconizada: de 200 a 400mg/dia.
- Apresentação: comp. de 100mg (Survector®) – necessita de receita azul.

Inibidor Seletivo da Recaptação de Noradrenalina e Dopamina

Bupropiona (Wellbutrin®, Zyban®, Zetron®)

Particularidades:

- Antidepressivo antigo, relançado para tratamento do tabagismo com o nome de Zyban®. Provoca aumento nos níveis de dopamina no núcleo *accumbens*, que também é ocasionado pelo uso da nicotina – esta liberação aguda de dopamina é a responsável pelo efeito prazeroso quando a pessoa está fumando (circuito de gratificação). Um trabalho recente de Brody *et al.* (2004) demonstrou que a nicotina libera dopamina numa magnitude semelhante a de outras drogas, reforçando a dependência química decorrente da sensação prazerosa causada por esse incremento agudo dos níveis de dopamina. Os autores compararam 10 fumantes, por meio de Pet-Scan, fumando no momento do exame, com 10 fumantes que não usaram tabaco durante o exame e confirmaram esse efeito já observado em vários estudos.
- A bupropiona pode ser útil no tratamento da interrupção do cigarro; além do efeito dopaminérgico, o noradrenérgico foi evidenciado nos últimos anos, sendo uma boa opção no tratamento da depressão, porém sem efeitos diretos na recaptação de serotonina (Schatzberg *et al.*, 2004).
- É usado em doses de 150 a 450mg/dia, preferencialmente pela manhã e início da tarde, pois pode provocar insônia; o fracionamento da dose é importante para minimizar o risco de convulsões.
- Não causa disfunção sexual, sendo uma opção em pacientes que tenham paraefeitos sexuais importantes (Coleman *et al.*, 1999) ou que não toleram a diminuição da libido, comum com o uso de quase todos antidepressivos (ISRS, tricíclicos e outras classes).
- Existem pacientes que podem relatar melhora da libido com o uso isolado ou associado da bupropiona, mas Masand *et al.* (2001) não observaram diferenças entre os pacientes que usaram bupropiona comparados com placebo, após uso de algum ISRS, num estudo controlado.
- Meia-vida: 10h, em média.
- Apresentação: comp. de 150mg (todos).
- Tanto esse composto, quanto a maprotilina (Ludiomil®), mirtazapina (Remeron®), fluvoxamina (Luvox®) e trazodona (Donaren®), devem ser usados com cautela em epilépticos ou pacientes que já tiveram convulsões, pois podem, em doses altas, provocá-las novamente.

85-7241-569-6

Antidepressivo Noradrenérgico e Serotoninérgico Específico (ANSE)

Mirtazapina (Remeron®, genérico)

Particularidades:

- É o único representante dessa classe.
- Atua no mecanismo de *feedback* negativo no neurônio pré-sináptico: seu efeito de antagonista alfa$_2$-adrenérgico pré-sináptico regula a liberação de noradrenalina, aumentando a disponibilidade dessa, levando a aumento das transmissões serotoninérgica (mecanismo abaixo) e noradrenérgica (Quitkin *et al.*, 2001).
- Age como agonista de 5HT1 e antagonista 5HT2 e 5HT3 e também estimula a transmissão noradrenérgica (Stahl, 1998), sendo uma droga de mecanismo único, sem semelhança com os outros compostos. O antagonismo de receptores 5HT2 e 5HT3 é responsável por menos efeitos na esfera sexual; todos os antidepressivos que estimulam os receptores 5HT2 provocam efeitos parassexuais, enquanto os que agem como antagonistas não provocam esses efeitos adversos.
- Droga bastante sedativa, por causa do bloqueio de receptores histaminérgicos (H1) centrais, responsável também pelo aumento de apetite e peso que pode ocorrer.
- Adequada nas depressões com insônia grave e perda de apetite.
- Doses usuais: 30 a 60mg/dia.
- Meia-vida: 20 a 40h.
- Apresentações: comp. dispersáveis de 15, 30 e 45mg (Remeron®, genérico).

Inibidor Seletivo da Recaptação da Noradrenalina (ISRN)

Reboxetina (Prolift®)

Particularidades:

- Possui um perfil único e é a única droga disponível no Brasil que possui mecanismo de ação seletivo, atua apenas na recaptação da noradrenalina;
- Meia-vida: 12 a 14h.
- Pouco utilizada em nosso meio, porém há relatos de boa eficácia, semelhante aos do ISRS (Massana, 1996) na Europa (principalmente na Alemanha).
- Um trabalho conduzido em voluntários sadios (Harmer *et al.*, 2004) que usaram citalopram, reboxetina ou placebo, durante apenas 7 dias, evidenciou diferenças significativas, nos que usaram antidepressivos comparado com os que usaram placebo, na percepção afetiva (positiva ou negativa), que é um processamento cognitivo relacionado com a fixação da memória. Esse é mais um dado que demonstra como as alterações cognitivas, como

memória, concentração, atenção e raciocínio, são extremamente importantes na depressão e como podem melhorar com o tratamento antidepressivo.
- Doses preconizadas: 4 a 10mg/dia.
- Apresentação: comp. de 4mg (Prolift®).
- Observação: nos últimos anos houve dificuldade em se achar a droga no Brasil.

Antagonista da Serotonina e Inibidor da Recaptação da Serotonina (ASIRS)

Nefazodona (Serzone®, genérico)

Particularidades:

- Mecanismo de ação misto, com inibição moderada de recaptação de serotonina e fraca de noradrenalina, que age como antagonista dos receptores pós-sinápticos 5HT1a e 5HT2 (Masand & Gupta, 2002); esse último efeito levaria à redução na ansiedade (Stahl, 1997).
- Ter cuidado na administração concomitante dos compostos dessa classe com cortisteróides, anticoncepcionais orais, amiodarona, cetoconazol, benzodiazepínicos (alprazolam, midazolam e triazolam) e outras drogas, pois a nefazodona inibe fortemente o citocromo P450 3A3/4, aumentando os níveis dessas drogas (Mattos, 2002).
- Poucos paraefeitos sexuais.
- Como antidepressor, não tem se mostrado uma droga tão potente em depressões graves, porém é uma opção nas depressões moderadas tratadas com outros antidepressivos que causam disfunção sexual.
- Meia-vida: muito curta, de 2 a 6h, média de 4h. Por isso, deve-se fracionar a dose em várias administrações diárias.
- Doses usuais na depressão: 300 a 500mg/dia.
- Apresentação: comp. de 100 e 150mg (Serzone®, genérico).

Trazodona (Donaren®)

Particularidades:

- Mecanismo de ação semelhante à nefazodona.
- Doses preconizadas: 200 a 500mg/dia.
- Meia-vida: curta, em torno de 6h.
- Geralmente provoca sonolência, deve-se usar a dose maior a noite.
- Pode provocar arritmias e convulsões, principalmente em doses mais altas.
- É razoavelmente alto o número de relatos na literatura (Thompson *et al.*, 1990; Scher *et al.*, 1983) de priapismo provocado pela droga. Quando esse ocorre, é necessário intervenção rápida para que não haja seqüelas no pênis.
- Apresentação: comp. 50mg (Donaren®).

85-7241-569-6

Serotoninérgico Atípico e Dopaminérgico

Tianeptina (Stablon®)

Particularidades:

- Droga lançada no início dessa década, com bom perfil de tolerabilidade, pois não interage significativamente com outras drogas, nem possui efeitos cardiotóxicos.
- Derivada de tricíclicos, porém com pouca semelhança com esses. Mecanismo de ação serotoninérgico, com aumento do *turn-over* de serotonina (aumenta a recaptação, ao contrário da maioria dos antidepressivos, que bloqueia a recaptação) em várias áreas corticais, como hipocampo e sistema límbico.
- Também aumenta as concentrações de dopamina em várias regiões corticais, como sistema límbico e núcleo *accumbens*; causa pouca ou nenhuma sonolência.
- Indicada em quadros depressivos acompanhados de ansiedade, porém alguns pacientes, paradoxalmente, se queixam de aumento dessa e irritabilidade.
- Alguns trabalhos com tianeptina indicam uma restauração da neuroplasticidade hipocampal (Czeh *et al.*, 2001), que está sendo considerada como mais uma alteração cerebral causada pela depressão.
- Dosagem preconizada: de 25 a 37,5mg/dia.
- Apresentação: comp. de 12,5mg (Stablon®).

Fitoterápico

Hypericum perfuratum (Hiperex®, Jarsin®, Adprex®)

Particularidades:

- Extraído de uma planta conhecida no Brasil como erva-de-são-joão, também encontrada na Europa. É extraído das porções superiores da planta, no estágio inicial do período de floração (JAMA, 2002).
- Alguns trabalhos em andamento no Brasil (Moreno *et al.*, 2003) procuram estabelecer a eficácia dessa, comparada com antidepressores como a fluoxetina.
- Apesar de ser fitoterápico, pode provocar efeitos colaterais, como náuseas e manchas após exposição solar.
- Inibe fracamente a monoamino-oxidase, aumentando a concentração de neurotransmissores.

85-7241-569-6

- Até o momento, não existem trabalhos consistentes demonstrando efeito antidepressivo importante em depressões graves, sendo mais indicada em depressões leves e moderadas (SPRS, 2004). Lecrubier *et al.* (2002) acreditam ser uma opção para esses casos, com base em estudo duplo-cego com placebo e *hypericum*, havendo melhora significante, nesse trabalho, nos pacientes tratados com a substância; já outro estudo também bem conduzido (Shelton *et al.*, 2001) não observou diferenças.
- Doses preconizadas: 600 a 900mg/dia.
- Apresentações: comp. de 300mg (Hiperex®, Jarsin®, Adprex®).

Nova Droga

Riluzole

Particularidades:

- É um fármaco que age modulando a ação do glutamato, que pode desempenhar um papel nos quadros depressivos (Zarate *et al.*, 2004). Encontra-se em fase de estudos, não estando ainda bem comprovada sua eficácia como antidepressivo, nem sua possível utilização clínica. Sanacora *et al* (2004) reforçam a necessidade de se estudar melhor a implicação do glutamato na fisiopatologia da depressão, ao descreverem 2 relatos de caso com boa resposta ao uso de riluzole em pacientes com depressão refratária.
- São promissoras as pesquisas em andamento que procuram estabelecer o papel de outras substâncias na fisiopatogenia da depressão, como hormônio liberador de corticotropina (CRH), substância P, glutamato e outras. Segundo Nemeroff (1998), o desenvolvimento de novos agentes inclui:
  - Agonistas seletivos da serotonina.
  - Inibidores seletivos da recaptação da serotonina associados a antagonistas seletivos da serotonina.
  - Antagonistas de receptores para CRF. Uma droga em estudo é o antalarmin (CRF_1).

Considerações Finais

A Organização Mundial de Saúde considera a depressão como um grave problema de saúde pública e preconiza que os clínicos tratem essa doença por causa de sua alta prevalência e do número insuficiente de psiquiatras. É importante, no entanto, que o tratamento seja feito de forma adequada, pois uma das maiores fontes de cronificação é o uso dos antidepressivos de forma inadequada ou o tratamento de um transtorno depressivo como se fosse um quadro ansioso.

Deve-se ter como objetivo do tratamento a *remissão do quadro depressivo* e não a melhora parcial; muitas vezes essa meta não será alcançada, mas *deve-se sempre tentar.*

85-7241-569-6

Referências Bibliográficas

1. ABLES A.Z., BAUGHMAN O.L. Antidepressants: update on new agents and indications. *Am Fam Physician,* 67(3):547-54, 2003;
2. ALTSHULER, L. L.; COHEN, L.; SZUBA, M. P.; BURT, V. K.; GITLIN, M.; MINTZ, J. Pharmacologic management of psychiatric illness in pregnancy: dilemmas and guidelines. *Am J Psychiatry,* 153: 592-606, 1996.
3. ASSOCIAÇÃO NACIONAL DE VIGILÂNCIA SANITÁRIA – ANVISA. Portaria nº 344, de 12 de maio de 1998, atualizada pela Resolução RDC nº 254, de 17 de setembro de 2003. Disponível em: http://www.anvisa.gov.br/legis/portarias/344_98.htm. Acesso em: 6/06/2004. Lista de genéricos: http://www.anvisa.gov.br. Acesso em: 12/02/2005.
4. ASBAHR, F. R.; SEGAL, A.; CORDÁS, T. A.; MORENO, R. A. Inibidores seletivos da recaptação de serotonina (ISRS) e antidepressivos de nova geração. In: CORDÁS, T. A.; MORENO, R. A. (eds.). *Condutas em Psiquiatria*. 4. ed. São Paulo: Lemos, 2001, p. 385-406.
5. AYACHE, D. C. G.; FRÁGUAS JR., R. Psicoestimulantes. In: FRÁGUAS JR., R.; FIGUEIRÓ, J. A. B. *Depressões em Medicina Interna e em Outras Condições Médicas – Depressões Secundárias*. São Paulo: Atheneu, 2001, p. 501-506.
6. BAHLS, S. C. Manual de farmacologia psiquiátrica. *Rev Bras Psiquiatr, 24 (2):* 103-104, 2002.
7. BALONE, G. J. Antidepressivos atípicos. Disponível em: http://www.psiqweb.med.br/farmaco/atipico.html e revisto em 2003. Acesso em: 6/06/2004.
8. BOTEGA, N. J. Suicídio e tentativa de suicídio. In: ALMEIDA, O. P.; DRATCU, L.; LARANJEIRA, R. *Manual de Psiquiatria*. Rio de Janeiro: Guanabara-Koogan, 1996, p. 221-227.
9. BOTEGA, N. J.; FURLANETTO, L.; FRÁGUAS JR., R. Depressão no paciente clínico. In: BOTEGA, N. J. (ed.). *Prática Psiquiátrica no Hospital Geral: interconsulta e emergência*. Porto Alegre: Artmed, 2002, p. 203-222.
10. BRANCO, J. C. Diagnóstico e tratamento da fibromialgia. *Acta Med Port, 8:* 233-238, 1995.
11. BRODY, A. L.; OLMSTEAD, R. E.; LONDON, E. D.; FARAHI, J.; MEYER, J. H.; GROSSMAN, P. et al. Smoking-induced ventral striatum dopamine release. *Am J Psychiatry, 161:* 1211-2118, 2004.
12. BURKE, W. J.; KRATOCHVIL, C. J. Stereoisomers in psychiatry: the case of escitalopram. *J Clin Psychiatry, 4:* 20-24, 2002.
13. CLOMIPRAMINE COLABORATIVE STUDY GROUP. Clomipramine in the treatment of obsessive-compulsive disorder. *Arch Gen Psychiatry, 48 (8):* 730-738, 1991.
14. COLEMAN, C. C.; KING, B. R.; BOLDEN-WATSON, C.; BOOK, M. J.; SEGRAVES, R. T.; RICHARD, N. et al. Sexual dysfunction associated with the treatment of depression: a placebo-controlled comparison of bupropion sustained release and sertraline treatment. *Clin Ther, 23 (7):* 1040-1058, 2001.
15. CORDIOLI, A. V.; SHANSIS, F. M.; DE PÁDUA, A. C.; GREVET, E. H.; SOUSA, N. O.; RIBEIRO, L. et al. Medicamentos: informações básicas. In: CORDIOLI, A. V. (ed.). *Psicofármacos – Consulta Rápida*. 2. ed. Porto Alegre: Artes Médicas, 2000, p. 23-245.
16. CULPEPPER L. Escitalopram: A New SSRI for the Treatment of Depression in Primary Care. *J Clin Psychiatry,* 4(6):209-14 2002.
17. CZEH, B.; MICHAELIS, T.; WATANABE, T.; FRAHM, J.; DE BIURRUN, G.; VAN KAMPEN, M. et al. Stress-induce changes in cerebral metabolites, hippocampal volume and cell proliferation are prevented by antidepressant treatment with tianeptine. *Europ Arch Psychiat Clin Neurosci, 251:* 152-158, 2001.
18. DAWSON, R.; LAVORI, P. W.; CORYELL, W. H.; ENDICOTT, J.; KELLER, M. B. Maintenance strategies for unipolar depression: an observational study of levels of treatment and recurrence. *J Affect Disord, 59:* 229-232, 1998.
19. DERIVAN, A.; ENTSUAH, A. R.; KIKTA, D. Venlafaxine: measuring the onset of antidepressant action. *Psychopharmacol Bull, 31:* 439-447, 1995.

20. DOHERTY, M.; JONES, A. Fybromialgia syndrome. *Br Med J, 310:* 386-389, 1995.
21. EDWARDS, N. B.; MURPHY, J. K.; DOWNS, A. D.; ACKERMAN, B. J.; ROSENTHAL, T. L. Doxepin as an adjunct to smoking cessation: a double-blind pilot study. *Am J Psychiatry, 146:* 373-376, 1989.
22. FINK, M. Riscos e contra-indicações. In: *Eletrochoque – Restaurando a Mente*. São Paulo: Roca, 2003. p. 17-24.
23. FLECK, M. P. A.; LAFER, B.; SOUGEY, E. B.; DEL PORTO, J. A.; BRASIL, M. A.; JURUENA, M. F. Diagnóstico e tratamento da depressão. In: *Projeto Diretrizes – Associação Médica Brasileira e Conselho Federal de Medicina*. São Paulo: Associação Médica Brasileira e Conselho Federal de Medicina, 2002, p. 205-213.
24. FLINT, A. J. Recent developments in geriatric psychopharmacotherapy. *Can J Psychiatry, 39 (1):* S9-S18, 1994.
25. FREEMAN, E. W.; RICKELS, K.; SONDHEIMER, S. J.; POLANSKY, M.; XIAO, S. Continuous or intermittent dosing with sertraline for patients with severe premenstrual syndrome or premenstrual dysphoric disorder. *Am J Psychiatry, 161:* 343-351, 2004.
26. FRODL, T.; MEISENZAHL, E.; ZETZSCHE, T.; BORN, C.; GROLL, C.; JÄGER, M. et al. Hippocampal changes in patients with a first episode of major depression. *Am J Psychiatry, 159:* 1112-1118, 2002.
27. FRODL, T.; MEISENZAHL, E. M.; ZILL, P.; BAGHAI, T.; RUJESCU, D.; LEINSINGER, G. et al. Reduced hippocampal volumes associated with the long variant of the serotonin transporter polymorphism in major depression. *Arch Gen Psychiatry, 61 (2):* 177-183, 2004.
28. GLEASON, O. C.; YATES, W. R.; ISBELL, M. D.; PHILIPSEN, M. A. An open-label trial of citalopram for major depression in patients with hepatitis C. *J Clin Psychiatry, 63 (3):* 194-198, 2002.
29. GLICK, I. D.; MARDER, S.; JANOWSKI, D.; SUPPES, T.; DEBATTISTA, C. Short-and Long-Term Psychopharmacological Treatment Strategies. 2000. Disponível em: http://www.acrip.org/g4/GN401000084/CH083.html. Acesso em: 8/06/2004.
30. GOLDSTEIN, M. G.; NIAURA, R. Doença arterial coronariana e morte súbita. In: STOUDEMIRE, A. (ed.). *Fatores Psicológicos Afetando Condições Médicas*. Porto Alegre: Artes Médicas, 2000, p. 35-52.
31. GOLDSTEIN D.J., LU Y., DETKE M.J., WILTSE C., MALLINCKRODT C.H., DEMITRACK M.A.. Duloxetine in the treatment of depression: a double-blind placebo-controlled comparison with paroxetine. *J Clin Psychopharmacol,* 24(4):389-99, 2004.
32. GORMAN, J. M.; KOROTZER, A.; SU, G. Efficacy comparison of escitalopram and citalopram in the treatment of major depressive disorder: pooled analysis of placebo-controlled trials. *CNS Spectrums, 7:* 40-44, 2002a.
33. GRANE, G. E. Iproniazid (Marsilid) phosphate, a therapeutic agent for mental disorders and debilitating disease. *Psychiatr Res, 8:* 142-152, 1957.
34. GREENBLATT, D. J.; VON MOLTKE, L. L.; HARMATZ, J. S.; SHADER, R. I. Drug interactions with newer antidepressants: Role of human cytochromes P450. *J Clin Psychiatry, 59 (suppl 15):* 19-27, 1998.
35. GREIST J., MCNAMARA R.K., MALLINCKRODT C.H., RAYAMAJHI J.N., RASKIN J. Incidence and duration of anti-depressant-induced nausea: duloxetine compared with paroxetine and fluoxetine. *Clin Ther,* 26(9):1446-55, 2004.
36. GUIMARÃES, F. S. Medicamentos antidepressivos e estabilizadores do humor. In: GRAEFF, F. G.; GUIMARÃES, F. S. (eds.). *Fundamentos de Psicofarmacologia*. 1.ed. São Paulo: Atheneu, 1999, p. 93-122.
37. HACKETT, T. P.; CASSEM, N. H. *Massachusetts General Hospital Handbook of General Hospital Psychiatry.* St. Louis: MO, 1987, p. 309-332.
38. HALL, R. C. W.; POPKIN, M. K.; DEVAUL, R. A.; FAILLACE, L. A.; STICKNEY, S. K. Physical illness presenting as psychiatric disease. *Arch Gen Psychiatry, 35:* 1315-1320, 1978.

85-7241-569-6

39. HARMER, C. J.; SHELLEY, N. C.; COWEN, P. J.; GOODWIN, G. M. Increased positive versus negative affective perception and memory in healthy volunteers following selective serotonin and norepinephrine reuptake inhibition. *Am J Psychiatry, 161:* 1256-1263, 2004.
40. HENNINGFIELD, J. E.; SCHUH, L. M.; JARVIK, M. E. Pathophysiology of tobacco dependence. In: BLOOM, F. E.; KUPFER, D. J. *Psychopharmacology – The Fourth Generation of Progress*. New York: Raven, 1994, p. 335-345.
41. HOLLANDER, E.; DECARIA, C. M.; MARI, E.; WONG, C. M.; MOSOVICH, S.; GROSSMAN, R. et al. Short-Term single-blind fluvoxamine treatment of pathological gambling. *Am J Psychiatry, 155:* 1781-1783, 1998.
42. HOLLIDAY, W.; BRASFIELD JR., K. H.; POWERS, B. Grand mal seizures induced by maprotiline. *Am J Psychiatry, 139:* 673-674, 1982.
43. HORIMOTO, F. C.; DE SOUZA, J. A. Sintomas depressivos em pacientes com fibromialgia – estudo de 27 casos atendidos no ambulatório de Psiquiatria da UFMS. In: III SIMPÓSIO INTERNACIONAL – DEPRESSÕES SECUNDÁRIAS, 2002. São Paulo. *Anais do III Simpósio Internacional – Depressões Secundárias*, 2002.
44. HORIMOTO FC, AYACHE DCG, DE SOUZA JA. Uso de escitalopram em paciente com depressão secundária. *R Psiquiatr:* RS. 26(3):337-40, 2004
45. HUDSON, J. I.; MCELROY, S. L.; RAYMOND, N. C.; CROW, S.; KECK, P. E.; CARTER, W. P. et al. Fluvoxamine in the treatment of binge-eating disorder: a multicenter placebo-controlled, double-blind trial. *Am J Psychiatry, 155:* 1756-1762, 1998.
46. HYPERICUM DEPRESSION TRIAL STUDY GROUP. *Effect of Hypericum perforatum (St John's Wort) in Major Depressive Disorder: A Randomized Controlled Trial*. JAMA, 287:1807-14, 2002.
47. KAPLAN, H. I.; SADOCK, B. J.; GREBB, J. A. Terapias biológicas. In: *Compêndio de Psiquiatria*. 7.ed. Porto Alegre: Artes Médicas, 1997, p. 809-946.
48. KAPLAN, H. I.; SADOCK, B. J. Tricíclicos e tetracíclicos: antidepressivos. In: *Manual de Farmacologia Psiquiátrica*. Porto Alegre: Artes Médicas, 1995, p. 263-281.
49. KAPCZINSKY, F.; BUSNELLO, J. V.; ABREU, M. R.; CARRÃO, A. D. Aspectos da fisiologia do triptofano. *Rev Psiq Clin, 25 (4)*, 1998.
50. KATON, W.; SCHULBERG, H. C. Epidemiology of depression in primary care. *Gen Hosp Psych, 14 (4):* 237-247, 1992.
51. KENNEDY, S. H.; LAM, R. W.; COHEN, N. L.; RAVINDRAN, A. V. et al. Depression Work Group. Clinical Guidelines for the Treatment of Depressive Disorders. IV. Medications and Other Biological Treatments. *Can J Psychiatry, 46 (suppl 1):* 38S-58S, 2001.
52. KESSLER, R. C.; MCGONAGLE, K. A.; ZHAO, S.; NELSON, C. B.; HUGHES, M. et al. Lifetime and 12 month Prevalence of DSM-III-R psychiatric disorders in the United States. *Arch Gen Psychiatry, 57 (1):* 8-19, 1994.
53. KLINE, N. S. Clinical experience with iproniazid (Marsilid). *J Clin Exp Psychopathol, 19 (suppl 1):* 72-78, 1958.
54. KROPP S. Psychopharmacological drug interactions calculator. *The German Journal of Psychiatry – Psychotropic Drug Information Newsletter*. Germ J Psychiatry. Avaliable from: URL: http://www.user.gwdg.de/~bbandel/gip-homepage.htm Rev. in september 2002; accessed 11 february 2005.
55. KUHN, R. Uber die behandlung depressiver zustande mit einem iminobenzylderivat (G22355). *Schweiz Med Wochenschr, 87:* 1135-1140, 1957.
56. KUPFER, D. J.; FRANK, E.; PEREL, J. M.; CORNES, C.; MALLINGER, A. G.; THASE, M. E. et al. Five-year outcome for maintenance therapies in recurrent depression. *Arch Gen Psychiatry, 49:* 769-773, 1992.
57. LECRUBIER, Y.; PLETAN, Y.; SOLLES, A.; TIOURNOUX, A.; MAGUE, V. Clinical efficacy of milnacipran: Placebo-controlled trials. *Int Clin Psychopharmacol, 11 (suppl 4):* 29-33, 1996.

85-7241-569-6

58. LECRUBIER, Y.; CLERC, G.; DIDI, R.; KIESER, M. Efficacy of St. John's Wort Extract WS5570 in Major Depression: a double-blind placebo-controlled trial. *Am J Psychiatry, 159:* 1361-1366, 2002.
59. LÉPINNE, J. P.; CAILLARD, V.; BISSERBE, J. C.; TROY, S.; HOTTON, J. M.; BOYER, P. A Randomized, placebo-controlled trial of sertraline for prophylactic Treatment of highly recurrent major depressive disorder. *Am J Psychiatry, 161:* 836-842, 2004.
60. MANICA, A. L. L.; LEÃES, C. G. S.; FREY, B. N.; JURUENA, M. F. The role of depression in coronary artery disease. *Arq Bras Cardiol, 73 (2):* 244-250, 1999.
61. MARTINEZ, J. E.; ATRA, E.; FONTANA, A. M.; DACOL, E. A. Aspectos psicológicos em mulheres com fibromialgia. *Rev Bras Reumatol, 32:* 51-60, 1992.
62. MASAND, P. S.; ASHTON, A. K.; GUPTA, S.; FRANK, B. Sustained-release bupropion for SSRI-Induced sexual dysfunction: a randomized, double-blind, placebo-controlled, parallel-group study. *Am J Psychiatry, 158:* 805-807, 2001.
63. MASAND, P. S.; GUPTA, S. Long-term side effects of newer-generation antidepressants: SSRIs, Venlafaxine, Nefazodone, Bupropion and Mirtazapine. *Ann Clin Psychiatry, 14 (3):* 175-182, 2002.
64. MASSANA, J. Reboxetine versus fluoxetine: an overview of efficacy and tolerability. *J Clin Psychiatry, 59:* 8-10, 1996.
65. MATTOS, P. Psicofármacos: interações medicamentosas. In: BOTEGA, N. J. (ed.). *Prática Psiquiátrica no Hospital Geral: interconsulta e emergência*. Porto Alegre: Artmed, 2002, p. 378-385.
66. MATTOS, P.; BUENO, J. R. Estudo aberto comparativo de eventos adversos no tratamento com citalopram e fluoxetina. *J Bras Psiq, 46 (2):* 67-70, 1997.
67. MAXMEN, J. S.; WARD, N. G. Antidepressivos. In: *Psicotrópicos – Consulta Rápida.* 2. ed. Porto Alegre: Artes Médicas, 1998, p. 90-163.
68. MEZZACAPPA, E.; STEINGARD, R.; KINDLON, D. et al. Tryciclic antidepressants and cardiac autonomic control in children and adolescents. *J Am Acad Child Adolesc Psychiatry, 37 (1):* 52-59, 1998.
69. MICHELSON, D.; AMSTERDAM, J. D.; QUITKIN, F. M.; REIMHERR, F. W.; ROSENBAUM, J. F.; ZAJECKA, J. et al. Changes in weight during a 1-year trial of fluoxetine. *Am J Psychiatry, 156:* 1170-1176, 1999.
70. MONTGOMERY, A. S.; ROBERTS, A.; PATEL, A. G. Placebo-controlled efficacy of antidepressants in continuation treatment. *Int Clin Psychopharmacol, 9 (suppl 1):* 49-53, 1994.
71. MORENO, D. H. Cronificação e recorrência. In: MORENO, D. H.; BERNIK, M.; MATTOS, P.; CORDÁS, T. (eds.). *Recuperação em Depressão*. São Paulo: Livre, 2003, p. 53-62.
72. MORENO, R. A.; CORDÁS, T. A. Remissão: uma necessidade no tratamento da depressão [Editorial]. *BOTA, 15:* 1-3, 2001.
73. MORENO, D. H.; MORENO, R. A. Estabilizadores do humor. In: CORDÁS, T. A.; MORENO, R. A. (eds.). *Condutas em Psiquiatria*. 4. ed. São Paulo: Lemos, 2001, p. 211-244.
74. MORENO, R. A.; TAVARES JR., H.; ALMEIDA, K. M.; TUNG, T. C. Estudo duplo-cego placebo controlado randomizado comparando *hypericum* com fluoxetina. Disponível em: http://www.hcnet.usp.br/ipq/gruda/pesquisas.htm. Acesso em: 8/06/2004.
75. MURPHY, J. K.; EDWARDS, N. B.; DOWNS, A. D.; ACKERMAN, B. J.; ROSENTHAL, T. L. Effects of doxepin on withdrawal symptoms in smoking cessation. *Am J Psychiatry, 147:* 1353-1357, 1990.
76. NARDI, A. E. Guia para os medicamentos na depressão. In: *Questões Atuais sobre Depressão*. São Paulo: Lemos, 1998, p. 131-172.
77. NEMEROFF, C. B. Psychopharmacology of affective disorders in the 21st century. *Biol Psychiatry, 44 (7):* 517-525, 1998.

85-7241-569-6

78. PEET, M. Induction of mania with selective serotonin re-uptake inhibitors and tricyclic antidepressants. *Br J Psychiatry, 164:* 549-550, 1994.
79. PITSIKAS, N.; Duloxetine Eli Lilly & Co. *Curr Opin Investing Drugs,1 (1):* 116-121, 2000.
80. POOLE, R. Escitalopram superior to citalopram in depression. *Inpharma Weekly, 1357:* 13-14, 2002.
81. PRESKORN, S. H.; BURKE, M. Somatic therapy for major depressive disorder: Selection of an antidepressant. *J Clin Psychiatry, 53 (9):* 7-12, 1992.
82. QUITKIN, F. M.; TAYLOR, B. P.; PHIL, M.; KREMER, C. Does mirtazapine have a more rapid onset than SSRIs? *J Clin Psychiatry, 62:* 358-361, 2001.
83. RAPAPORT M.H., BOSE A., ZHENG H. Escitalopram continuation treatment prevents relapse of depression. *J Clin Psychiatry,* 65(1):44-9, 2004.
84. RUMI, D. O.; MARCOLIN, M. A. Índice de interação. In: MARCOLIN, M. A. *Interações Farmacológicas com Drogas Psiquiátricas*. São Paulo: Medsi, 1998, p. 321-394.
85. RUSCHEL, S. et al. (Estudo cooperativo multicêntrico). Estudo multicêntrico amplo para avaliação da eficácia e tolerabilidade da sertralina (50mg a 150mg) no tratamento de 361 pacientes ambulatoriais com depressão maior. *J Bras Psiq, 45 (10):* 601-606, 1996.
86. SABATTINI, R. M. E. *A Descoberta das Drogas para Tratamento de Doenças Mentais*. Disponível em: URL: http://www.academialetrasbrasil.org.br/histdrogas.htm
87. SADOCK, B. J.; SADOCK, V. A. Tricíclicos e tetracíclicos. In: *Manual de Farmacologia Psiquiátrica*. 3. ed. Porto Alegre: Artes Médicas, 2002, p. 279-290.
88. SADOCK, B. J.; SADOCK, V. A. Venlafaxina. In: *Manual de Farmacologia Psiquiátrica*. 3. ed. Porto Alegre: Artes Médicas, 2002, p. 298-300.
89. SANACORA G., KENDELL S.F., FENTON L., CORIC V., KRYSTAL J.H. Riluzole Augmentation for Treatment-Resistant Depression. *Am J Psychiatry,* 161:2132, 2004.
90. SCALCO, M. Z. Avanços recentes no tratamento da depressão no idoso. In: FORLENZA, O. V.; ALMEIDA, O. P. (eds.). *Depressão e Demência no Idoso*. São Paulo: Lemos, 1997, p. 69-82.
91. SCHATZBERG, A. F.; COLE, J. O. Antidepressivos. In: SCHATZBERG, A. F.; COLE, J. O. *Manual de Psicofarmacologia Clínica*. 2. ed. Porto Alegre: Artes Médicas, 1993, p. 24-63.
92. SCHATZBERG, A. F.; COLE, J. O.; DEBATTISTA, C. Antidepressivos. In: *Manual de Psicofarmacologia Clínica*. 4. ed. Rio de Janeiro: Guanabara-Koogan, 2004, p.14-59.
93. SCHER, M.; KRIEGER, J. N.; JUERGENS, S. Trazodone and priapism. *Am J Psychiatry, 140:* 1362-1363, 1983.
94. SCHRAMM, T. M.; LAWFORD, B. R.; MACDONALD, G. A.; COOKSLEY, W. G. Sertraline treatment of interferon-alfa-induced depressive disorder. *Med J Aust, 173 (7):* 359-361, 2000.
95. SCHULBERG, H. C.; SAUL, M.; MCCLELLAND, M.; GANGULI, M.; CHRISTY, W.; FRANK, R. Assessing depression in primary medical and psychiatric practices. *Arch Gen Psychiatry, 42:* 1164-1170, 1985.
96. SELIKOFF, I. J.; ROBITZEK, E. H.; ORNSTEIN, G. G. Toxicity of hydrazine derivates of isonicotinic acid in the chemotherapy of human tuberculosis. *Q Bull Sea View Hosp, 13:* 17, 1952.
97. SHAD, M. U.; PRESKORN, S. H.; MARCOLIN, M. A. Interações farmacológicas com drogas antidepressivas. In: MARCOLIN, M. A. (ed.). *Interações Farmacológicas com Drogas Psiquiátricas*. São Paulo: Medsi, 1998, p. 21-91.
98. SHELINE, Y. I.; SANGHAVI, M.; MINTUN, M.; GADO, M. H. Depression duration but not age predicts hippocampal volum loss in medically healthy women with recurrent major depression. *Journal of Neuroscience, 19:* 5034-5043, 1999.
99. SHELTON, R. C.; KELLER, M. B.; GELENBERG, A. Effectiveness of St John's worth in major depression: a randomized controlled trial. *JAMA, 285:* 1978-1986, 2001.
100. SHEN, W. W.; CALHOUN, J. W. Is inhibition of nitric oxide synthase a mechanism for SSRI-induced bleeding? *Psychosomatics, 40:* 268-269, 1999.

101. SMITH, D.; DEMPSTER, C.; GLANVILLE, J.; FREEMANTLE, N.; ANDERSON, I. Efficacy and tolerability of venlafaxine compared with selective serotonin reuptake inhibitors and other antidepressants: a meta-analysis. *Br J Psychiatry, 180:* 396-404, 2002.
102. SOARES, C. N.; ALMEIDA, A. M. M. Menstruação: dos mitos às suas entidades clínicas e repercussões psíquicas. In: FRÁGUAS JR., R.; MELEIRO, A. M. A. S.; MARCHETTI, R. L.; HENRIQUES JR., S. G. (eds.). *Psiquiatria e Psicologia no Hospital Geral: integrando especialidades.* São Paulo: Lemos, 1997, p. 113-125.
103. SOUZA, F. G. M. Tratamento da depressão. In: SCHOR, N. (ed. da série). MARI, J. J.; RAZZOUK, D.; PERES, M. F. T.; DEL PORTO, J. A. (orgs.). *Guias de Medicina Ambulatorial e Hospitalar – Unifesp/Escola Paulista de Medicina – Psiquiatria.* São Paulo: Manole, 2002, p. 45-55.
104. STAHL, S. M. Basic Psychopharmacology of antidepressants: antidepressants have seven distinct mechanisms of action. *J Clin Psychiatry, 59 (suppl 4):* 5-14, 1998.
105. STAHL, S. M. The serotonin selective reuptake inhibitors. In: *Psychofarmacology of Antidepressants.* London: Martin Dunitz, 1997, p. 39-60.
106. STAHL, S. M. Defining and refining the pharmacology of SSRIs. In: KASPER, S.; CARLSSON, A. (eds.). *Selective Serotonin Reuptake Inhibitors 1990 – 2000.* Denmark: H. Lundbeck, 2000, p. 4-9.
107. STAHL S.M., GERGEL I., LI D. Escitalopram in the treatment of panic disorder: a randomized, double-blind, placebo-controlled trial. *J Clin Psychiatry,* 64(11):1322-7, 2003.
108. STEIN, M. B.; FYER, A. J.; DAVIDSON, J. R. T.; POLLACK, M. H.; WIITA, B. Fluvoxamine treatment of social phobia (social anxiety disorder): a double-blind, placebo-controlled study. *Am J Psychiatry, 156:* 756-760, 1999.
109. STEINER, M.; STEINBERG, S.; STEWART, D.; CARTER, D.; BERGER, C.; REID, R. et al. Fluoxetine in the treatment of premenstrual dysphoria. *New Eng J Med, 332:* 1529-1534, 1995.
110. STOPPE JR., A.; LOUZÃ NETO, M. R. Tratamento. In: *Depressão na Terceira Idade – Apresentação Clínica e Abordagem Terapêutica.* São Paulo: Lemos, 1997, p. 151-176.
111. THOMPSON JR., J. W.; WARE, M. R.; BLASHFIELD, C. Psychotropic medication and priaprism: a comprehensive review. *J Clin Psychiatry, 51:* 430-433, 1990.
112. TUCKER, G. T. Chiral switches. *Lancet, 355:* 1085-1087, 2000.
113. VALENSTEIN, M.; TAYLOR, K. K.; AUSTIN, K.; KALES, H. C.; MCCARTHY, J. F.; BLOW, F. C. Benzodiazepine use among depressed patients treated in mental health settings. *Am J Psychiatry, 161:* 654-661, 2004.
114. VIEIRA, R. M.; TREVISAN, J.; QUEVEDO, J.; KAPCZINSKI, F. Intoxicação e efeitos adversos graves dos psicofármacos. In: KAPCZINSKI, F.; QUEVEDO, J.; SCHMITT, R.; CHACHAMOVICH, E. *Emergências Psiquiátricas.* Porto Alegre: Artes Médicas, 2001, p. 99-117.
115. VON MOLTKE, L. L.; GREENBLATT, D. J.; GIANCARLO, G. M.; GRANDA, B. W.; HARMATZ, J. S.; SHADER, R. I. et al. Escitalopram (S-citalopram) and its metabolites in vitro: cytochromes mediating biotransformation, inhibitory effects and comparison to R-citalopram. *Drug Metab Dispos, 29:* 1102-1109, 2001.
116. WASSERTHEIL-SMOLLER, S.; SHUMAKER, S.; OCKENE, J.; TALAVERA, G. A.; GREENLAND, P.; COCHRANE, B. et al. Depression and cardiovascular sequelae in post menopausal women. The Women's Health Initiative (WHI). *Arch Intern Med, 164 (3):* 289-298, 2004.
117. WEHR, T. A.; GOODWIN, F. K. Rapid cycling in manic-depressives induced by tricyclic antidepressants. *Arch Gen Psychiatry, 36:* 555-559, 1979.
118. WONG, D. T.; BYMASTER, F. P.; ENGLEMAN, E. A. Prozac (Fluoxetine, Lilly 110140), the first selective serotonin reuptake inhibitor and an antidepressant drug. *Life Sci, 57:* 411-441, 1995.
119. YONKERS, K. A.; HALBREICH, U.; FREEMAN, E.; BROWN, C.; ENDICOTT, J.; FRANK, E. et al. Symptomatic improvement of premenstrual dysphoric disorder with sertraline: a randomized controlled trial. Sertraline Premenstrual Dysphoric Collaborative Study Group. *JAMA, 278 (12):* 983-988, 1997.

85-7241-569-6

120. ZARATE JR., C. A.; PAYNE, J. L.; QUIROZ, J.; SPORN, J.; DENICOFF, K. K.; LUCKENBAUGH, D. et al. An open-label trial of riluzole in patients with treatment-resistant major depression. *Am J Psychiatry, 161:* 171-174, 2004.
121. ZIMMERMAN, M.; POSTERNAK, M.; FRIEDMAN, M.; ATTIULLAH, N.; BAYMILLER, S.; BOLAND, R. et al. Which factors influence psychiatrists' selection of antidepressants? *Am J Psychiatry, 161:* 1285-1289, 2004.

85-7241-569-6

CAPÍTULO 10

Custos Psicossociais da Depressão

KALIL DUAILIBI
MARIA EUGÊNIA DE S. BRITO DOS SANTOS

INTRODUÇÃO

Para discutir os custos psicossociais da depressão é necessário, antes de tudo, dimensionar seu impacto no indivíduo, nos serviços de saúde e na sociedade. O transtorno depressivo tem alta prevalência na população geral e esse valor é ainda maior quando considerados grupos específicos de pacientes, como os portadores de doenças crônicas, por exemplo, doenças cardíacas, *diabetes mellitus*, câncer, AIDS, doença de Parkinson, entre outras. Esses pacientes, além de terem maior prevalência de depressão, fazem um maior uso de serviços de saúde, pois a depressão ocorre como conseqüência agravante da doença principal, o que piora o prognóstico de ambas (NIMH, 2001).

Há grandes estudos epidemiológicos de base populacional que verificaram a prevalência do transtorno depressivo na população geral. Em um estudo norte-americano com amostra nacional, o *National Comorbidity Survey*, uma amostra de 8098 pessoas de 15 a 54 anos, distribuídas por 48 estados, foi entrevistada com uma versão revisada do CIDI (*Composite International Diagnostic Interview*) (WHO, 1990) para avaliação da comorbidade psiquiátrica nos Estados Unidos (Kessler *et al.*, 1994). Os transtornos depressivos tiveram prevalências ao longo da vida de 17,1% e, nos últimos 12 meses, de 11,3%. Blazer *et al.* (1994) também analisaram os dados desse estudo dando ênfase aos transtornos depressivos e encontraram uma prevalência de 4,95% de transtorno depressivo maior atual (no mês corrente) em comorbidade ou não com outros transtornos e 17,1% de prevalência estimada para episódio depressivo ao longo da vida. Andrade *et al.* (1999), no principal estudo brasileiro de epidemiologia psiquiátrica de base populacional em uma

85-7241-569-6

área de captação da cidade de São Paulo, entrevistaram 1464 pessoas com 18 anos ou mais para determinar as prevalências de transtorno mental ao longo da vida, no ano e no mês anteriores à avaliação. Utilizaram o questionário CIDI, gerando diagnósticos de acordo com a CID-10. Depois da dependência de tabaco, o transtorno mais comum foi o transtorno depressivo, com prevalências de 18,5% ao longo da vida, 7,6% no ano anterior e 5% no mês anterior à entrevista. Observaram também que, no mês anterior à entrevista, 34,4% da amostra procurou algum tipo de serviço de saúde, 31% procurou atendimento médico não psiquiátrico e 8,3% procurou algum tipo de atendimento de saúde mental. Eles constataram que a presença de transtornos psiquiátricos aumentava o uso de serviços de saúde e essa utilização havia sido maior nas pessoas que apresentavam algum transtorno mental no último ano, principalmente as pessoas com diagnóstico de transtornos depressivos ou ansiosos.

Vorcaro *et al.* (2001) realizaram um estudo de base populacional em uma cidade de 15.000 habitantes no interior de Minas Gerais, Bambuí, com o objetivo de determinar a prevalência de depressão nessa comunidade. Aplicaram o CIDI em uma amostra aleatória de 1041 sujeitos com mais de 18 anos. Encontraram prevalência de depressão no mês corrente de 8,2% (Intervalo de Confiança – IC 95% de 6,5 a 9,8), no último ano de 10% (IC 95% de 8,2 a 11,8) e ao longo da vida de 15,6% (IC 95% de 13,4 a 17,8). As prevalências encontradas foram mais altas do que as de estudos em cidades maiores.

Impacto Psicossocial da Depressão

Dados recentes da Organização Mundial de Saúde consideram o transtorno depressivo unipolar uma das doenças de maior impacto social, uma vez que está em primeiro lugar entre as doenças que mais causam incapacitação tanto nos Estados Unidos (WHO, 2001), como em todo o mundo, como se pode observar na Tabela 10.1 (WHO, 1990).

Tabela 10.1 – As 10 maiores causas de incapacitação no mundo em pessoas entre 15 e 44 anos (1990)

Tipo de doença	Custo (in DALYs)*
Depressão	42,972
Tuberculose/quadros respiratórios	19,673
Acidentes de trânsito	19,625
Uso de álcool	14,848
Auto-agressão	14,645
Transtorno bipolar	13,189
Guerra	13,134
Violência	12,955
Esquizofrenia	12,542
Anemia ferropriva	12,511

* DALYs = *Disability-Adjusted Life Years, in Global Burden of Disease*

85-7241-569-6

Weissman *et al.* (1996) realizaram um estudo multicêntrico e verificaram que a depressão é mais freqüente em mulheres, em todos os países onde é estudada, e que o primeiro episódio geralmente ocorre entre 25 a 35 anos de idade, com uma tendência ao longo do tempo de haver um aumento da incidência e um aparecimento mais precoce, ou seja, acometer indivíduos cada vez mais jovens. A cada ano aproximadamente duas vezes mais mulheres (12%) do que homens (7%) são afetados por um transtorno depressivo (Regier *et al.*, 1993).

A Organização Mundial de Saúde mede as doenças de maior impacto social por meio de uma estimativa de anos perdidos por incapacitação e, nos dados de 1999, o transtorno depressivo aparece em quinto lugar, como uma doença que está associada a poucas mortes, comparada com outras doenças, mas que parece estar associada a conseqüências não letais substancialmente negativas (Michaud *et al.*, 2001).

Socialmente, a depressão é devastadora, interferindo nas relações familiares e de amizade, e na capacidade de trabalhar ou freqüentar escola. Infelizmente muitas pessoas ainda acreditam que os sintomas emocionais causados pela depressão *não são reais* e que o próprio paciente pode se livrar do problema se *for forte o suficiente.* Por causa dessas falsas crenças, muitos indivíduos com depressão podem não reconhecer que possuem um problema que pode ser tratado ou podem ser desencorajados a iniciar ou se manter em tratamento por causa de vergonha e/ou preconceito. Muito freqüentemente, depressões tratadas de modo inadequado ou não tratadas podem estar associadas a suicídio (Conwell & Brent, 1995).

Impacto Profissional

A depressão resulta em grande prejuízo da vida profissional, como mostram dados de Minta *et al.* (1992), que em seu estudo verificaram que 44% dos pacientes com depressão têm sua capacidade de trabalho comprometida e 11% deles ficaram desempregados por sintomas atribuídos à depressão. Outro trabalho recente que avaliou os motivos que mais levam os trabalhadores à buscarem atendimento médico encontrou a depressão como a sexta principal queixa dessas pessoas, antecedida por cefaléia, dores nas costas, rinite alérgica, *diabetes mellitus* e dispepsia (Stewart *et al.*, 2003). Revendo esses dados, Stewart considerou que cefaléia e dores nas costas estavam associados a fatores depressivos e/ou ansiosos.

Um estudo multicêntrico envolvendo 14 países foi realizado para examinar o impacto da doença mental e da incapacitação funcional, e constatou-se que a depressão está associada à incapacitação de forma consistente: os pacientes deprimidos tinham uma média de 6,1 dias perdidos por incapacitação no mês anterior à entrevista, contra 1,7 dias dos trabalhadores saudáveis (Ormel *et al.*, 1994). Mais recentemente, Druss *et al.* (2001) realizaram um estudo de coorte com 6.239 empregados de corporações e examinaram a relação de sintomas depressivos, a satisfação com serviços de saúde e 2 anos de evolução. A análise de dados indicou que o número de trabalhadores que perderam dias de trabalho por doença (1 ou mais faltas por problema de saúde no último mês) foi significativamente maior nos indivíduos deprimidos, e a porcentagem de pacientes que relatavam diminuição de sua eficiência no trabalho também foi muito maior nos portadores de depressão.

Impacto em Patologias Médicas

Inúmeras doenças psiquiátricas e clínicas também estão associadas de forma negativa à depressão. O transtorno depressivo interfere no resultado do tratamento de outras patologias clínicas e essa associação agrava a doença de base e diminui a resposta ao tratamento clínico.

Há várias condições clínicas associadas à depressão, como se pode observar a seguir:

- Comorbidades psiquiátricas: transtornos de ansiedade (transtorno de ansiedade generalizada, pânico, transtorno obssessivo-compulsivo), alcoolismo, anorexia, demências, esquizofrenia.
- Medicamentos: reserpina, metildopa, corticóides, propanolol, anticonvulsivantes, hormônios.
- Cardiopulmonares: insuficiência cardíaca, enfisema.
- Colagenoses: lúpus, artrite reumatóide.
- Infecções: mononucleose, *influenza*, HIV (vírus da imunodeficiência humana).
- Metabólicas: *diabetes mellitus*, hipotireoidismo, anemia.
- Neoplasias: linfoma, câncer de pâncreas, do SNC (sistema nervoso central), mama.
- Neuropatias: AVC (acidente vascular cerebral), doença de Parkinson, epilepsia.
- Nutricionais: deficiência de vitamina B12, deficiência de tiamina.
- Outras: gravidez, senilidade, cirrose hepática, insuficiência renal, dor crônica.

Há estudos nos quais foram estimadas as prevalências de depressão em algumas patologias clínicas e os valores encontrados variam muito de acordo com as doenças, mas são bem mais altos do que na população geral. Alguns desses dados encontram-se no Quadro 10.1.

Quadro 10.1 – Prevalência de depressão em patologias clínicas

Doença de Cushing 66,6%	AVC 27%
Hipotireoidismo 31%	Câncer 20-38%
Doença de Parkinson 25-70%	AIDS 20-50%
Doença coronariana 18%	Artrite 16,8%
Esclerose múltipla 37%	Epilepsia 55,8%
Dor crônica 21-32%	*Diabetes mellitus* 11-24%

(Duailibi, 2003)

Custos Financeiros

Para dimensionar o impacto que a depressão maior tem na sociedade, na década de 90, Greenberg *et al.* (1993) realizaram um estudo para estimar os custos anuais da depressão e o número de pessoas afetadas a cada ano nos Estados Unidos. Chegaram aos valores de US$ 44 bilhões de gastos e quase 11 milhões de pessoas acometidas por ano. O objetivo ao chegar a esses valores era demonstrar como o transtorno depressivo é uma doença de grande importância, apesar de não ser considerada como tal tanto pelas políticas de saúde pública, como pela sociedade em geral. Atribuíram essas estimativas elevadas ao fato de ser uma doença que acomete pessoas relativamente jovens, à demora da percepção da doença, ao início tardio de tratamento e ao grande impacto que ela causa em trabalhadores, o que implica em elevados custos para as empresas, que ocorrem por diminuição de produção, faltas recorrentes e uso de serviços médicos. Do valor de US$44 bilhões estimados de custo, 55% (US$ 24 bilhões) são atribuídos à perda de produtividade, 19% aos custos de internações, 17% por causa dos suicídios, 6% dos custos de serviços ambulatoriais e 3% das medicações (Greeberg *et al.*, 1993).

Quando se observam esses dados, pode-se verificar que a dimensão dos custos da depressão vai além do uso de medicações e do maior uso de serviços de saúde que esses pacientes fazem, não só pelo transtorno depressivo em si, mas também pela comorbidade com outras doenças e ao pior prognóstico de ambas quando isso ocorre. Na verdade, o principal ônus acontece por causa da diminuição de produtividade e até da incapacitação ao trabalho de pessoas jovens, com idade para longo tempo de atividade profissional.

Os custos com cuidados de saúde, mais fáceis de mensurar, também não são baixos e chegam a ser quase o dobro nos pacientes deprimidos quando considerados os custos com uso de serviços de atenção primária, atendimentos especializados, internações, laboratórios e medicações (Simon *et al.*, 1995). Carta *et al.* (2003), em estudo de caso-controle recente, compararam um grupo de pacientes com depressão maior no último ano, com outros dois grupos pareados por idade e sexo – um com indivíduos saudáveis e outro com pacientes portadores de doenças somáticas crônicas. Confirmaram os achados que mostram que os pacientes deprimidos utilizam mais serviços de saúde e que o aumento dos gastos dos pacientes deprimidos que não tiveram tratamento adequado ocorre por causa de hospitalizações e uso de medicamentos.

Crown *et al.* (2002) estudaram o impacto da depressão resistente ao tratamento quanto à utilização de serviços de saúde e seus custos. Segundo os autores, cerca de 50% dos quadros depressivos evoluem cronicamente e, desses, cerca de 20% não respondem satisfatoriamente aos tratamentos antidepressivos convencionais. Por meio de uma análise retrospectiva e naturalística de 5 anos, avaliaram as características de utilização de serviços de pacientes com depressão resistente. Observaram que esses são no mínimo duas vezes mais hospitalizados, utilizam com 12% mais freqüência os serviços ambulatoriais e custam no mínimo 6 vezes mais do que os pacientes deprimidos que respondem ao tratamento quando comparados os custos de internações (US$ 42,344 X US$ 6,512), e 19 vezes mais se comparados os custos totais relacionados à depressão.

Considerações Finais

Percebe-se uma preocupação crescente da comunidade médica e científica com os quadros depressivos. Nos últimos anos houve um grande aumento de publicações especializadas sobre desenvolvimento de estudos de intervenções efetivas para os transtornos depressivos e trabalhos demonstrando o grande impacto psicossocial que a depressão gera.

Os trabalhos realizados sobre custos diretos e indiretos indicam que os pacientes deprimidos têm custos diretos e indiretos muito mais altos quando comparados a outros tipos de pacientes, e apontam para a necessidade de quadros depressivos serem considerados prioridades na atenção primária à saúde e receberem mais recursos para o tratamento adequado.

Quando esse tema é abordado, também parece consenso que o grande problema do transtorno depressivo ainda está na realização do diagnóstico, no início precoce de terapêutica adequada e na manutenção da mesma por período necessário. Apesar de já existirem critérios diagnósticos bem definidos e medicações efetivas, seguras e até acessíveis, observa-se pouca informação da população que ainda trata o tema com certo preconceito, falta de informação e educação continuada para os médicos generalistas que podem identificar e até tratar os quadros mais leves, uma vez que esses pacientes chegam primeiro a eles e, finalmente, recursos públicos e políticas de saúde mental adequadas que supram às necessidades da população. Além de tudo isso, vale lembrar também, que é uma doença que pode evoluir cronicamente, que 50 a 85% dos pacientes que apresentam um primeiro episódio apresentam ao menos mais um episódio ao longo da vida e, por isso, todas essas medidas visam principalmente minimizar esse impacto ao menor grau possível.

Referências Bibliográficas

1. ANDRADE, L. H. S. G.; LÓLIO, C. A.; GENTIL, V. et al. Epidemiologia dos transtornos mentais em uma área definida de captação da cidade de São Paulo, Brasil. *Rev Psiq Clin, 26:* 257-261, 1999.
2. BLAZER, D. G.; KESSLER, R. C.; MCGONAGLE, K. A. et al. The prevalence and distribution of major depression in a national community sample: The National Comorbidity Survey. *Am J Psychiatry, 151:* 979-986, 1994.
3. CARTA, M. G.; HARDOY, M. C.; KOVESS, V. et al. Could health care costs for depression be decreased if the disorder were correctly diagnosed and treated? *Social Psych Epidem, 38 (9):* 490-492, 2003.
4. CONWELL, Y.; BRENT, D. Suicide and aging I: patterns of psychiatric diagnosis. *Int Psychogeriatrics, 7 (2):* 149-164, 1995.
5. CROWN, W. H.; FINKELSTEIN, S.; BERNDT, E. R. et al. The impact of treatment resistant depression on health care utilization and costs. *J Clin Psychiatry, 63 (11):* 963-971, 2002.
6. DRUSS, B. G.; SCHSINGER, M.; ALLEN JR., H. M. Depressive symptoms, satisfaction with health care, and 2-year work outcomes in an employed population. *Am J Psychiatry, 158:* 731-738, 2001.
7. DUAILIBI, K. In: *Abordagem Psicossocial da Depressão*. São Paulo, LIBBS, 2003.

85-7241-569-6

8. GREENBERG, P. E.; STIGLIN, L. E.; FINKELSTEIN, S. N. et al. Depression: a neglected major illness. *J Clin Psychiatry, 54 (11):* 419-424, 1993.
9. GREENBERG, P. E.; STIGLIN, L. E.; FINKELSTEIN, S. N. et al. The economic burden of depression in 1990. *J Clin Psychiatry, 54 (11):* 405-418, 1993.
10. KESSLER, R. C.; MCGONAGLE, K. A.; ZHAO, S. et al. Lifetime and 12-month prevalence of DSM-III-R Psychiatric Disorders in United States: Results from the National Comorbidity Survey. *Arch Gen Psychiatry, 51:* 8-19, 1994.
11. MICHAUD, C. M.; MURRAY, C. J.; BLOOM, B. R. Burden of disease implications for future research. *JAMA, 285:* 535-539, 2001.
12. MINTA, J. et al. Treatment of depression and the capacity to work. *Arch Gen Psychiatry, 49:* 261-268, 1992.
13. NATIONAL INSTITUTE OF MENTAL HEALTH. The Impact of Mental Illness on Society. Fact Sheet, 2001.
14. ORMEL, J.; VONKORFF, M.; USTUN, T. B. et al. Common mental disorders and disability across cultures. Results from the WHO collaborative study on psychological problems in general health care, *JAMA, 272:* 1741-1748, 1994.
15. REGIER, D. A.; NARROW, D. A.; ERA, D. S. et al. The de facto mental and addictive disorders service system. Epidemiologic catchment area prospective 1-year prevalence rates of disorders and services. *Arch Gen Psychiatry, 50 (2):* 85-94, 1993.
16. SIMON, G. E.; VONKORFF, M.; BARLOW, W. Health care costs of primary care patients with recognized depression. *Arch Gen Psychiatry, 52 (10):* 850-856, 1995.
17. STEWART, W. F.; RICCI, J. A.; CHEE, E. et al. Cost of lost productive work time among US workers with depression. *JAMA, 289 (23):* 3135-3144, 2003.
18. VORCARO, C. M. R.; LIMA-COSTA, M. F. F.; BARRETO, S. M. et al. Unexpected high prevalence of 1-month depression in a small Brazilian community: the Bambuí study. *Acta Psych Scand, 104:* 257-263, 2001.
19. WEISSMAN, M. M.; BLAND, R. C.; CANINO, G. J. et al. Cross-national epidemiology of major depression and bipolar disorder. *JAMA, 276 (4):* 293-299, 1996.
20. WORLD HEALTH ORGANIZATION. *The World Health Report 2001 – Mental Health: New Understanding, New Hope.* Geneva World Health Organization, 2001.
21. WORLD HEALTH ORGANIZATION. Global Burden of Disease. Geneva World Health Organization, 1990.

85-7241-569-6

CAPÍTULO 11

Depressão em Médicos

Alexandrina Maria Augusto da Silva Meleiro

Introdução

A crença de que o médico não adoece é universal. Existe uma grande resistência por parte da população em aceitar que o médico possa adoecer, principalmente ter uma doença mental. Talvez o que mais estigmatize na doença mental é sua capacidade de prejudicar, em alguns momentos, a crítica do indivíduo. Os próprios médicos relutam muito em procurar ajuda psiquiátrica temendo serem estigmatizados. Geralmente tentam primeiro se automedicar ou fazer uma consulta informal com um colega no corredor ou por telefone. Só vão procurar uma ajuda profissional adequada quando a situação torna-se insustentável.

A distinção entre uma emoção normal de tristeza, que é universalmente vivenciada em algum momento da vida, e uma depressão que demanda tratamento médico muitas vezes é problemática, por causa da desinformação e dos preconceitos. Ela geralmente é considerada uma fraqueza de caráter que pode ser superada por esforço ou pela vontade de ajudar-se ou de melhorar (Sthal, 1998; Miles, 1998).

Infelizmente esses estigmas e desinformações atingem também a própria classe médica que, por sua vez, semelhante à população geral, pode apresentar quadro depressivo e não receber o tratamento adequado, evoluindo para a somatização e/ou cronicidade, abuso de substâncias e o suicídio. Isso é confirmado pelo trabalho de Ogle (1886) que, há mais de um século, mostrou que os médicos tinham maior risco de terem cirrose e sofrerem acidentes e envenenamento. Muitos anos depois, encontramos dados na literatura evidenciando que isso, infelizmente, ainda é verdadeiro (Murray, 1978; Allibone *et al.*, 1981; Hughes *et al.*, 1992; Sivertz, 1998).

85-7241-569-6

Prevalência

A prevalência dos transtornos de humor, ao longo da vida, na população geral é de 15%, entretanto há um aumento dessa freqüência em médicos, tornando a prevalência notavelmente alta (Sivertz, 1998). Apesar disso, nem todos os episódios da doença geram uma grande incapacitação, permitindo que muitos médicos continuem suas rotinas diárias, acarretando um maior atraso na busca por tratamento.

Embora todas as doenças psiquiátricas possam ocorrer em médicos, os transtornos de humor estão muito representados nessa população (Hunter *et al.*,1968). Múltiplos fatores são mencionados para explicar esse fenômeno, incluindo a vocação entre profissionais de ajuda (que pode ser mais freqüente entre aqueles com experiência pessoal de doenças em sua família) e os múltiplos estressores inerentes ao exercício profissional, que podem exacerbar uma predisposição.

No campo dos transtornos mentais em médicos, a população de estudantes de Medicina tem sido uma das mais estudadas. Em 1966, Ironide considerou que 13% dos estudantes de medicina do 5° ano, da Nova Zelândia precisavam de cuidados psiquiátricos, enquanto Hunter *et al.* (1968) relataram que 18% dos alunos de Medicina procuravam ajuda nos serviços de psiquiatria durante o curso básico.

O estudo de Davis *et al.* (1968), realizado em sete faculdades de Medicina, na Austrália concluiu que 11% dos homens e 24% das mulheres no 1º ano apresentavam sintomas neuróticos significativos e que houve um aumento estável no neuroticismo em ambos grupos (masculino e feminino) no decorrer desse curso.

A maioria dos estudos, especialmente sobre depressão em médicos, refere-se ao primeiro ano de formado como um momento crítico, que coincide com o período de pico dessa enfermidade. Valko & Clayton (1975), descobriram que, de 53 médicos entrevistados no primeiro ano de formados, 30% deles tinham depressão clínica definida pelo RDC (*Research Diagnostic Criteria*). Posteriormente, Reubem (1985) confirmou esse valor com 29% no primeiro, 22% no segundo e 10% no terceiro ano de formado.

Uma revisão realizada por Rucinski & Cyulska (1985) apontou que entre os diagnósticos psiquiátricos mais freqüentes em médicos estão: dependência de substâncias, com 51 a 57% das admissões em hospitais psiquiátricos, e transtornos de humor, com 21 a 64%, dependendo do estudo.

Segundo a revisão da literatura realizada por Waring (1974), sobre doenças psiquiátricas em médicos, os fatores etiológicos mais importantes foram o histórico psiquiátrico da família, as experiências de perdas na vida e certos traços de personalidade, quando comparados aos *danos ocupacionais dos médicos*. Os efeitos desses últimos são vivenciados indiretamente na perda de rodas sociais de apoio (Butterfield, 1988) ou na precipitação de um *complexo de sintomas depressivos* em indivíduos vulneráveis (Valko & Clayton, 1975).

Fatores que Contribuem para a Depressão no Médico

A Morte na Formação Médica

O desejo universal de imortalidade nos faz idealizar um ser onipotente capaz de retardar, deter ou mesmo anular a ameaça de morte. Simon (1971) chamou

85-7241-569-6

este ser idealizado de *tanatolítico* e ao conjunto de ações mágicas que lhe são atribuídas, de *complexo tanatolítico*. Entre as motivações para a escolha da profissão da carreira médica, segundo ele, o *complexo tanatolítico* influi muito. O perigo a que se expõe o estudante de Medicina e, principalmente, o médico no exercício profissional é o de fazer uma identificação total entre seu eu e o *ser tanatolítico*, assumindo compromissos onipotentes.

O médico, por ser, na maioria das vezes, ativo, ambicioso, competitivo, obsessivo, entusiasta e individualista, é facilmente frustrado em suas necessidades de realização e reconhecimento (Ford, 1983). A frustração pode ser suficiente para produzir ansiedade, depressão e necessidade de cuidados psiquiátricos. Mas, por causa de dificuldades do médico em lidar com seu próprio mundo emocional, ela poderá se apresentar por meio da somatização, do abuso de álcool e drogas, da depressão e do suicídio (Lyman, 1961).

Chiattone (1994) relatou que, nas aulas ministradas aos acadêmicos de Medicina da Faculdade de Ciências Médicas da Santa Casa de São Paulo sobre diversos temas, as discussões convergiam para a angústia da morte de pacientes, para a dificuldade dos profissionais de saúde no enfrentamento da morte, da perda de seus pacientes e para a ansiedade diante da transmissão da notícia de óbito à família.

Para essa autora, o hospital é a instituição marcada pela luta constante entre a vida e a morte. Nele estão as esperanças de melhora, de cura, de minimização ou supressão do sofrimento, mas também está a marca da morte, sempre alerta e presente, numa batalha constante diante das condutas terapêuticas. O profissional de saúde está preparado para a cura, mas freqüentemente angustiado pela morte.

A fronteira entre a vida e a morte muitas vezes beira o transcendental e nem sempre pode ser balizada pelos parâmetros da ética médica. No mundo moderno, o direito de viver e o de morrer quase sempre afligem a classe médica na sua prática cotidiana, com situações-limite, como a questão do controle da natalidade e do aborto. Assuntos extremamente polêmicos, como são também os suicídios e, por que não falar, a eutanásia e o cuidado aos pacientes terminais, com o avanço da tecnologia têm tornado as atividades dos médicos mais angustiantes (Sanvito, 1994).

Os sentimentos de culpa por fracasso e de onipotência diante dos limites da realidade favorecem o surgimento de quadros depressivos e suicídios, os quais são evidenciados por dados epidemiológicos da literatura, de incidência nesse grupo profissional, como mais elevados que na população geral, destacados por Simon & Lumry (1968) e Ross (1973), entre outros autores.

Para Wekstein (1979), os elevados índices de suicídio encontrados entre estudantes de Medicina e médicos estão relacionados à perda da onipotência, onisciência e virilidade idealizada por muitos aspirantes à carreira médica durante o curso e a vida profissional e com a crescente ansiedade causada pelo temor em falhar.

Feifel *et al.* (1967) estudaram 81 médicos e concluíram que o medo da morte era um importante fator psicológico na escolha da carreira médica. Geralmente, porque muitos médicos percebem a morte principalmente pela visão materialista, como o fim do processo de vida, e porque eles têm menos orientação religiosa que seus pacientes. Entretanto, para Simon & Lumry (1968), esses aspectos não justificariam que médicos utilizassem suas profissões para segurança pessoal, sobretudo para doenças e seus próprios controles sobre a morte.

85-7241-569-6

Estresse Médico e Suas Repercussões

Os níveis de perturbações emocionais em médicos jovens parecem estar aumentando e, ainda assim, são raras as publicações de relatórios de implementação de medidas preventivas ou programas de intervenção durante o treinamento e prática médica (Smith *et al.*, 1967). É fundamental o preparo do estudante de Medicina diante das reais condições de seu futuro trabalho. Não se deve estimulá-lo a utilizar idealizações onipotentes para enfrentar situações de difícil controle durante sua vida profissional.

Diversos programas de residência não fazem previsão de repor o treinamento para residentes que ficam doentes e necessitam afastar-se por licença médica. Muitos médicos residentes, em comunicações pessoais, sentiam que desapontariam alguém se adoecessem e mencionaram relatos de colegas que não procuravam ajuda médica por causa da necessidade de parecerem profissionais eficientes e capazes de lidar com os estresses da vida e da carreira médica.

Redução nas horas de trabalho e alterações dos padrões de trabalho foram propostas pelo *British Medical Journal* (1991), mas os efeitos dessas mudanças nos níveis de distúrbios emocionais necessitam de mais estudos, pois nenhuma relação direta foi encontrada entre o número de horas trabalhadas na semana e os níveis de depressão (Firth-Cozens, 1987).

Laënnec, o inventor do estetoscópio, entendia que seus sintomas de asma brônquica e de gota eram psicossomáticos (Grimberg, 1995). Para ele, estar ou não doente era uma alternativa regida por sua apreciação, consciente ou não, da atmosfera do momento, enfatizando o estresse do trabalho:

> *"... quando estou com minha arma sobre os ombros pouco sofro de hipocondria, gota ou asma. Consigo subir montanhas com qualquer clima como qualquer outro... estou bem quando tenho na mão uma pá ou um cinzel, mas o trabalho no consultório perturba meus nervos..." (Keers, 1981).*

No Brasil, Martins (1991 e 1994) destaca alguns fatores estressantes associados ao exercício profissional: sobrecarga horária, privação de sono, comportamento idealizado, contato intenso e freqüente com a dor e o sofrimento, lidar com a intimidade corporal e emocional, contato com a morte e com o morrer, lidar com pacientes difíceis, incertezas e limitações do conhecimento médico, isto é, o medo do erro médico. Segundo Arruda (1990), os médicos enfrentam, atualmente, duas crises: a de identidade e a de ideologia. Ambas favorecem comportamentos depreciativos ao próprio médico.

Ritual de Transição do Adoecer no Médico

O início súbito de uma doença gera sentimentos de insegurança e ansiedade. Os rituais proporcionam uma forma padronizada de explicar e controlar o desconhecido e ajudam a minimizar as sensações de perda, além de proporcionar um meio de expressar e aliviar emoções desagradáveis, isto é, os rituais têm um efeito catártico (Hoirisch, 1976).

85-7241-569-6

O ritual de transição social do adoecer, de modo simples, pode assim ser observado: o *status* social inicial da pessoa sadia é perdido no momento que ela assume ou lhe atribuem o papel de doente (Helman, 1994). Para o médico, nesse momento, é perdido também o papel da pessoa que cura, passando a ter de entrar em contato com sua *ferida*. Segundo o Mito de Esculápio, este aprendeu com Chiron a conhecer os poderes medicinais das ervas existentes no vale em que moravam. O detalhe trágico é que Chiron tinha uma *ferida*, provocada por uma flecha envenenada, que era *incurável*. Evidencia-se, assim, o paradoxo do *mistério da cura*: aquele que está sempre curando permanece eternamente doente ou ferido (Groesbeck, 1983).

Freqüentemente, os médicos são mestres em negar doenças neles mesmos e ignorar os avisos que dão aos seus próprios pacientes sobre sinais e sintomas. Com isso, vão procurar tratamento mais tardiamente que a população não médica (Tahka, 1988).

Segundo Helman (1994), o processo de autodefinição como doente é baseado nas percepções de cada um, nas percepções dos outros ou em ambas. A maior parte das pessoas pode experimentar um ou mais sintomas anômalos em algum momento de sua vida diária, geralmente de forma branda, sendo que menos de 20% dessas procuram consulta médica. Outras podem considerar alguém doente por meio de observações como *"Você está pálido hoje"* ou *"Você está estranho ultimamente"*. Isso pode ocorrer na ausência ou não de experiências subjetivas anormais. Portanto as pessoas são definidas como doentes se houver concordância entre suas próprias percepções de mal-estar e as percepções das pessoas ao seu redor (Helman, 1994).

Assim Arruda (1990) descreve:

> *"Somente após lidar com os mecanismos de racionalização e de negação é que o indivíduo adoecido se transforma em paciente..."*.

Diante da real percepção do *adoecer*, uma seqüência de indagações surge para a maioria das pessoas (incluindo os médicos). Elas vão elaborar as respostas de acordo com a história de sua doença, além de sua experiência de vida e de seus próprios referenciais (mundo interno). É fundamental nesse momento a postura terapêutica do profissional, pois as respostas a essas indagações irão favorecer ou não a adesão ao tratamento, minimizar o sofrimento da pessoa e ajudá-la a elaborar os significados pessoal e social da experiência da doença (Meleiro, 1996).

O médico, com um referencial diferente da maioria das pessoas, isto é, por ter (ou pensar ter) conhecimentos sobre fisiologia, patologia, etiologia, terapêutica e prognóstico enfrenta o processo do adoecer em si mesmo com características diversas em relação à população geral, sendo assim um paciente *especial*.

Segundo Martins (1994), o médico pode apresentar, como deformidade da formação médica, a tendência de autodiagnosticar-se e automedicar-se. A busca de um profissional, na condição de paciente, representa um caminho muito difícil, que o médico reluta em percorrer.

Assim, a automedicação é uma opção fácil, mas pode resultar em tratamento inadequado e em doença iatrogênica, isto é, *auto-iatrogênica*. A condição de paciente especial age em detrimento dele próprio (Meleiro, 1998).

85-7241-569-6

É comum o médico, diante de alguns sintomas, fazer interconsultas com amigos especialistas, pessoalmente ou por telefone, muitas vezes sem mencionar que o paciente dos sintomas descritos é ele mesmo. Assim, medica-se por orientações ou sugestões de colegas que desconhecem estar diante do próprio paciente.

Segundo comunicação verbal de Cláudio Novaes Soares, médico psiquiatra responsável pelo Disque-Psiquiatria do Instituto de Psiquiatria –HC-FMUSP, em 1997, um número razoável, cerca de 20%, das ligações para informações sobre determinadas doenças psiquiátricas, na verdade, era de autoconsultas. A pessoa (médico) ligava, começava o discurso na terceira pessoa, e gradativamente passava a utilizar a primeira pessoa. A conduta do Disque-Psiquiatria é a de orientar esses colegas para que procurem ajuda psiquiátrica, havendo alguns que se sentem ofendidos com essa recomendação.

Segundo Meleiro (1995[b]), quando o médico fica doente, adia sua visita ao colega, hesita mais que a maioria das pessoas em buscar auxílio adequado. Dois motivos básicos merecem destaque:

1. *O saber* das implicações assustadoras e fatídicas de seus sintomas (uso errôneo do seu próprio conhecimento) leva a negar sua significação ou a depreciá-los o maior tempo possível.
2. *O orgulho profissional* faz com que o médico julgue que deveria estar apto a diagnosticar sua própria enfermidade e dela tratar: imagens irreais e idealizadas do supermédico onipotente, que não dependerá de ninguém para auxiliá-lo.

Quando finalmente procura um colega, o paciente-médico deprecia os seus sintomas: menciona-os de passagem, nos corredores, por telefone ou desculpando-se por estar incomodando.

Embora se faça de forte e dê a impressão de que é uma consulta superficial, não se oferecendo explicitamente como paciente, ele está tão preocupado, como qualquer outro paciente, sobre sua condição, precisando de cuidados e de assistência médica adequados (Meleiro, 1995 [b]).

O paciente-médico oferece um diagnóstico para facilitar o colega ou para mostrar que, apesar de ser ou não da especialidade, sabe fazer seu próprio diagnóstico. A questão dos honorários (o médico não precisa pagar) e do orgulho profissional podem impedi-lo de solicitar instruções mais específicas e uma atenção continuada durante o curso da doença.

O médico doente pode ter uma atitude crítica quanto à consulta, ao exame físico realizado (ou não), ao tratamento proposto e discordar da prescrição do colega, desmerecendo-a.

Quando internado, pode comportar-se como paciente *VIP*, apelando para escalões mais altos do quadro médico e exigindo tratamento especial, favorecendo uma reação de evitação por parte de toda a equipe (médicos, enfermagem, etc.). Assim, ele sentirá que foi abandonado. Ninguém assumirá a responsabilidade de tratá-lo como paciente.

85-7241-569-6

A Depressão não Identificada e Suas Conseqüências

A depressão, dentro do que atualmente chamamos de transtornos do humor, tem um *continuum*, desde as variações normais do humor até quadros de depressão grave com ideação suicida e/ou sintomas psicóticos. O leitor pode reportar-se ao capítulo da classificação de depressões para melhor entendimento.

Os sintomas da depressão podem resultar em interferência no funcionamento interpessoal, social e profissional, prejudicando-os. É difícil estimar as conseqüências no trabalho dos médicos deprimidos sobre seus pacientes.

Em 1972, quando um médico esquizofrênico matou três crianças em um hospital de *Blackpool*, foi levado ao conhecimento público o dano potencial que a doença mental no médico pode ocasionar (Murray, 1978). O mesmo raciocínio o leitor deve ter ao supor que um piloto de avião pode estar deprimido e colocar em risco a vida dos usuários da aeronave. Quero salientar que *não se deve punir* o profissional deprimido, mas sim de que se deve reconhecer a depressão nas pessoas com quem trabalhamos ou em nós mesmos, para que o próprio médico e seus pacientes não sofram os efeitos deletérios do transtorno. Detectar as mudanças de comportamento como a falta em um plantão de um colega que nunca se ausentou de suas responsabilidades, diminuir ritmo de atendimento, dificuldades de decisão, entre outras mudanças que podem ocorrer na depressão, devem ser comunicadas ao próprio colega e/ou familiares ou amigos do mesmo. É freqüente a notificação de um enfermeiro ou outro paramédico quando seu desempenho está comprometido; o mesmo não ocorre quando se trata de um médico. O *pacto de silêncio* ou a *cumplicidade* não é favorável ao colega doente ou a seus pacientes. Ele irá se beneficiar com uma palavra de ajuda ou de alerta de que não está bem, e mostrar-se disponível para receber a indicação de um profissional médico que possa tratá-lo, diminuindo o estigma da doença mental ou emocional.

Sabemos que no curso da depressão não identificada ou não tratada/mal tratada o prognóstico é pior. Pode ocorrer *recaída* (a depressão retorna em até dois meses após a recuperação), *recorrência* (a depressão retorna após dois meses da recuperação), ou *cronicidade* (persistência do quadro, recuperação parcial ou tornar-se recorrente). O consenso atual enfatiza o tratamento da depressão não apenas no episódio agudo, mas também para prevenir futuros episódios da doença (Fig. 11.1).

Fases do Tratamento

A depressão pode ter efeito neuropatológico de longa duração ou ser até mesmo irreversível sobre o cérebro. Isso pode tornar o tratamento menos efetivo quando se permite a progressão da doença, se compararmos com as situações em que os sintomas são removidos por tratamento adequado nas fases iniciais.

É freqüente os próprios pacientes médicos desejarem alta precipitadamente ou interromperem o tratamento e retornarem ao trabalho sem autorização de seu médico. A preocupação e a dificuldade em encontrar um substituto para o

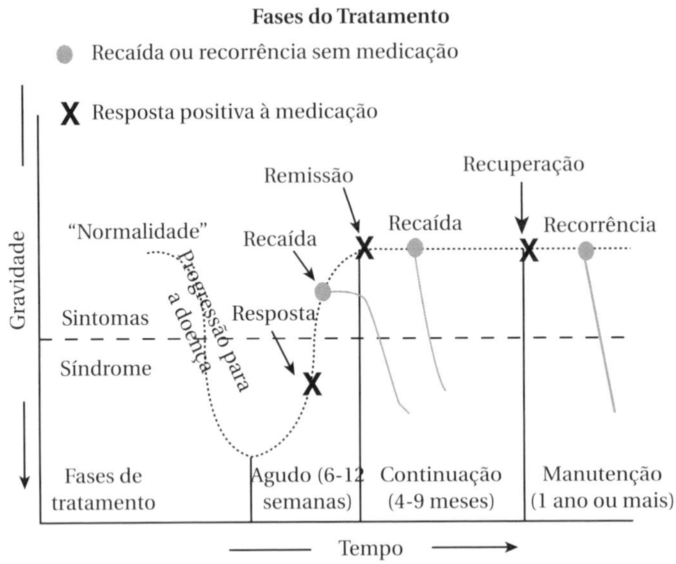

Figura 11.1 – Fases do tratamento da depressão (Kupfer DJ, 1991).

plantão ou ambulatório são fatores determinantes para a recusa do afastamento ou licença médica, além da falta de recursos financeiros para cobrir o período de afastamento para os médicos autônomos. Muitas vezes o quadro clínico não permite um rápido retorno às atividades laborativas. Small *et al.* (1997) constataram que, de 40 médicos deprimidos internados, somente 23 deles voltaram à ativa e que 5 cometeram suicídio. Uma vez solicitada ajuda, o paciente-médico deve ser atendido o quanto antes. É importante discutir com ele todas as questões relacionadas à estigmatização da doença mental, ansiedade e perda do controle (Sivertz, 1998).

Quando existe a indicação de internação, essa não deve ser adiada por pedido do paciente-médico, uma vez que tal atitude pode resultar em suicídio. Deve-se evitar internar o paciente no mesmo hospital em que trabalha e o tratamento não deve ser diferenciado pelo fato de ele ser médico. Lupin (1997), enfatiza a importância de o médico responsável pelo caso manter-se sempre disponível a conversar e orientar, não só o paciente, mas também à família, aos colegas e ao restante da equipe. A demanda pelo retorno breve suscita perguntas relativas à capacidade de julgamento do médico e sua capacidade de suportar o estresse. O ideal é que a transição ao trabalho seja feita de forma gradativa.

Remick (1988) relatou que teve a oportunidade de tratar de mais de 250 colegas. Baseado em sua experiência clínica com médicos com transtornos de humor, ele revela que não há especificidade no tratamento para médicos. Como muitos outros profissionais, os médicos têm dificuldades em aceitar o papel de paciente e, como outros indivíduos com traços obsessivos, eles têm muita ansiedade e medo da perda de controle e da vulnerabilidade associada à doença. Como todos aqueles com doença mental, muitos médicos têm um grande estigma e preconceito em relação ao paciente psiquiátrico. É fundamental o médico vencer esses sentimentos, para poder beneficiar-se do tratamento e favorecer o prognóstico.

Alguns pontos fundamentais para termos um melhor prognóstico na evolução da depressão são:

- Reconhecimento dos sintomas depressivos.
- Diagnóstico diferencial ou de comorbidades, principalmente dependência de álcool e/ou outras substâncias.
- Instituição do tratamento adequado: orientação, abordagem psicoterapêutica e/ou psicofarmacológica, orientação aos familiares (mesmo sendo médicos).
- Internação em hospital psiquiátrico se houver risco de suicídio.
- Afastamento das atividades profissionais no período mais agudo.
- Reavaliação dos pacientes médicos refratários ao tratamento ou dos não-responsivos.
- Retorno planejado às atividades profissionais.

Em maio de 1999, no Congresso Americano de Psiquiatria, realizado em Washington, Myers & Dickstein (1999) organizaram um curso (*Treating Medical Students and Physicians*), com os seguintes objetivos:

- Diagnósticos e tratamentos mais comuns de doenças psiquiátricas em estudantes e médicos.
- Identificar a dinâmica de transferência e contratransferência.
- Reconhecimento e tratamento dos transtornos de eixo II do DSM-IV.
- Compreensão da relação de confidencialidade e da necessidade de um programa diretor, incluindo licença médica.
- Conhecimento de fatores culturais que impedem o tratamento em estudantes e médicos. Nesse curso ficou registrado que *a crescente necessidade de maiores cuidados com população médica é universal.*

Como Tratar de Médicos

O médico, quando enfermo, necessita de amparo; a demonstração arrogante de conhecimentos técnicos e científicos por parte do colega consultante amplia a aflição e a ansiedade no paciente-médico, geradas pela impotência diante da doença. Observem o relato de uma médica internada no Instituto Central do Hospital das Clínicas, em 1996:

> *"... sabe o que mais me cansa nessa história? É ter que fazer o papel de médico e paciente ao mesmo tempo; desde que eu adoeci não pude dizer: "Assistente me abraça! Eu estou com medo!"... Eu converso com o Assistente como se estivesse falando da senhora do leito 9, e não de mim, da minha própria doença, da minha própria morte".*

O médico é e deve ser um educador. A educação é fundamental para o êxito do tratamento de inúmeras doenças. Todo paciente e *também o colega enfermo* tem

85-7241-569-6

direito a receber *educação informativa adaptada a sua capacidade e à circunstância em que se encontra.* O médico, individualmente, e/ou sua equipe devem implementar um programa contínuo de ensinamento-aprendizagem para que esteja atualizado em cada consulta, dando prioridade a certos objetivos.

Reiterando as palavras de Hoirisch (1976):

> *"É extremamente árdua a tarefa de investigar o comportamento de um médico enfermo, bem como o do médico que o atende...".*

Os colegas que tratam de pacientes-médicos tendem a acreditar que esses sabem, de forma excepcional, como lidar com a doença em si mesmos, com a medicação e com a própria evolução da doença (Quadro 11.1).

A falsa idéia de que o médico pode lidar melhor com a própria doença, pode levar o colega consultante a ter vários comportamentos:

- Fazer uma *discussão intelectual* da doença, como se os sintomas não fossem da pessoa que está a sua frente.
- Fazer comentários sobre outros pacientes com o colega enfermo, solicitando opinião, tirando dúvidas sobre a especialidade do médico enfermo.
- Não *assessorar a família*, por achar que o próprio colega sabe fazê-lo.

Deve-se tratar o paciente-médico como uma pessoa que está tentando lidar com o fato de estar doente, procurando melhorar seu moral e sua auto-estima, deixando-o extravasar seus sentimentos. Cuidar de um médico apresenta muitos desafios e o maior deles parece ser tratá-lo *como paciente*, apesar de seu conhecimento científico (Quadro 11.2).

Alguns médicos do trabalho de grandes empresas providenciam cuidados médicos apropriados para gerenciamento de pressões em executivos e gerentes. Acredito que procedimentos similares, no intuito de tornar os cuidados acessíveis para a classe médica, deveriam ser tomados pelas nossas autoridades de Saúde, a fim de evitar as dificuldades, já conhecidas, que o paciente-médico enfrenta. Não é prática usual os médicos terem acesso a serviços ocupacionais de saúde antes de retornarem ao tra-

Quadro 11.1 – Como tratar o paciente-médico

1. Realizar a anamnese do paciente-médico, incluindo detalhes até sobre automedicação;
2. Anotar, à parte, o diagnóstico oferecido por ele;
3. Examiná-lo em ótimas circunstâncias;
4. Falar com familiares para acrescentar detalhes à história e reforçar as explicações sobre a conduta a ser seguida;
5. Verificar se ele comparece às consultas clínicas de retorno ou às possíveis indicações cirúrgicas;
6. Estar presente se for necessária uma segunda opinião ou escrever uma longa e clara carta ao colega;
7. Desencorajar quaisquer desvios de procedimentos estabelecidos para protegê-lo.

Meleiro, 1998

85-7241-569-6

QUADRO 11.2 – Quanto ao atendimento do paciente-médico
1. Informar ao colega sobre as características, possibilidades terapêuticas e conseqüências da sua doença, se não tratada ou se mal tratada; 2. Perceber e mitigar suas inquietações, esclarecendo as dúvidas e as interpretações distorcidas; 3. Ressaltar os benefícios da adesão ao tratamento e de um acompanhamento; 4. Esclarecer os tópicos que orientem o paciente e sua família sobre como prever, detectar e tratar as emergências, até receber o atendimento de um colega; 5. Orientá-lo para que evite autodiagnóstico e automedicação, enfatizando que deve sempre consultar um profissional.

Meleiro, 1998

balho, após terem tido séria doença física ou mental. Alguns médicos sofrem pressão para voltar a assumir seus compromissos de trabalho ou eles mesmos se obrigam a voltar pela possibilidade de seu afastamento afetar seus rendimentos ou os da empresa, principalmente na área das especialidades de alta tecnologia.

Acredito que a responsabilidade da saúde do médico encontra-se também em seu próprio departamento. Os membros desse departamento podem contribuir, conseguindo substituições, providenciando segurança financeira e redução da ansiedade da profissão, além de tratamentos adequados.

Em 1985, foi fundado o *National Counseling and Welfare Service for Sick Doctors* (Aconselhamento Nacional e de Bem-Estar para o Médico Doente), reconhecendo a necessidade de proporcionar maior ajuda à própria classe médica, visando estabelecer medidas para diminuir sua morbidade e mortalidade. Há necessidade de um serviço de saúde personalizado para médicos, com facilidade para que possa chegar com qualquer tipo de problema ligado à saúde (ou doença) para aconselhamento com relação ao estilo de vida, padrão de trabalho e a problemas financeiros.

É mais indicado que o profissional que irá cuidar do médico doente não seja de seu departamento ou hospital. Todas as facetas da personalidade, alterações e condutas que envolvem comportamento devem ser investigadas no médico em sofrimento e deve-se conscientizá-lo de que ele é realmente o paciente.

É fundamental a ampliação do atendimento profissional a médicos-enfermos por pessoas preparadas e em locais de fácil acesso, principalmente àqueles que pela própria enfermidade não dispõem de recursos financeiros. Conjuntamente, deve-se promover o desenvolvimento de programas como:

- De orientação para familiares de pacientes-médicos, enfatizando que eles necessitam de cuidados.
- De treinamento para o médico que irá tratar de colegas adoentados, para lidar com as situações derivadas do processo de contratransferência (espelho).

Nossa classe deve tornar-se mais sensível às dificuldades existentes em tratar de um médico enfermo e mais apta a reconhecer *o pedido de ajuda* de um colega e o próprio, sem deixar de zelar pelos interesses do público, pois a morte precoce de um médico é, também, um desperdício de recurso humano.

85-7241-569-6

Referências Bibliográficas

1. ALLIBONE, A.; OAKES, D. J.; SHANNON, H. S. The health and health care of doctors. *J Royal Col Gen Pract, 31:* 728-734, 1981.
2. ARRUDA, P. V. Conceito de medicina psicossomática. In: LAUDANA, A. A. (ed.). *Gastroenterologia Clínica*. São Paulo (Santos), 1990, p. 11-38.
3. BRITISH MEDICAL JOURNAL. Ministerial Group Reports On Juniors' Hours. [Editorials]. *Brit Med J, 302:* 8-9, 1991.
4. BUTTERFIELD, P. S. The stress of residency: a review of the literature. *Arch Int Med, 148:* 1428-1435, 1988.
5. CHIATTONE, H. B. C. Os limites da vida. In: SIMPÓSIO OS LIMITES DA VIDA, 1993. São Paulo. *Anais do Simpósio Os Limites da Vida*, 1993, p. 1-2.
6. DAVIS, M. S. Attitudinal and behavioral aspects of the doctor-patient relationship as expressed and exhibited by medical students and their mentors. *J Med Educ, 43:* 337, 1968.
7. FEIFEL, H.; HANSON, S.; JONES, R.; EDWARDS, L. Physicians consider death. In: PROCEEDINGS OF THE LIIV ANNUAL CONVENTION, 1967. Washington. *Proceedings of the 75th Annual Convention*, 1967.
8. FIRTH-COZENS, J. Emotional distress in junior house officers. *Brit Med J, 295:* 533-536, 1987.
9. FORD, C. V. Emotional distress in internship and residency: a questionnaire study. *Psychiat Med, 1:* 143-150, 1983.
10. GRIMBERG, M. Laënnec e o estetoscópio: símbolos da clínica moderna. *Arq Bras Cardiol, 65 (1):* 65-72, 1995.
11. GROESBECK, C. J. A imagem arquetípica do médico. *Junguiana – Rev Soc Bras Psicologia Analítica, 1:* 72-96, 1983.
12. HELMAN, C. G. *Cultura, Saúde e Doença*. 2. ed. Porto Alegre: Artes Médicas, 1994.
13. HOIRISCH, A. *O Problema da Identidade Médica.* Rio de Janeiro, 1976. Tese (Doutorado) – Faculdade de Medicina da Universidade Federal do Rio de Janeiro.
14. HUGHES, P. H.; BRANDENBURG, N.; BALDDWIN, D. W. C. et al. Prevalence of drugs among physicians in the United States. *JAMA, 10:* 350-360, 1992.
15. HUNTER, R. C. A.; LOHRENZ, J. G.; SCWARTZMAN, A. E. J. Nervous and mental diseases, 1968. p. 139-147 *apud* MURRAY, R. M. The health of doctors: a review. *J Royal Coll Physicians, 12 (5):* 403-415, 1968.
16. KEERS, R. Y. Laënnec: his medical history. *Thorax, 36:* 91-94, 1981.
17. LUPIN, M. Physician suicide – where the system fails. *BCMJ, 39:* 126-129, 1997.
18. LYMAN, J. Student suicide at Oxford University. *Student Medicine, 10:* 218-234, 1961.
19. MARTINS, L. A. N. Atividade médica: fatores de risco para a saúde mental do médico. *Rev Bras Clin Terap, 20 (9):* 355-364, 1991.
20. MARTINS, L. A. N. *Residência Médica: um estudo prospectivo sobre dificuldades na tarefa assistencial e fontes de estresse*. São Paulo, 1994. Tese (Doutorado) –Universidade Federal de São Paulo.
21. MELEIRO, A. M. A. S. Abordagem dinâmica da depressão no hospital geral. In: Simpósio Depressão no Ciclo da Vida, 1996. São Paulo. *Anais do Simpósio Depressão no Ciclo da Vida*, 1996.
22. MELEIRO, A. M A. S. *O Médico enquanto Paciente: estudo comparativo com pacientes cardíacos de nível universitário internados no Instituto do Coração.* São Paulo, 1988. Tese (Doutorado) – Faculdade de Medicina da Universidade de São Paulo.
23. MELEIRO, A. M. A. S. O Médico internado no hospital geral. In: IV Encontro Brasileiro de Interconsulta Psiquiátrica e Psiquiatria de Hospital Geral, 1995[b]. Belo Horizonte. *Anais do IV Encontro Brasileiro de Interconsulta Psiquiátrica e Psiquiatria de Hospital Geral*, 1995.

24. MILES, S. H. A challenge to licensing boards: the stigma of mental illness – a piece of my mind. *JAMA, 280 (10):* 865, 1998.
25. MURRAY, R. M. The health of doctors: a review. *J Royal Coll Physicians, 12 (5):* 403-415, 1978.
26. MYERS, M. F.; DICKSTEIN, L. J. Treating medical students and physicians. CLII ANNUAL MEETING OF THE AMERICAN PSYCHIATRY ASSOCIATION, 1999. Washington. *Proceedings of the American Psychiatry Association – 152nd Annual Meeting*, 1999.
27. OGLE, W. Statistics of mortality in the medical profession. *Medico-cirurgical Transactions, 69:* 218-237, 1886.
28. REMICK, R. A. Refractory depressive illness in physicians. *Br Clin Med J, 40 (4):* 153-155, 1988.
29. REUBEN, D. B. Depressive symptoms in medical house officers: Effects of level of training and work rotation. *Arch Int Med, 145:* 286-288, 1985.
30. ROSS, M. Suicide among physicians: a psychological study. *Dis Nerv System, 34 (3):* 145-150, 1973.
31. RUCINSKI, J.; CYBULSKA, E. Mentally ill doctors. *Br J Hosp Med, 33:* 90-94, 1985.
32. SANVITO, W. L. Eutanásia: os limites da assistência. In: CHIATTONE, H. B. C.; ANDREIS, M. (eds.). SIMPÓSIO OS LIMITES DA VIDA, 1993. São Paulo. *Anais do Simpósio Os Limites da Vida*, 1993, p. 61-67.
33. SIMON, R. O "complexo tanatolítico" justificando medidas de psicologia preventiva para estudantes de medicina. *Bol Psiquiat, 4 (4):* 113-115, 1971.
34. SIMON, W.; LUMRY, G. K. Suicide among physician-patient. *J Nerv Ment Dis, 147 (2):* 105-112, 1968.
35. SIVERTZ, K. S. When physicians need admission to a psychiatric unit. *Br Clin Med J, 40 (4):* 156-158, 1998.
36. SMITH, J. W.; DENNY, W. F.; WITZKE, D. G. Emotional Impairment in Internal Medicine House Staff. *J Am Med Assoc, 255:* 1155-1158, 1986.
37. STHAL, S. M. *Psicofarmacologia: bases neurocientíficas e aplicação clínica*. Rio de Janeiro: Medsi, 1998.
38. TÄHKÄ, V. *O Relacionamento Médico-Paciente*. Porto Alegre: Artes Médicas, 1988.
39. VALKO, R. J.; CLAYTON, P. J. Depression in the Internship. *Dis Nerv System, 36 (1):* 26-29, 1975.
40. WARING, E. Psychiatric illness in physicians: a review. *Compreh Psychiat, 15.* 515-530, 1974
41. WEKSTEIN, L. *Handbook of Suicidology*. New York: Brunnel/Magel, 1979.

CAPÍTULO 12

Depressão e Suicídio

Teng Chei-Tung
Yuan-Pang Wang
Alexandrina Maria Augusto da Silva Meleiro
Carolina de Mello Santos

Mitos e Fatos sobre Suicídio

O comportamento suicida compreende uma série de cognições e comportamentos disfuncionais, cujo desfecho pode ser o óbito do indivíduo. São atos autodestrutivos iniciados deliberadamente, cuja vítima é o próprio agente que deflagrou o ato. Historicamente, o comportamento suicida já foi exaltado ou rigidamente reprimido nas diversas civilizações (Minois, 1999); mitos e invenções se criaram a respeito desse comportamento, às custas de sanções político-religiosas e valores culturais. Os estigmas sociais e preconceitos culturais em torno do tema suicídio são numerosos, sendo alguns verdadeiros e outros, especulativos (Tabela 12.1).

Aproximadamente um milhão e meio de pessoas no mundo cometem suicídio a cada ano e não menos que dez a vinte vezes mais de pessoas tentam cometê-lo (Bertolote & Fleishmann, 2002). No Brasil, ocorreram cerca de quatro casos de óbitos por suicídio para cada 100.000 habitantes no ano de 2000 (Ministério da Saúde, 2004). Estudos epidemiológicos têm apontado os custos financeiros e perdas socioeconômicas decorrentes do suicídio enquanto indicador de saúde populacional. Atualmente, o suicídio é considerado um problema de saúde pública em muitos países, levando a Organização Mundial de Saúde (OMS) a liderar uma campanha global para promover a redução nas taxas de tentativas e de suicídio e deter o seu avanço (WHO, 1992; OMS, 2000).

Frente a esse sério problema de saúde pública, como avaliar de modo adequado o potencial suicida? Como reconhecer

85-7241-569-6

Tabela 12.1 – Ficção e fato em relação ao suicídio

Ficção	Fato
1. Pessoas que falam em suicídio não o cometem.	1. A maioria das pessoas que se mataram avisou de sua intenção.
2. Suicidas têm intenção absoluta de morrer.	2. A maioria é ambivalente.
3. Suicídios ocorrem sem aviso.	3. Suicidas freqüentemente dão ampla indicação de sua intenção.
4. Melhora após a crise significa que o risco acabou.	4. Muitos suicídios ocorrem em um período de melhora, quando a pessoa tem energia e a vontade de transformar pensamentos desesperados em ação autodestrutiva.
5. Nem todos os suicídios podem ser prevenidos.	5. Verdade, mas pode-se prevenir a maioria.
6. Uma vez suicida, sempre suicida.	6. Pensamentos suicidas podem retornar, mas eles não são permanentes. Em algumas pessoas eles podem nunca mais retornar

Fonte: OMS, 2000

os indivíduos suscetíveis antecipadamente? Quando liberar o paciente após uma tentativa frustrada de auto-eliminação? Infelizmente não há testes preditivos ou critérios clínicos que prevêem quem irá ou não cometer suicídio. Este capítulo pretende auxiliar o profissional de saúde, atuante em centros de atenção primária, na identificação e avaliação de pacientes com ideação suicida associada à depressão maior, bem como a sua adequada orientação e encaminhamento ao tratamento.

Conceitos e Definições

A conceituação de suicídio é extremamente controversa pois, muitas vezes, a intenção de se matar jamais será revelada até que a morte ocorra (Leenaars *et al.*, 1997). Na sua obra clássica, *O Suicídio*, de 1827, Émile Durkheim definiu-o como "*todo caso de morte que resulta direta ou indiretamente de um ato positivo ou negativo realizado pela própria vítima, a qual sabia dever ele produzir este resultado. A tentativa é o ato, assim definido que falha em levar à morte*". Levando-se em conta que o ato foi iniciado pela vítima e que a levou a óbito, toda pessoa que decide pôr fim à sua própria vida tem, necessariamente, uma representação antecipada da própria morte.

Embora a noção da intencionalidade de se matar, a perda da vontade de viver e a motivação para estar morto sejam pertencentes à conceituação do suicídio, muitas vezes, essas não são sequer investigadas pelos profissionais de saúde. As vítimas de óbito por causas externas, ou não naturais, são fracamente imputadas como morte acidental e não intencional. Um exemplo ilustrativo dessa crítica é o das mortes violentas resultantes de colisão automobilística. Estima-se que cerca de 25% dos acidentes automobilísticos apresentam alguma intenção suicida, são os chamados *autocídios*. Nesses casos, a intenção suicida é confundida com o acidente, freqüentemente associado ao uso de etílicos e drogas ilícitas. (Gazal-Carvalho *et al.*, 2002).

Estritamente falando, os termos *suicídio* ou *tentativa de suicídio* devem ser utilizados sempre que for possível assumir uma intenção de morrer no autor da lesão. Isso nem sempre é possível, então outros conceitos como *parassuicídio*, *autolesão deliberada* e *pseudossuicídio* foram criados para diferenciá-los (Leenaars *et al.*, 1997). Por questão de consistência, mantemos neste capítulo a noção geral de comportamento suicida: a expressão *suicídio completo* denomina casos que resultaram em morte do paciente; as expressões *cometer suicídio* e *tentar suicídio* serão adotadas, para designar casos em que o autor da autolesão apresenta intenção clara ou duvidosa de morte.

Psicopatologia do Comportamento Suicida

O comportamento suicida inclui uma série de condições similares, cuja psicopatologia pode atingir graus crescentes de intensidade e gravidade. As idéias suicidas constituem o grau inicial, são pensamentos esparsos que invadem a mente do indivíduo, podendo tornar-se cada vez mais freqüentes, atingindo proporções incontroláveis e incessantes. Essas idéias podem ser combatidas pela própria pessoa, que as reconhece como absurdas e intrusivas. O desejo de estar morto acompanha as idéias suicidas, contudo, sem pô-lo em planejamento ou ação. Quando acompanhado do sentimento de desesperança e a falta de perspectiva de futuro, o desejo de suicídio é reforçado como a solução ou o fim de algo insolúvel. Na intenção de suicídio, a ameaça de pôr fim à vida é claramente expressa, embora ainda não se realize nenhuma ação concreta. Em geral, antecede o plano suicida, mas pode ocorrer concomitantemente. Decidido a pôr fim à própria vida, o paciente se vê inundado pela ideação autodestrutiva, passa a elaborar um plano de suicídio, abrindo espaço para o desejo de morrer. A sua própria morte é tramada e preparada nos detalhes como o método, o local e o horário, às vezes, deixando um bilhete de despedida contendo mensagem de adeus. Providências finais completam a sua decisão de morrer.

As tentativas de suicídio constituem atos auto-agressivos não-fatais. Não há necessariamente uma intenção de morrer, mas vários motivos impulsionam o paciente ao ato, como desejo de vingar-se de alguém, provocar culpa nos outros, chamar atenção dos familiares etc. Os atos impulsivos são atos auto-agressivos, sem planejamento suicida e são deflagrados usualmente após algum evento negativo. Em geral, os métodos utilizados são repetitivos e estereotipados, como por exemplo, a ingestão de medicamentos ou jogar-se na frente de outros. São relativamente comuns na epilepsia, nos deficientes mentais e nas personalidades *borderlines*, por causa da baixa tolerância à frustração. Na tentativa de suicídio, bem como no ato impulsivo, a ameaça à vida apresenta graus variáveis, incluindo desde os gestos ou simulações, em que não há o desejo consciente de morrer, até as tentativas propriamente ditas. Essas últimas são sérias e graves, mas a intervenção de terceiros impede a sua concretização. No suicídio, o desfecho é a morte.

85-7241-569-6

O êxito letal com freqüência resulta de um planejamento cuidadoso e com métodos altamente letais (Meleiro e Wang, 1995).

A maioria dos indivíduos suicidas comunica os seus pensamentos e intenções suicidas por meio de mensagens verbais e não-verbais (bilhetes, gestos, comportamentos), nas quais aparecem temas como sentimento de culpa, desvalia, ruína moral e desesperança (Tabela 12.2). Algumas circunstâncias denunciam a intenção suicida: comunicação prévia de que o indivíduo vai se matar, mensagem ou carta de adeus, providência finais antes do ato (por exemplo, conta bancária e testamento), devolução de objetos pessoais etc. Em geral, os suicidas exibem três características psicopatológicas comuns (OMS, 2000):

- *Ambivalência:* sentimentos confusos de cometer suicídio intercalam desejo de viver e de morrer, os quais batalham como um duelo torturante nos indivíduos com intenção suicida. A urgência de sair da dor de viver e desejo de sobreviver atormenta repetitivamente a sua mente. Muitos deles não aspiravam realmente morrer, apenas queriam sair do sentimento de estar infelizes com a vida. Receber oportunamente um apoio emocional reforça o desejo de viver, diminuindo a intenção de suicídio.
- *Impulsividade:* enquanto um ato impulsivo, o impulso suicida é transitório e geralmente dura entre poucos minutos e horas. Usualmente, pode ser desencadeado por eventos psicossociais negativos como: morte de ente querido, rejeição, recriminação, fracasso, falência, etc. A intervenção adequada do profissional de saúde pode ajudar a superar o impulso suicida.
- *Rigidez:* quando uma pessoa decide terminar com a sua vida, os seus pensamentos, sentimentos e ações se apresentam bastante restritivos, ou seja, pensa constantemente sobre o suicídio e é incapaz de enxergar outras soluções para o seu problema. Todo o comportamento se apresenta inflexível e rígido quanto a sua decisão.

Depressão e Suicídio

O comportamento suicida, por si só, não é classificável como um transtorno mental propriamente dito, entretanto, a *sua associação consistente* à presença de transtornos mentais favorece a visão de que esses comportamentos representam a conseqüência desfavorável de alguns quadros clínicos (Henriksson *et al.*, 1993;

Tabela 12.2 – Sentimentos e pensamentos da pessoa com ideação suicida

Sentimentos	Pensamentos
Tristeza, depressão	"Eu preferia estar morto"
Desamparo	"Eu não agüento mais"
Solidão	"Eu não posso fazer nada"
Desesperança	"Eu sou um perdedor e um peso para os outros"
Autodesvalorização	"Os outros vão ser mais felizes sem mim"

Fonte: OMS, 2000

85-7241-569-6

Harris & Barraclough, 1997). Cerca de 90 a 98% das pessoas que cometeram suicídio apresentavam um ou mais diagnósticos psiquiátricos na ocasião em que faleceram (Bertolote & Fleischmann, 2002).

Os transtornos do humor, em especial os estados depressivos, representam o transtorno psiquiátrico de maior interesse para a suicidologia (Henriksson *et al.*, 1993; Harris & Barraclough, 1997). O risco médio de suicídio nos pacientes com diagnóstico de transtorno depressivo maior e distimia é de, respectivamente, 20 e 12 vezes maior que o esperado na população geral (Harris & Barraclough, 1997). Na revisão feita por Bertolote & Fleishmann (2002), o diagnóstico de transtorno do humor pode ser feito entre 20,8 a 35,8% dos suicídios fatais.

O risco de suicídio varia entre os diferentes subtipos de depressão. Segundo Lester (1993), o risco de suicídio ao longo da vida entre pacientes com transtorno afetivo unipolar é de 15% e com a forma bipolar chega a 20%. A maioria dos pacientes bipolares que comete suicídio está, na época da morte, em fase depressiva ou mista. Durante a fase de mania, é relativamente rara a ocorrência de suicídio (Simpson & Jamison, 1999).

Entre os pacientes deprimidos, a literatura indica que entre 10 a 19% deles cometerão suicídio durante a sua evolução ao longo da vida (Henriksson *et al.*, 1993; Harris & Barraclough, 1997; Blair-West *et al.*, 1997; Wulsin *et al.*, 1999). Esse risco suicida parece estar relacionado com a apresentação depressiva do quadro. Na forma melancólica, tal risco ocorre em aproximadamente metade desses (Rihmer at al, 1990; Buchholtz-Hansen *et al.*, 1993). Num importante estudo norte-americano, o *National Comorbidity Survey* (NCS), Kessler *et al.* (1994) relataram que a prevalência de suicídio durante a vida de um indivíduo com depressão foi de 8 a 12% para homens e de 20 a 26% para mulheres. Entretanto, esse risco pode aumentar mais ainda nos deprimidos sem tratamento, comórbidos com outros transtornos psiquiátricos e acompanhados de eventos psicossociais negativos (Henriksson *et al.*, 1993; Weissman, 2001).

O papel dos transtornos de humor no risco de suicídio durante a vida depende da presença de outros comportamentos e sintomas psiquiátricos. Entre aqueles que morreram por suicídio, é comum a presença de ataques de pânico, ansiedade grave, diminuição da concentração, insônia, abuso de álcool, perda de prazer (anedonia) ou interesse nas atividades. A desesperança foi o sintoma mais consistentemente associado ao risco de suicídio em pacientes com transtornos de humor (Brown *et al.*, 2000). A comorbidade, entre os pacientes com transtorno afetivo que cometem suicídio, tem sido alta para dependência de álcool e/ou outras substâncias, além de transtorno de ansiedade (ataques de pânico), doenças físicas e transtorno de personalidade (Harris & Barraclough, 1997).

Em relação à faixa etária, os deprimidos jovens costumam cometer suicídio no início do curso da doença, cujo risco persiste ao longo da vida (Bostwick & Pankratz, 2000; Osby *et al.*, 2001). Esse risco aumenta à medida que o quadro clínico agrava, requerendo mais tratamentos ou internação hospitalar (Angst *et al.*, 2002). Muitos idosos que se suicidaram sofriam de depressão maior, dependendo da faixa etária essa taxa variou de 44 a 83% (Henriksson *et al.*, 1993). A maioria dos idosos, porém, faleceu durante o primeiro episódio depressivo maior, de intensidade leve a moderada, sem a complicação de problemas de uso comórbido de substâncias nem problemas caracterológicos.

85-7241-569-6

Nos países desenvolvidos, a média das pessoas que apresentam quadro depressivo e que foram diagnosticadas e tratadas corretamente é de cerca de 50% (Suominen *et al.*, 1998; Spijker *et al.*, 2001). Muitos desses pacientes fizeram contatos com o seu médico em algum período anterior ao ato suicida (Barraclough *et al.*, 1974), sendo que a maioria (45 a 75%) procurou um serviço de atenção primária antes de cometer suicídio, enquanto os outros 20 a 33% consultaram um serviço especializado em saúde mental (Luoma *et al.*, 2002). A observações clínicas desses estudos implicam recomendar esforços educativos direcionados aos médicos clínicos, principalmente aqueles profissionais atuantes nos serviços de emergência e de saúde primária.

Deixamos de discutir as diversas facetas do diagnóstico de depressão, já tratadas em capítulos anteriores, para prosseguirmos com a avaliação e abordagem clínica do risco de suicídio nesse grupo de pacientes.

Abordando o Paciente Suicida

Durante a consulta com clínico geral, muitas vezes, o paciente com comportamento suicida não consegue expressar claramente o seu problema: seja pela falta de privacidade e tempo, seja pela sua relutância de relatar a ideação suicida. A oportunidade de revelar a intenção suicida ocorre, muitas vezes, num serviço de emergência médica, após uma tentativa frustrada de auto-eliminação. O grande paradoxo de abordar esses pacientes é que os médicos clínicos estão acostumados a diagnosticar e tratar de doenças, inclusive depressão, entretanto, a maioria dos pacientes os procura porque deseja resolver um problema de saúde ou viver, mas não morrer.

Favorecer um ambiente tranqüilo, não opressor e com privacidade é o primeiro passo para realizar uma boa entrevista psiquiátrica. Os suicidas usualmente necessitam de mais tempo para completar a avaliação. As informações podem, muitas vezes, serem fornecidas de modo espontâneo pelo paciente, portanto, saber escutá-lo efetivamente com empatia é fundamental para superar a barreira inicial de desconfiança.

A melhor forma de saber se um indivíduo deprimido está com pensamento suicida é perguntando para ele. O examinador deve abordá-lo com perguntas abertas e sem julgamento. Inquéritos como: "*Você está pensando em se matar, não é?*", certamente terão pouca chance de revelar os pensamentos suicidas num paciente de risco. O tópico sobre morte pode ser abordado perguntando ao paciente sobre os sentimentos de desesperança, desespero, tais como: "*Quando você está deprimido, sente que não há mais esperança ou nunca mais vai melhorar?*" Outras perguntas que auxiliam adentrar gradualmente ao tema podem ser: "*Você se sente triste com o que lhe aconteceu?*", "*Você acha que ninguém se preocupa com você?*" (OMS, 2000). Outras sugestões se encontram no Quadro 12.1.

Essas perguntas, feitas no momento correto, oferecem à pessoa o sentimento de estar sendo compreendida; ela passa a se mostrar aliviada e confortada ao falar sobre as suas angústias, mesmo que sejam ideação de morte e sentimentos negativos de solidão e desamparo. Estrategicamente, devemos permitir que o paciente relate livremente as suas dificuldades e problemas. Quando o examinador sentir

Quadro 12.1 – Perguntas direcionadas à pessoa com comportamento suicida

Perguntando sobre a presença da ideação suicida

1. Tem obtido prazer nas coisas que tem realizado?
2. Sente-se útil na vida que está levando?
3. Sente que a vida perdeu o sentido?
4. Tem esperança de que as coisas vão melhorar?
5. Pensou que seria melhor morrer?
6. Tem pensamentos de pôr fim à própria vida?
7. São idéias passageiras ou persistentes?
8. Pensou em como se mataria?
9. Já tentou ou chegou a fazer algum preparativo?
10. Tem conseguido resistir a esses pensamentos?
11. É capaz de se proteger e retornar para a próxima consulta?
12. Tem esperança de ser ajudado?

Avaliar se a pessoa apresenta um plano definido para cometer suicídio

- Você fez algum plano para acabar com a sua vida?
- Você tem uma idéia de como vai fazê-lo?

Investigar se a pessoa possui os meios (método) para suicídio

- Você tem pílulas, arma, inseticida ou outros meios?
- Os meios são facilmente disponíveis para você?

Descobrir se a pessoa fixou alguma data para cometer suicídio

- Você decidiu quando planeja acabar com a sua vida?
- Quando você está planejando fazê-lo?

Fonte: OMS, 2000

que um clima de confiança se instalou, é hora de questionar mais diretamente sobre a presença de pensamento e intenção de morrer. Aqueles pacientes que apresentam ideação suicida ativa ou pensamento passivo de suicídio, de que *a vida não vale mais a pena*, devem receber uma avaliaçao detalhada do risco de suicídio. Enquanto muitos pacientes recém-recuperados de uma tentativa são receptivos às abordagens sobre o comportamento suicida e ofertas de ajuda, outros demonstram hostilidade, negativismo e raiva de ter sobrevivido, o que dificulta a aliança terapêutica com esses (Forster & Bilsker, 2002; Hackett & Stern,1986).

A dificuldade de perguntar sobre a ideação suicida do seu paciente decorre do desconforto do próprio médico sobre o tema ou do seu medo de ofender o paciente. Outros sentimentos se traduzem, por vezes, na ansiedade por um erro de conduta ou na expectativa de uma conseqüência catastrófica. Também é comum a equipe reagir com sentimentos de raiva, impotência, ansiedade, ausência de empatia e desesperança por eles (McElroy & Sheppard, 1999; Holdsworth *et al.*, 2001). Os casos que apresentam múltiplas tentativas repetidas são relatados como os mais *frustrantes, nos quais não compensa investir*, pois *não conseguem se curar jamais* (McElroy & Sheppard, 1999). Recomenda-se, pois, que o profissional que assistiu um paciente suicida compartilhe o atendimento do caso com os colegas, amigos, supervisores e o seu terapeuta, a fim de evitar que os seus sentimentos negativos interfiram no tratamento do paciente (Gabbard, 1994).

85-7241-569-6

Algumas características dos serviços de emergência são vistas como prejudiciais para o atendimento adequado desses casos. Motivada pelo excesso de demanda e pressões do serviço, muitas vezes a equipe de saúde acredita que *a auto-agressão é um ato voluntário*, portanto é *evitável*. Uma vez que a causa desse comportamento seria de origem psicológica, a ajuda deveria ser buscada fora do pronto-socorro (Holdsworth, 2001). A pressão para liberar os pacientes e a falta de informações posteriores sobre o seu seguimento também foram apontados como prejudiciais para a equipe que os atendeu (McElroy & Sheppard, 1999).

Após o exame clínico usual, os recursos do paciente e os eventos precipitantes devem ser investigados. Avalia-se a capacidade de elaboração, a capacidade de resolução de problemas, recursos materiais (moradia e alimentação), suporte familiar (família próxima ou confiável), social, profissional e de instituições (Crawford, 2001). Além disso, deve-se levantar todas as circunstâncias e motivações que deflagraram a auto-agressão. É freqüente a presença de vários fatores estressantes, ou então, muitos desses pacientes já viveram num contexto repleto de problemas psicossociais crônicos. Estima-se que os conflitos interpessoais, como brigas, desentendimentos e separações, possam precipitar em torno de 50% das tentativas (Pallis *et al.*, 1984). Outros fatores estressantes capazes de desencadear novas auto-agressões são: problemas policiais ou pendência judicial, perda de ente querido, luto, doença física crônica, desemprego, eventos de vida adversos na presença de depressão (Issacson & Rich, 2001; Pallis *et al.*, 1984). Deve-se determinar se o fator estressante é reflexo de uma situação de insatisfação transitória ou crônica e indissolúvel (McElroy & Sheppard,1999).

Avaliação do Risco do Paciente Suicida

Os fatores de risco favorecem a identificação de pacientes suicidas, determinando o período crítico na sua evolução, bem como a intervenção médica mais apropriada a ser instituída. Quanto mais fatores de risco um indivíduo carrega, maior será a sua chance de cometer suicídio. Entretanto, muitos indivíduos podem ter um ou mais fatores de risco e não apresentarem intenção suicida, provavelmente contrabalançada por fatores de proteção. Estudando os fatores de risco envolvidos no suicídio, Moscicki (1997) concluiu que a combinação de potentes fatores de risco distais com eventos estressores proximais facilita as condições necessárias e suficientes que deflagram o suicídio em indivíduos vulneráveis. Tais fatores devem ser pesquisados na entrevista e ajudam a estimar os riscos de o paciente cometer suicídio num futuro próximo (Quadro 12.2).

O impacto de alguns fatores de risco pode ser reduzido por meio de intervenções, como o tratamento adequado e eficaz para o transtorno depressivo. Outros fatores de risco podem não ser mudados, como uma tentativa de suicídio prévia, mas podem alertar durante períodos de recorrência de um transtorno mental, de abuso de substâncias psicoativas ou após um evento estressante (Forster & Wu, 2002). Por exemplo, observou-se um excesso de mortalidade por suicídio e causas naturais entre os indivíduos com história prévia de tentativa de suicídio (Östama & Lönnqvist, 2001). Fatores que indicam alto risco de suicídio em pacientes com

85-7241-569-6

Quadro 12.2 – Fatores de alto risco de suicídio

1. Tentativa anterior de suicídio, com intenção de morrer
2. Ansiedade, depressão, alcoolismo, quadro psicótico e estado de exaustão
3. Tentativa premeditada e ativamente preparada
4. Disponibilidade dos meios para o suicídio (métodos violentos e letais)
5. Preocupação com o efeito do suicídio sobre os membros da família
6. Ideação suicida verbalizada
7. Preparação de um testamento ou cenas de despedida
8. Crise vital próxima, como luto, cirurgia iminente ou dissolução de um relacionamento amoroso
9. História familiar de suicídio
10. Mudanças de condições de saúde ou estado físico
11. Início ou cessação de medicação psicotrópica
12. Intoxicação por álcool ou droga
13. Melhora súbita do humor depressivo
14. Sentimento de desesperança
15. Precaução para evitar intervenção, como isolamento ou minimização do risco de descoberta
16. Nenhuma ação para pedir socorro após o evento
17. Pessoa com remorso por sobreviver à tentativa

Fonte: Meleiro e Wang, 1995

tentativa frustrada foram: mudanças freqüentes do local de residência, instabilidade ocupacional, desemprego ou inatividade econômica e isolamento social (Elliot *et al.*, 1996; Pallis *et al.*, 1984; Crawford, 2001; Osváth *et al.*, 2003). A história prévia de tentativa de suicídio é considerada um forte preditor de suicídio posterior, numa proporção quase 40 vezes maior em comparação com a população geral (Harris & Barraclough, 1997).

Considera-se grave o ato que necessitou de uma hospitalização ou de suporte clínico-cirúrgico para evitar seqüelas. Estima-se que 10% das tentativas precisaram de hospitalização (Elliot *et al.*, 1996; Pallis *et al.*, 1997). A gravidade da tentativa é um fator de risco para repetição (Elliot *et al.*, 1996). Entretanto, a avaliação da gravidade da lesão deve ser cuidadosa, pois uma lesão pouco grave pode simplesmente traduzir o desconhecimento da letalidade do método utilizado pelo paciente com intenção suicida real. Nesses casos, negligenciar a intenção pode subestimar o risco futuro (Holdsworth *et al.*, 2001).

A intoxicação por álcool é um potente fator precipitante do comportamento suicida; no momento da morte, tem sido identificada em aproximadamente 50% dos suicidas em diversos países, inclusive no Brasil (Gazal-Carvalho *et al.*, 2002). A maioria dos etilistas que cometeram suicídio também sofria de depressão, o que aumenta o risco (Barraclough *et al.*, 1974; Merril *et al.*, 1992; Robins *et al.*, 1995).

Doença física crônica é um risco comum entre os suicidas (Whitlock, 1986), tendo sido encontrada em até metade da amostra de suicídio completo de Dorpat & Ripley (1960). Trinta e dois por cento dos suicidas receberam cuidados médicos seis meses antes da morte, e 70% das vítimas apresentavam doenças crônicas em atividade na ocasião da morte, tendo sido influenciadas pela doença ou pelas conseqüências dessa, como ruptura de relacionamento, perda do emprego, etc.

85-7241-569-6

Os pacientes internados em hospital geral têm um risco entre três a cinco vezes maior quando comparado com a população geral (Meleiro, 1997). Há uma relação bem estabelecida entre taxa de suicídio, idade (avançada) e doenças físicas. Doenças orgânicas incapacitantes, perda da mobilidade, dor crônica intratável, lesões desfigurantes (como queimaduras e neoplasias) e síndrome cerebral orgânica, particularmente o *delirium*, correlacionam-se a uma maior taxa de suicídio (Meleiro, 1993). Geralmente, esses pacientes exibem disforia persistente, sentimento de inutilidade, desesperança, perda da auto-estima e desejo de morrer. Também apresentam exacerbação dos sintomas somáticos, incapacidade funcional e hospitalizações prolongadas. Freqüentemente, mostram-se menos motivados em relação aos cuidados da sua doença clínica, os quais, somados à má adesão ao tratamento, causam a piora do prognóstico.

Condutas Diante de Um Paciente Suicida

Vários trabalhos tentaram traçar um protocolo de conduta para a abordagem de pacientes com ideação suicida, mas nenhum ainda foi eleito como ideal. De forma geral, quando se identifica um paciente que apresenta risco iminente de suicídio, deve-se garantir imediatamente:

- Uma boa avaliação do estado mental, principalmente, do juízo crítico do paciente diante da própria situação.
- A avaliação da condição clínica geral.
- A segurança do mesmo, em local e circunstância adequadas.
- O estabelecimento de um suporte social adequado que inclui acesso fácil à enfermagem, serviço social, familiares e/ou amigos. (OMS, 2000; *Practice guideline for the assessment and treatment of patients with suicidal behaviors*, 2003).

A OMS (2002) recomenda, de forma clara, alguns passos da avaliação do paciente suicida, levando-se em consideração a gravidade dos sintomas e sugerindo um plano de ação (Tabela 12.3).

A estimativa criteriosa do risco de suicídio do paciente é um importante fator para a escolha do tipo de tratamento e dos cuidados a ser tomados em seguida. A hospitalização é indicada de acordo com o grau de risco potencial de suicídio, principalmente se o paciente não colabora, apresenta um transtorno mental grave que prejudica a sua crítica mediante à situação e não possui uma rede de suporte familiar. Algumas vezes, uma hospitalização precipitada pode ser prejudicial ao paciente frente a uma avaliação errônea do risco de suicídio. Interrupção das atividades profissionais ou acadêmicas, prejuízo financeiro, estresse psicossocial e estigma social subseqüente são malefícios evitáveis de uma internação. As repercussões posteriores podem ser desastrosas, exacerbando ainda mais esse risco após a alta hospitalar.

Outro aspecto importante para definir a conduta adequada é a capacidade de assegurar um auto-cuidado, de entender as diferentes modalidades de tratamento

85-7241-569-6

Tabela 12.3 – Passos na prevenção do suicídio

Risco de suicídio	Sintoma	Avaliação	Plano de ação
0	Nenhum	—	—
1	Com problemas emocionais	Perguntar sobre pensamentos suicidas	Escuta empática
2	Idéias vagas de morte	Perguntar sobre pensamentos suicidas	Escuta empática
3	Ideação suicida vaga	Avaliar a intencionalidade (plano e método)	Explorar as possibilidades Identificar apoio
4	Idéias suicidas **SEM** transtornos psiquiátricos	Avaliar a intencionalidade (plano e método)	Explorar as possibilidades Identificar apoio
5	Idéias suicidas **E** transtornos psiquiátricos **OU** fatores estressores graves	Avaliar a intencionalidade (plano e método) Estabelecer um contrato	Encaminhar para psiquiatra
6	Idéias suicidas **E** transtornos psiquiátricos **OU** fatores estressores graves **OU** agitação **E** tentativas prévias	Ficar com o paciente, para prevenir o acesso aos meios letais	Hospitalização

Fonte: OMS, 2000

e de procurar ajuda perante uma situação de crise. Por exemplo: procurar apoio em familiares e amigos, contatar um médico de confiança, buscar um serviço de emergência, etc. Conseqüentemente, a escolha do tipo específico de tratamento que será estabelecido para cada paciente não depende somente da estimativa do risco de suicídio, mas também da conjunção de vários elementos, principalmente se a família está ou não envolvida nas decisões do tratamento.

Após a escolha do ambiente terapêutico (hospital, ambulatório, domicílio), deve-se introduzir o tratamento somático e o encaminhamento para psicoterapia. Sempre que possível, os familiares e o paciente devem ser exaustivamente orientados e esclarecidos quanto à proposta terapêutica. Recentemente, algumas de diretrizes de encaminhamento dos pacientes suicidas (Quadro 12.3) foram formuladas por um comitê de especialistas de comportamentos suicidas, os quais levaram em consideração fatores de risco, condições sócio-familiares, história pessoal, entre outros, para indicar a terapêutica aplicável frente à condição clínica do paciente suicida (*Practice guideline for the assessment and treatment of patients with suicidal behaviors*, 2003).

A internação hospitalar, por si só, não é um tratamento, é somente um local onde se estabelece uma relação terapêutica para facilitar uma melhor observação do paciente suicida. Durante a hospitalização, o paciente deve receber atendimentos constantes que facilitarão o estabelecimento do tratamento adequado, assegurando-lhe a vida e proporcionando sua melhora. O objetivo da internação é impedir o ato impulsivo do suicídio e iniciar rapidamente um tratamento adequado. Não há evidências empíricas de que a hospitalização reduza a incidência de suicídio a longo prazo, mas sugere-se estabelecer um acompanhamento

85-7241-569-6

Quadro 12.3 – Diretrizes gerais para indicar o tratamento em pacientes com risco de suicídio ou comportamento suicida

Indicação geral de hospitalização depois de uma tentativa de suicídio ou tentativa frustrada

- Paciente psicótico
- Tentativa violenta, quase letal ou premeditada.
- Precauções foram feitas para dificultar o resgate ou o descobrimento
- Persistência do plano ou clara presença de intenção
- Paciente com remorso de estar vivo ou sem remorso de ter tentado suicídio
- Paciente do sexo masculino, com mais 45 anos, doença psiquiátrica de início recente e pensamentos suicidas
- Paciente com limitação do convívio familiar, suporte social precário, incluindo perda da condição socioeconômica
- Comportamento impulsivo persistente, agitação grave, pouca crítica ou recusa evidente de ajuda
- Paciente com mudança do estado mental devido a alteração metabólica, tóxica, infecciosa ou outra etiologia que necessita a pesquisa da causa clínica.

  Na presença de ideação suicida com
- Plano específico de alta letalidade
- Alta intencionalidade suicida

Indicação de hospitalização, às vezes necessária, depois de uma tentativa de suicídio ou tentativa frustrada, exceto as circunstâncias acima indicadas

Na presença de ideação suicida

- Quadro psicótico
- Transtorno psiquiátrico maior
- Tentativas anteriores de suicídio, particularmente com sérias repercussões clínicas.
- Problemas clínicos pré-existentes (transtorno neurológico, câncer, infecção, etc.)
- Falta de crítica ou incapacidade para colaborar com a estrutura hospitalar ou impossibilidade de acompanhar um tratamento ambulatorial
- Necessidade de ajuda de uma equipe para medicar ou realizar eletroconvulsoterapia
- Necessidade de observação constante, testes clínicos ou rastrear diagnósticos que necessitam de estrutura hospitalar
- Suporte familiar e social limitado, incluindo condição social precária
- Falta de uma boa relação médico-paciente que impossibilite o acompanhamento ambulatorial

  Na ausência da tentativa de suicídio ou do relato da ideação suicida
- Planejamento e intenção de suicídio evidente pela evolução psiquiátrica do quadro e/ou histórias prévias que sugerem alto risco de suicídio e um aumento recente dos fatores de risco

Alta do serviço de emergência para ambulatório

Depois de uma tentativa de suicídio ou a presença de ideação suicida

- O evento envolvendo o suicídio foi uma reação a eventos precipitantes (por exemplo, fracasso em uma prova, dificuldades em relacionamentos), particularmente se a visão do paciente perante sua dificuldade mudou após sua vinda ao serviço de emergência
- Plano, método e intenção com baixa letalidade
- Paciente com suporte familiar e psicossocial estáveis
- Paciente capaz de colaborar com recomendações para o acompanhamento ambulatorial, mantendo contato com seu médico, apresentado condições para um tratamento contínuo ambulatorial

Tratamento ambulatorial

- Paciente com uma ideação suicida crônica e/ou autolesão sem repercussão clínica grave, apresentando suporte familiar e psicossocial estáveis ou acompanhamento psiquiátrico ambulatorial já em andamento

Fonte: Practice guideline for the assessment and treatment of patients with suicidal behavior, 2003

85-7241-569-6

ambulatorial prolongado após a alta hospitalar (Bostwick *et al.*, 2000; Paris, 2002; Waterhouse *et al.*, 1990). Durante o tratamento, tanto hospitalar quanto ambulatorial, é importante ajudar o paciente a desenvolver habilidades e recursos para que ele consiga se reintegrar à sociedade com segurança e independência.

Algumas vezes, uma internação domiciliar pode ser uma alternativa razoável. Isso é possível quando há baixo risco de suicídio, supervisão disponível e suporte adequado em casa (Meleiro, 1997). A vigilância deve ser providenciada com o intuito de garantir a segurança do paciente:

- Retirar da casa medicamentos potencialmente letais, armas brancas e armas de fogo.
- Manter abstinência de álcool e drogas que possuem efeitos desinibitórios.
- Evitar locais elevados e sem proteção, por causa do risco de esse se jogar.
- Evitar que o paciente fique sozinho ou trancado em um recinto.

Com os familiares e amigos, que devem se revezar na tarefa de vigilância, recomenda-se discutir que tipos de situações podem promover futuras tentativas se o estresse não for evitável e indicar quais os comportamentos podem ser usados para evitar novas tentativas. Nunca um paciente com risco suicida deve receber alta hospitalar desacompanhado. Todas as orientações devem ser claras para o paciente e para a família. Deve-se estabelecer um bom relacionamento e enfatizar a importância do tratamento com ambos. É recomendável manter um canal de comunicação periódica com a equipe de saúde e retornar ao hospital no caso de esse exacerbar a ideação.

Pode ser realizado um contrato de *não-suicídio* (verbal ou escrito), que consiste em o paciente concordar em não realizar ato de auto-agressão e relatar a um familiar se tiver desejos suicidas. No entanto, o contrato tem algumas desvantagens: pode diminuir o relato de estresse ou disforia, diminuir o potencial de uma aliança terapêutica e prejudicar a avaliação e a abordagem do risco. Esse deve ser visto como um adjunto em pacientes com baixa intenção. A família deve ser alertada para não reduzir a vigilância, ou seja, não confiar totalmente no contrato. Sentimentos e comportamentos como choque, confusão, negação, inquietação, regressão, desesperança e estado de alerta são comuns nos familiares.

Tratamento de Paciente Suicida

Os transtornos depressivos são patologias que costumam obter boa resposta terapêutica com a medicação adequada, entretanto, constituem o grupo de patologia que mais termina em suicídio. Beautrais *et al.* (1996) sugeriram que a eliminação de transtornos de humor, particularmente entre os idosos, poderia reduzir em até 80% as tentativas sérias de suicídio. Infelizmente, a maioria dos pacientes que se suicidaram em nosso meio sequer recebeu avaliação psiquiátrica ou era inadequadamente medicada com tratamentos incompletos que produziam respostas parciais da depressão.

O princípio clínico do tratamento de pacientes suicidas é adequar as intervenções englobando os problemas médicos, psiquiátricos, psicológicos e

85-7241-569-6

socioeconômicos desses. Em geral, um acompanhamento psiquiátrico a longo prazo alcança melhores resultados. Entretanto, oferecer ajuda a curto prazo e solucionar questões práticas do paciente auxiliam na sua vinculação ao tratamento oferecido, bem como reforçam sua adesão (Isacsson & Rich, 2001). O envolvimento de um assistente social pode ser útil na condução do caso.

A medicação psicotrópica a ser utilizada dependerá do diagnóstico psiquiátrico e das condições clínicas do paciente (Montgomery *et al.*, 1992; Müller-Oerlinghausen *et al.*, 1992; Hillard, 1983). A medicação adequada deve ser indicada e manuseada por profissionais habilitados com dosagem, efeitos colaterais e interações medicamentosas, levando-se em conta as condições físicas do paciente, além de idade e peso. É necessária uma grande vigilância no início do tratamento com antidepressivos, pois eles demoram dias a semanas para alcançarem efeito terapêutico. Alguns antidepressivos (como os tricíclicos) são perigosos em superdosagem e podem melhorar a atividade psicomotora antes de suprimir os pensamentos suicidas, permitindo que os pacientes fadigados e inertes tenham condições reais de cometerem suicídio.

Um dos indicadores mais importantes do sucesso no tratamento da depressão é a remissão dos sintomas depressivos (Thase, 1999). Muitas vezes, os pacientes apresentam uma resposta parcial, contudo, sem alcançar a remissão completa. Aumentar a dose usual e prolongar a duração do tratamento podem diminuir o prejuízo causados pelos sintomas residuais da depressão, como por exemplo o suicídio e as tentativas de cometê-lo. Sabe-se hoje que o risco de recaída é cinco vezes maior entre os pacientes com remissão incompleta do que entre aqueles que remitiram completamente durante o primeiro ano (Montgomery *et al.*, 1992). A interrupção prematura pode provocar um efeito rebote com recaída subseqüente. É fortemente recomendável que seja mantido o uso contínuo de antidepressivos por um longo período, para proporcionar a remissão sustentada e recuperação completa.

A terapêutica da depressão deve ser aplicada de forma cuidadosa e com vigor, levando-se em conta o risco iminente de suicídio. Por vezes, o uso de dose máxima tolerável de antidepressivo é necessário para atingir a remissão completa (Thase, 1999). O uso de dose sub-terapêutica apenas limita a eficácia da medicação e retarda a resolução do episódio depressivo, por induzir somente à resposta parcial ou precipitar uma interrupção por eficácia insuficiente no tratamento.

O tratamento com eletroconvulsoterapia (ECT) deve ser cogitado nos casos graves de depressão, com forte determinação para o suicídio (Prudic & Sackeim, 1999). Esse tipo de terapêutica não deve ser visto com preconceito, pois é um tratamento eficaz e seguro para diversos quadros psiquiátricos com risco de suicídio. O seu benefício ao paciente depressivo está relacionado diretamente à sua indicação oportuna e adequada, como na cardioversão. Entretanto, jamais se deve prescrever indiscriminadamente esse tratamento a todos os suicidas, tampouco ser relutante em indicá-lo em casos de urgência (Meleiro & Wang, 1995).

A psicoterapia tem a função de auxiliar o paciente a lidar com as dificuldades que enfrenta de forma funcionalmente adequada. Há poucas evidências sobre a real eficácia das várias técnicas, entretanto, acredita-se que bons resultados são obtidos quando essa é indicada junto com o tratamento medicamentoso. Há inú-

85-7241-569-6

meros métodos psicoterápicos que podem ser utilizados, sendo o mais aconselhável utilizar aquele no qual o profissional possui maior domínio (Isometsä & Lönnqvist, 1997). Danuta Wasserman (2001) afirmou que o tratamento eficaz de um paciente deprimido com ideação suicida seria psicofamacológico e uma abordagem psicológica, ambos fazendo parte da prevenção do suicídio.

Considerações Finais

O óbito por suicídio é a complicação mais grave da depressão. A avaliação sistemática do risco de suicídio em quadros depressivos deve fazer parte da prática clínica rotineira, em todas as especialidades médicas, para que os casos potencialmente fatais possam ser devidamente abordados e encaminhados. Revendo as diversas estratégias preventivas de suicídio, Lewis *et al.* (1997) defenderam que a melhor para populações de alto risco, como no caso da depressão, é melhorar os serviços de saúde e desenvolver intervenções efetivas para o grupo de pacientes que tentaram suicídio. Embora mais evidências sejam necessárias para formular um protocolo de tratamento para esse grupo de pacientes, parece razoável que um atendimento individualizado para os transtornos psiquiátricos subjacentes e a abordagem de fatores precipitantes psicossociais constituem as melhores alternativas para prevenir novos episódios de autolesão deliberada. Nessa perspectiva, o tratamento efetivo dos transtornos depressivos tem particular importância para a suicidologia, uma vez que a diminuição de morbidade (ideação suicida e tentativa de suicídio) deve levar à diminuição da mortalidade (óbitos por suicídio).

Outras estratégias para deter o aumento de suicídio envolvem políticas públicas de saúde, as quais devem se concentrar em: projetos educativos (para leigos e profissionais), medidas de restrição ao acesso e à venda livre de instrumentos letais (arma de fogo, substâncias potencialmente letais), melhoria dos equipamentos de saúde e pesquisas sobre a sua prevenção.

Sabemos que nem todos os casos de suicídio poderão ser prevenidos, entretanto, a habilidade em lidar com esses faz a diferença, pois milhares de vidas poderão ser salvas todos os anos se todos os deprimidos forem adequadamente identificados, tratados e conduzidos. Embora erros de julgamento e diagnóstico do potencial suicida sejam inevitáveis, os erros de omissão são preveníveis se o avaliador fizer o exame completo do risco de suicídio. Nessa medida, os médicos clínicos gerais, enquanto provedores de atenção primária de saúde, desempenham um papel fundamental nessa campanha contra suicídio e devem estar envolvidos em futuros projetos planejados com essa finalidade.

Referências Bibliográficas

1. ANGST, F.; STASSEN, H. H.; CLAYTON, P. J.; ANGST, J. Mortality of patients with mood disorders: follow-up over 34 – 38 years. *J Affect Disord, 68:* 167-181, 2002.
2. BARRACLOUGH, B.; BUNCH, J.; NELSON, B.; SAINSBURY, P. A hundred cases of suicide: clinical aspects. *Br J Psychiatry, 125:* 355-373, 1974.

3. BEAUTRAIS, A. L.; JOYCE, P. R.; MULDER, R. T.; FERGUSSON, D. M.; DEAVOLL, B. J.; NIGHTINGALE, S. K. Prevalence and comorbidity of mental disorders in persons making serious attempts: a case-control study. *Am J Psychiatry, 153:* 1009-1014, 1996.
4. BERTOLOTE, J. M.; FLEISCHMANN, A. Suicide and psychiatric diagnosis: a worldwide perspective. *World Psychiatry, 1 (3):* 181-185, 2002.
5. BLAIR-WEST, G. W.; MELLSOP, G. W.; EYESON-ANNAN, M. L. Down-rating lifetime suicide risk in major depression. *Acta Psychiatr Scand, 95:* 259-263, 1997.
6. BOSTWICK, J. M.; PANKRATZ, V. S. Affective disorders and suicide risk: a reexamination. *Am J Psychiatry, 157:* 1925-1932, 2000.
7. BROWN, G. K.; BECK, A. T.; STEER, R. A.; GRISHAM, J. R. Risk factors for suicide in psychiatric outpatients: a 20-year prospective study. *J Consult Clin Psychol, 68:* 371-377, 2000.
8. BUCHHOLTZ-HANSEN, P.; WANG, A.; KRAGH-SÖRENSEN, P. Mortality in major affective disorder: relationship to subtype of depression. The Danish University Antidepressant Group. *Acta Psychiatr Scand, 87:* 329-335, 1993.
9. CRAWFORD, M. Psychological management following deliberate self-harm. *Clin Med, 1 (3):* 185-187, 2001.
10. DORPAT, T. L.; RIPLEY, H. S. A study of suicide in the Seattle area. *Compr Psychiatry, 1:* 349-359, 1960.
11. ELLIOTT, A. J.; PAGES, K. P.; RUSSO, J.; WILSON, L. G.; ROY-BYRNE, P. A profile of medically serious suicide attempts. *J Clin Psychiatry, 57 (12):* 567-571, 1996.
12. FORSTER, P.; BILSKER, D. Emergency psychiatry and the suicidal patient. *Crisis, 23 (2):* 83-85, 2002.
13. FORSTER, P.; WU, L. Assessment and treatment of the suicidal patient in an emergency setting. In: ALLEN, M. H. (ed.). *Emergency Psychiatry*. Washington: American Psychiatric Publishing, 2002, p. 75-113.
14. GABBARD, G. O. *Psychodynamic Psychiatry in Clinical Practice*. Washington: American Psychiatric Press, 1994.
15. GAZAL-CARVALHO, C.; CARLINI-COTRIM, B.; SILVA, A. O.; SAUAIA, N. Prevalência de alcoolemia em vítimas de causas externas admitidas em centros urbanos de atenção ao trauma. *Rev Saúde Pública, 36 (1):* 47-54, 2002.
16. HACKETT, T. P.; STERN, T. A. Suicide and other disruptive states. In: HACKETT, T. P.; CASSEM, N. H. (eds.). *Handbook of General Hospital Psychiatry – Massachusetts General Hospital*. Massachusetts: PSG, 1986, p. 268-296.
17. HARRIS, E. C.; BARRACLOUGH, B. Suicide as an outcome for mental disorders. A meta-analysis. *Br J Psychiatry, 170:* 205-228, 1997.
18. HAWTON, K.; CATALÁN, J. *Attempted Suicide: a practical guide to its nature and management*. Oxford: Oxford University Press, 1982.
19. HENRIKSSON, M.; ARO, H.; MARTTUNEN, M.; HEIKKINEN, M.; ISOMETSÄ, E.; KUOPPASALMI, K.; LONNQVIST, J. Mental disorders and comorbidity in suicide. *Am J Psychiatry, 150:* 935-940, 1993.
20. HILLARD, J. R. Emergency management of the suicidal patient. In: WALKER, J. I. (ed.). *Psychiatric Emergencies – Intervention & Resolution*. Philadelphia: Lippincott, 1983, p. 101-123.
21. HOLDSWORTH, N.; BELSHAW, D.; MURRAY, S. Developing A&E nursing responses to people who deliberate self-harm: the provision and evaluation of a series of reflective workshops. *J Psychiatr Ment Health Nurs, 8 (5):* 449-458, 2001.
22. ISACSSON, G.; RICH, C. L. Management of patients who deliberately harm themselves. *BMJ, 322 (27):* 213-215, 2001.
23. ISOMETSÄ, E.; LÖNNQVIST, J. Suicide mood disorders. In: BOTSIS, J. A.; SOLDATOS, C. R.; STEFANIS, C. N. (eds.). *Suicide: biopsychosocial approaches*. Amsterdam: Elsevier, 1997, p. 33-47.

24. KESSLER, R.; MCGONAGLE, K. A.; ZHAO, S.; NELSON, C. B.; HUGHES, M.; ESHLEMAN, S.; WITTCHEN, H. U.; KENDLER, K. S. Lifetime and 12-month prevalence of DSM-III-R psychiatric disorders in the United States. *Arch Gen Psychiatry, 51:* 8-19, 1994.
25. LEENAARS, A. A.; DE LEO, D.; DIEKSTRA, R. F. W.; GOLDNEY, R. D.; KELLEHER, M. J.; LESTER, L.; NORDSTROM, P. Consultations for research in suicidology. *Arch Suic Res, 3:* 139-151, 1997.
26. LESTER, D. Suicidal behavior in bipolar and unipolar affective disorders: a meta-analysis. *J Affect Disord, 27:* 117-121, 1993.
27. LEWIS, G.; HAWTON, K.; JONES, P. Strategies for preventing suicide. *Br J Psychiatry, 171:* 351-354, 1997.
28. LUOMA, J. B. M. A.; MARTIN, C. E. M. A.; PEARSON, J. L. Contact with mental health and primary care providers before suicide: a review of the evidence. *Am J Psychiatry, 159 (6):* 909-916, 2002.
29. MCELROY, A.; SHEPPARD, G. The assessment and management of self-harming patients in an accident and emergency department: an action research project. *J Clin Nurs, 8:* 66-72, 1999.
30. MELEIRO, A. M. A. S.; WANG, Y. P. Suicídio e tentativa de suicídio. In: LOUZÃ NETO, M. R.; MOTTA, T.; WANG, Y. P.; ELKIS, H. (eds.). *Psiquiatria Básica*. Porto Alegre: Artes Médicas, 1995, p. 376-396.
31. MELEIRO, A. M. A. S. O paciente suicida no hospital geral. In: FRÁGUAS JR., R.; MELEIRO, A. M. A. S.; MARCHETTI, R. L.; HENRIQUES JR., S. G. (eds.). *Psiquiatria e Psicologia no Hospital Geral: integrando especialidades*. São Paulo: Lemos, 1997, p. 285-304.
32. MELEIRO, A. M. A. S. Abordagem da depressão no hospital geral. In: FRÁGUAS JR., R.; MELEIRO, A. M. A. S.; SPINELLI, M. A.; ASSUMPÇÃO JR., F. B. (eds.). *Psiquiatria e Psicologia no Hospital Geral: a clínica da depressão*. São Paulo: Astúrias, 1993, p. 73-80.
33. MERRIL, J.; MILNER, G.; OWENS, J.; VALE, A. Alcohol and attempted suicide. *Br J Addic, 87:* 83-89, 1992.
34. MINISTÉRIO DA SAÚDE. DATASUS. *Base de Dados de Mortalidade, Brasil, 2004*. Disponível on-line: http://www.datasus.gov.br. Acesso em 14/06/2004.
35. MINOIS, G. *History of Suicide. Voluntary Death in Western Culture*. Baltimore/London: The Johns Hopkins University Press, 1999.
36. MONTGOMERY, S. A.; MONTGOMERY, D. B.; GREEN, M.; BULLOCK, T.; BALDWIN, D. Pharmacotherapy in the prevention of suicidal behavior. *J Clin Psychopharmacol, 12 (2):* 275-315, 1992.
37. MOSCICKI, E. K. Identification of suicide risk factors using epidemiologic studies. *Psychiatr Clin North Am, 20 (3):* 499-517, 1997.
38. MÜLLER-OERLINGHAUSEN, B.; MÜSER-CAUSEMAN, B.; VOLK, J. Suicides and parasuicides in a high-risk patient group on and off lithium long-term medication. *J Affect Disord, 25:* 261-270, 1992.
39. ORGANIZAÇÃO MUNDIAL DA SAÚDE – OMS. Prevenção do suicídio: um manual para médicos clínicos gerais. OMS – Departamento de saúde mental, transtornos mentais e comportamentais: Genebra, 2000. Disponível em: http://www.who.int/mental_health/prevention/suicide/en/suicideprev_gp_port.pdf. Acesso em 28/06/2004.
40. OSBY, U.; BRANDT, L.; CORREIA, N.; EKBOM, A.; SPAREN, P. Excess mortality in bipolar and unipolar disorder in Sweden. *Arch Gen Psychiatry, 58:* 844-850, 2001.
41. ÖSTAMA, A.; LÖNNQVIST, J. Excess mortality of suicide attempters. *Soc Psychiatry Psychiatr Epidemiol, 36:* 29-35, 2001.
42. OSVÁTH, P.; KELEMEN, G.; ERDÖS, M. B.; VÖRÖS, V.; FEKETE, S. The main factors of repetition. Review of some results of the Pecs Center in the WHO/EURO multicentre study on suicidal behaviour. *Crisis, 24 (4):* 151-154, 2003.

85-7241-569-6

43. PALLIS, D. J.; GIBBONS, J. S.; PIERCE, D. W. Estimating suicide risk among attempted suicides. II. Efficiency of predictive scales after the attempt. *Br J Psychiatry, 144:* 139-148, 1984.
44. PARIS, J. Chronic suicidality among patients with borderline personality disorder. *Psychiatr Serv, 53:* 738-742, 2002.
45. American Psychiatry Association. Practice guideline for the assessment and treatment of patients with suicidal behaviors [supplement]. *Am J Psychiatry, 160 (suppl 11):* 1-60, 2003.
46. PRUDIC, J.; SACKEIM, H. A. Eletroconvulsive therapy and suicide risk. *J Clin Psychiatry, 60 (suppl):* 104-110, 1999.
47. RIHMER, Z.; BARSI, J.; ARATO, M.; DEMETER, E. Suicide in subtypes in primary major depression. *J Affect Disord, 18:* 221-225, 1990.
48. ROBINS, E.; MURPHY, G. E.; WILKINSON, R. H.; GASSNER, S.; KAYS, J. Some clinical considerations in the prevention of suicide based on a study of 134 successful suicides. *Am J Health, 49:* 888-889, 1995.
49. SIMPSON, S. G.; JAMISON, K. R. The risk of suicide in patients with bipolar disorders. *J Clin Psychiatry, 60 (suppl 2):* 53-56, 1999.
50. SPIJKER, J.; BIJL, R. V.; DE GRAAF, R. Care utilization and outcome of DSM-III-R major depression in the general population. Results from the Netherlands Mental Health Survey and Incidence Study (NEMESIS). *Acta Psychiatr Scand, 140:* 19-24, 2001.
51. SUOMINEN, K. H.; ISOMETSÄ, E. T.; HENRIKSSON, M. M. Inadequate treatment for major depression both before and after attempted suicide. *Am J Psychiatry, 155:* 1778-1780, 1998.
52. THASE, M. E. Redefining antidepressant efficacy toward long-term recovery. *J Clin Psychiatry, 60:* 15-19, 1999.
53. WASSERMAN, D. Affective disorders and suicide. In: *Suicide, an Unnecessary Death*. Stockholm: Martin Dunitz, 2001, p. 39-48.
54. WATERHOUSE, J.; PLATT, S. General hospital admission in the management of parasuicide: a randomised controlled trial. *Br J Psychiatry, 156:* 236-242, 1990.
55. WHITLOCK, F. A. Suicide and physical illness. In: ROY, A. (ed.). *Suicide*. Baltimore: Williams & Wilkins, 1986, p. 151-170.
56. WORLD HEALTH ORGANIZATION. *Health For All Targets*. The Health Policy for Europe (EUR ICP/HSC 013). Copenhagen: WHO, 1992.
57. WULSIN, L. R.; VAILLANT, G. E.; WELLS, V. E. A systematic review of mortality in depression. *Psychosom Med, 61:* 6-17, 1999.

85-7241-569-6

CAPÍTULO 13

Antidepressivos em Situações Especiais: Gestação e Lactação

FABIANO COELHO HORIMOTO
JONY AFONSO GONÇALVES DOMINGUES
GUÍZELLA CHAVES PANETE LAGO MONTEIRO

INTRODUÇÃO: GESTAÇÃO E PUERPÉRIO

Atualmente, a gestação e o puerpério são considerados como os períodos de maior vulnerabilidade da mulher (Barnet *et al.*, 1996; Ussher, 1992) em relação a desencadeamento, agravamento ou recorrência de transtornos mentais, sendo esse um momento em que o médico deve ficar bastante atento para fazer um diagnóstico precoce de qualquer transtorno que surja, a fim de tomar as providências necessárias para minimizar o impacto que a doença possa ter na mãe e no feto/bebê. Estudos de prevalência de depressão nesse período apontam para taxas consideráveis de casos; Bennett *et al.* (2004), em revisão sistemática recente, encontraram uma prevalência de 7,4% no primeiro trimestre gestacional, 12,8% no segundo e 12% no terceiro. Isso indica que, ao contrário do que ocorria há algumas décadas, hoje se procura tratar os casos mais graves, mesmo na gestação, pois, conforme observa Bonari *et al.* (2004), o não-tratamento está associado a resultados adversos no feto, além de aumento dos riscos maternos, como ideação e tentativa de suicídio, e depressão pós-parto.

Os transtornos psiquiátricos podem ter características diferentes de apresentação entre os sexos. Vários são os fatores que cooperam para essas diferenças, como os papéis sociais e familiares. No caso das mulheres, ainda há a participação de fatores orgânicos, genéticos e psicológicos.

85-7241-569-6

Orgânicos

Variações Hormonais

Sua importância como um fator contribuinte para o surgimento de transtornos mentais, particularmente depressão, é baseada nas evidências de alterações de humor freqüentes no período pré-menstrual, na gravidez e no climatério.

Hormônios Tireoidianos

A presença de alterações dos hormônios tireoidianos nesse período pode influenciar na patogênese da depressão.

Cortisol

Tanto o estresse intenso, como quadros ansiosos e depressivos, durante a gestação e também fora desse período, podem levar a um aumento dos níveis séricos de cortisol (Sandman *et al.*, 1994). Na gravidez, isso pode levar a alterações do desenvolvimento cerebral fetal (Schatzberg *et al.*, 2004).

Genéticos

A predisposição genética, considerada pela avaliação da presença de muitos familiares próximos com transtornos mentais (depressão, ansiedade, transtorno bipolar e suicídio), é um fator de risco importante nesse período. Segundo Soares (2001), relatos de depressão em parentes de primeiro grau de mulheres com transtornos afetivos no puerpério são mais freqüentes do que na população geral.

Psicológicos

Há um fator psicológico importante na gravidez, pois, com ela, a mulher assume um novo papel, o de mãe. Em algumas mulheres é inquestionável a dificuldade de adaptação ao novo papel, pois há a perda do *status* de filha e o ganho da condição de mãe. Essa se soma ao de esposa e profissional, aumentando consideravelmente as responsabilidades, expectativas e cobranças, suas e do companheiro/familiares.

Por muitos anos, a gestação foi considerada período de estabilidade. Segundo Botega & Dias (2002) ela foi vista tradicionalmente como um período tranqüilo e de bem-estar. Porém, hoje, sabe-se que a incidência de depressão e outros transtornos mentais nessa fase é alta. As intensas variações hormonais nesse período parecem contribuir para o surgimento desses quadros, porém, atualmente, postula-se que as gestantes e puérperas que desenvolvem quadros psiquiátricos apresentam uma resposta anormal (Soares, 2001) a essas variações. Há estudos que começam a questionar a implicação do sistema serotoninérgico com as alterações dos hormônios gonadais (Steiner *et al.*, 1997), mas ainda não se sabe muito

85-7241-569-6

sobre essas relações. Se, aliado a isso, houver presença de estressores sociais e familiares, se a gravidez for indesejada, a mulher for jovem, não houver suporte familiar, houver antecedente de uso abusivo de álcool e/ou drogas ou antecedente de depressão, o risco torna-se ainda maior (Kitamura *et al.*, 1993).

Transtornos Mentais no Puerpério

Os transtornos mentais que surgem durante o puerpério não são codificados à parte na classificação norte-americana atual para transtornos psiquiátricos, o DSM-IV. Já na Classificação Internacional de Doenças (CID 10), é destinado o código geral F.53 para designar os transtornos mentais e comportamentais associados ao puerpério.

No puerpério, a incidência de transtornos do humor é alta. Mais uma vez, a mulher é submetida a um turbilhão hormonal e emocional. A insegurança e a expectativa geradas durante a gestação, agora se materializam no bebê totalmente dependente dessa mãe. Os três quadros comumente encontrados são o *blues*, a depressão e a psicose puerperais.

Disforia Pós-parto (ou *Blues* Puerperal)

Fenômeno muito comum, que chega a atingir, segundo O'Hara (1987) e Vieira (1996) *apud* Soares (2001), até 70 a 85% das puérperas. O termo *blue* (Houaiss & Cardim, 1996) significa tristeza, melancolia. Por isso, esse período de depressão leve e passageira no puerpério recebe essa denominação. A maioria dos casos se inicia por volta de dois a quatro dias após o parto e os sintomas psíquicos são leves: irritabilidade, tristeza ocasional, insônia, crises de choro.

A ocorrência desse quadro não é preocupante, pois é autolimitado. Mulheres que já sofriam de transtorno disfórico pré-menstrual ou depressão na gestação são mais propensas a terem o *blues* puerperal (Arpels, 1996).

Quanto ao tratamento, por causa da sua característica de remissão espontânea, não requer farmacoterapia, sendo suficiente o apoio familiar, que é muito importante nessas situações. Havendo persistência e agravamento dos sintomas, há necessidade de reavaliação quanto à possibilidade de esse evoluir para depressão puerperal.

Depressão Puerperal

Trata-se de quadro depressivo moderado a grave, com início geralmente entre a 2ª e a 4ª semana pós-parto, acometendo cerca de 10 a 15% das puérperas (Botega & Dias, 2002). O diagnóstico muitas vezes é negligenciado por se acreditar que o quadro seja resultante do cansaço e da ansiedade natural que as mulheres vivenciam nessa fase. Em algumas mulheres, trata-se do primeiro episódio de depressão, sendo o parto considerado um evento vital que se soma à predisposição constitucional individual para desencadear a doença. Mas o principal fator de risco, segundo Harvey (2002) e outros autores (Llewillyn *et al.*, 1997), é a presença de antecedentes familiares e/ou pessoais de depressão, no período gestacional ou anteriormente. Mulheres com transtorno depressivo recorrente, caso engravidem, devem ser acompanhadas com muita atenção, cogitando-se inclusive a hipótese de se usar antidepressivos na gestação, dependendo da gravidade do quadro.

O quadro clínico é caracterizado por ansiedade, agitação ou letargia, insônia ou hipersônia, humor deprimido, anedonia e idéias de incapacidade de cuidar do bebê por, pelo menos, duas semanas. Algumas mulheres ainda podem apresentar idéias delirantes, percepções distorcidas sobre seu corpo (achar que ficou *mutilada* após o parto), alucinações, desorientação e flutuações discretas do nível de consciência à semelhança de casos confusionais. Nesses casos, é importante avaliar se não há a presença de um componente orgânico, como infecção, por exemplo, levando à síndrome de *delirium*. O diagnóstico diferencial da psicose puerperal também deve ser considerado.

Psicose Puerperal

Os casos de psicose puerperal têm uma prevalência muito menor, de cerca de 1 a 2 casos a cada 1.000 partos (Kaplan *et al.*, 1997). Apesar de os sintomas iniciarem-se na mesma época, a paciente apresenta agitação psicomotora, mas o afeto é lábil ou incompatível com a situação, além de alterações de sono e presença de delírios e alucinações. Os delírios geralmente são relacionados a si e ao bebê, como achar que o filho foi trocado, nasceu com uma doença (inexistente) ou que pessoas querem raptá-lo. As alucinações geralmente são auditivas e de conteúdo depreciativo. A puérpera pode negligenciar totalmente os cuidados dispensados ao bebê ou pode se afastar dele por causa de idéias ou imagens de agressão ou violência perpetradas por ela. São importantes fatores de risco para esse quadro primiparidade, ausência de suporte familiar e do companheiro, gravidez indesejada, antecedentes familiares/pessoais de transtorno afetivo bipolar, esquizofrenia ou psicose puerperal. Antes de se iniciar qualquer tratamento, deve-se investigar etiologias orgânicas (intoxicação por substâncias, infecções relacionadas ao parto, tromboflebites e doenças da tireóide).

Tratamento Medicamentoso

O tratamento farmacológico de doenças mentais durante a gestação/puerpério ainda provoca ansiedade no médico assistente. Prioritariamente, deve-se pensar que a doença mental não tratada gera muitas conseqüências, algumas vezes expondo mãe e feto a riscos importantes e que poderiam ser evitados ou minimizados com o tratamento. O fato de todos os antidepressivos cruzarem a barreira placentária e serem excretados no leite materno (Briggs *et al.*, 1998) não impede sua utilização, pois várias drogas não provocam efeitos adversos no feto/bebê, nem são comprovadamente teratogênicas.

85-7241-569-6

Gestação

Toda vez que houver coexistência de gravidez e um transtorno mental crônico ou agudo, deverá haver a análise conjunta entre obstetra, psiquiatra e pediatra. Essa se baseará na avaliação dos riscos e benefícios de se manter ou iniciar qualquer tratamento. No primeiro trimestre gestacional, é importante evitar o uso de várias medicações, mas, nos casos indicados, por causa da gravidade da doença, é imperativo o tratamento farmacológico. As drogas deverão ser seguras em relação ao risco de teratogênese, sendo evitadas as que possuem algum risco já comprovado.

Atualmente é variado o número de fármacos estudados considerados seguros na gestação. Até o momento, as únicas drogas comprovadamente relacionadas a malformações congênitas são lítio, anticonvulsivantes como carbamazepina e ácido valpróico (Sadock & Sadock), e benzodiazepínicos (Schatzberg *et al.* 2004). Esses são mais utilizados no controle do transtorno afetivo bipolar, doença geralmente grave e de prognóstico pior que depressão unipolar. Quando pacientes bipolares engravidam, há de se ter muita cautela e avaliar rigorosamente qual a melhor opção: interromper o tratamento, por causa dos riscos de teratogênese, ou mantê-lo, por conta do risco de recaída/recorrência da doença. Porém, quando possível, os psicofármacos devem ser evitados durante o primeiro trimestre de gestação.

No terceiro trimestre, os riscos maiores são de o bebê apresentar síndrome de abstinência no pós-parto ou baixo peso ao nascer (Wisner *et al.*, 1999; Navia & Gamboa, 2002).

Um estudo recente, de Wisner *et al.* (2004), comparou mulheres que já tinham tido pelo menos 1 episódio de depressão pós-parto em gestações anteriores e, na gravidez estudada, não estavam deprimidas. Após o parto, 14 mulheres usaram sertralina por 17 semanas e apenas 1 teve recorrência da doença. Das 8 que usaram placebo, 4 tiveram novo episódio de depressão. Esses dados, apesar da pequena amostra, parecem indicar a necessidade de tratamento profilático em mulheres que já tiveram depressão puerperal, quando engravidam novamente.

Existem *sites* de consulta na Internet que possibilitam pesquisar sobre várias drogas e gravidez, como o da *Organization of Teratology Information Services.*

Antidepressivos Tricíclicos

Há poucas evidências de teratogenicidade causada por antidepressivos tricíclicos (Briggs *et al.*, 1998). Amitriptilina, imipramina, clomipramina e nortriptilina são medicamentos com mais de 40 anos de uso, bastante estudados, não havendo evidências de aumento nas taxas de malformações congênitas (Pinzon *et al.*, 2001); isto os torna medicamentos seguros. A clomipramina, apesar de seu uso não estar comprovadamente relacionado à teratogênese, pode provocar, segundo Maxmen & Ward (1998), sintomas de abstinência em recém-nascidos no pós-parto imediato, caracterizado por cianose, letargia, hipotonia, respiração irregular com acidose respiratória e hipotermia.

No caso de ingestão de tricíclicos em doses altas próximo ao parto, o bebê pode apresentar taquicardia, depressão respiratória neonatal e espasmos musculares (Maxmen & Ward, 1998).

85-7241-569-6

Inibidores Seletivos da Recaptação da Serotonina

O medicamento mais estudado nessa classe é a fluoxetina (Briggs *et al.*, 1998). Não há, até o momento, evidências de que esse possa ter efeito teratogênico, com milhares de mulheres já tendo sido expostas durante a gestação (Cohen & Rosenbaum, 1998), além de não haver evidências consistentes de alterações no neurodesenvolvimento e no comportamento dos bebês expostos. Alguns trabalhos, segundo Botega & Dias (2002), relatam maior incidência de alterações comportamentais e pior rendimento em testes cognitivos, enquanto outros estudos demonstram normalidade das crianças. Zeskind & Stephens (2004) relatam discretas diferenças da atividade motora e sobressaltos em recém-nascidos expostos a ISRS, mas esses sintomas são leves e provavelmente menos deletérios que não tratar gestantes com depressões graves. Há de se considerar as limitações metodológicas para pesquisas desse tipo, quando se tenta correlacionar uma variável (uso de determinado fármaco) com um resultado que é, por si só, difícil de ser aferido (alterações do comportamento) ou que pode ser decorrente de outros fatores (déficit cognitivo).

Dentre os ISRS, a fluoxetina é a droga de escolha nesse período, sendo relativamente segura durante todo o período gestacional. A sertralina e a paroxetina, drogas comumente usadas, também não foram apontadas como teratogênicas, podendo ser usadas durante a gravidez, apesar de o número de gestações estudadas ainda ser relativamente pequeno (Pinzon *et al.*, 2001); porém a paroxetina pode provocar uma síndrome de descontinuação nos recém-nascidos (Costei *et al.*, 2002), sendo melhor optar por outro ISRS.

Um estudo (Laine *et al.*, 2003) feito com mães que ao final da gestação usaram ISRS (fluoxetina e citalopram) constatou que essa exposição medicamentosa aumentou o risco de sintomas serotoninérgicos nos primeiros quatro dias de vida, quando os bebês foram comparados aos de mães que não usaram as medicações. A gravidade desses sintomas se correlacionou com os níveis séricos de ácido 5-hidroxindolacético (5-HIAA).

Outro estudo (Hendrick *et al.*, 2003) acompanhou 38 gestantes, usando citalopram, fluoxetina, sertralina e paroxetina, sendo feita a dosagem dessas drogas e de seus metabólitos em amostras de sangue do cordão umbilical. As maiores concentrações foram observadas com a fluoxetina e o citalopram, sendo que a sertralina obteve a menor taxa, o que sugere uma exposição menor do feto. O achado mais relevante foi o de que a concentração desses medicamentos no sangue do cordão umbilical foi bem menor que a concentração sérica materna.

Em vista disso, é imperativo que pediatra e psiquiatra reavaliem constantemente os psicotrópicos utilizados e as possíveis repercussões no bebê, para evitar reações adversas nesse.

Inibidores da Monoamino-oxidase

Não existem informações seguras dessa classe na gestação e lactação. Apesar de não haver teratogenicidade comprovada, essa deve ser evitada durante a gestação (Tonti *et al.*, 2000), por causa do risco de se desenvolverem crises hipertensivas durante a gestação e de interação com agentes anestésicos durante o trabalho de parto (Mc Farlane, 1994).

85-7241-569-6

Drogas mais Recentes

A venlafaxina é uma droga relativamente nova e é pequeno o número de exposições durante gestação, sendo recomendado o uso de outros antidepressivos conhecidos (Sadock & Sadock, 2002). Porém já há estudos na literatura, como o de Einarson *et al.* (2001b), que acompanharam 150 mulheres gestantes usando venlafaxina, concluindo não haver maior risco de malformações se essas forem comparadas com mulheres não-expostas. Em relação a outros antidepressivos mais novos, como milnaciprano, mirtazapina, escitalopram, ainda há pouca evidência de segurança, indicando que uma conduta conservadora é mais adequada, sendo escolhido um antidepressivo mais estudado e seguro. Recentemente um estudo multicêntrico conduzido por Einarson *et al.* (2003a) analisou 147 mulheres expostas à nefazodona e trazodona, não havendo evidências de maiores riscos, quando comparadas com controles normais. A classe dos antidepressivos aparenta ser, felizmente, bastante segura para uso na gestação, facilitando o tratamento de depressão nesse período. Segundo Bonari *et al.* (2004), já há um volume crescente de literatura que aponta para uma tendência de se tratar os casos indicados, com amplo benefício para mãe/feto, se comparado com os riscos.

Lactação

Todos os psicofármacos são excretados no leite materno (Schatzberg *et al.*, 2004) e essa é uma realidade que deve ser considerada quando se decide usá-los durante a amamentação.

Apesar de estarem presentes no leite, os tricíclicos geralmente não causam efeitos adversos no bebê. As exceções são doxepina e maprotilina (Botega & Dias, 2002), que são encontradas em maiores níveis, podendo causar sedação. A clomipramina parece estar relacionada com um maior risco de surgimento de efeitos adversos no bebê após o parto (Maxmen & Ward, 1998).

Os ISRS também são excretados, sendo que a fluoxetina, nessa classe, é o antidepressivo que atinge maior concentração sérica na criança, correspondente a 10% do nível sérico materno (Weismman *et al.*, 2004). A sertralina pode ser uma boa opção, por apresentar baixa dosagem sérica no bebê, às vezes não detectável (Stowe *et al.*, 1997). Ambas produzem poucos efeitos na criança. A fluoxetina pode ser uma das medicações de escolha nesse período, por causa da sua segurança (Nulman & Koren, 1996).

Nortriptilina, paroxetina e sertralina podem ser boas opções para mães que amamentam, pois há estudos que relatam que esses medicamentos podem ter níveis séricos indetectáveis no bebê. (Weissman *et al.*, 2004)

Quanto aos inibidores da monoamino-oxidade (IMAO), é raro gestantes fazerem uso desses no período peri-parto, por causa dos inúmeros riscos dessa classe (principalmente interações potencialmente graves com agentes anestésicos). Portanto, seus efeitos no recém-nascido e lactente são praticamente desconhecidos.

85-7241-569-6

Eletroconvulsoterapia

A eletroconvulsoterapia é um tratamento bastante controverso na Medicina, não por conta de sua eficácia e segurança, amplamente comprovadas (APA, 1990; Janicak *et al.*, 1985; Jaffe, 2002), mas por causa do desconhecimento desse procedimento por grande parte dos médicos e pela população leiga, que freqüentemente possuem uma imagem distorcida e errônea sobre esse tratamento. A ECT surgiu em 1934, com Cerletti & Bini, na Itália, (Guz, 1974; Busnello, 1996), sendo disseminada em grande parte do mundo e, até hoje, passados 70 anos, ela se mostra mais eficaz que qualquer tratamento farmacológico (Da Silva, 1982; Prudic *et al.*, 1996), quando corretamente indicada.

Durante a gravidez, é uma das primeiras indicações em casos graves, por causa da necessidade de resposta rápida e de evitar exposição do feto à psicotrópicos. A literatura que ampara essa indicação é muito farta (Fink, 2003; Scalco & Cabral, 2000; Moreno *et al.*, 1998). No Brasil, em 1972, Lessa já considerava como uma indicação de ECT os quadros afetivos graves em gestantes. Até em gestações de alto-risco, a indicação pode ser mantida com boa margem de segurança (Walker e Swartz, 1994). Na gravidez, a ECT é indicada nos seguintes casos:

- Quando se faz necessária uma ação rápida no casos graves de depressão e com alto risco de suicídio.
- Quando a paciente já possui história anterior de boa resposta a esse procedimento terapêutico, mesmo que em períodos não-gestacionais.
- Quando há o risco de toxicidade materno-fetal ou contra-indicação absoluta do uso de um psicofármaco e o transtorno mental é grave.
- Quando a paciente prefere esse tratamento.

Antes da ECT, é feita uma completa avaliação clínica e obstétrica. A avaliação clínica inclui no seu protocolo (Moreno *et al.*, 2000):

- Avaliação laboratorial – Hemograma completo e contagem de plaquetas, glicemia de jejum, dosagem de eletrólitos (sódio, potássio, cálcio) e creatinina.
- Tomografia computadorizada de crânio ou ressonância magnética nuclear (opcional).
- Avaliação cardiológica com eletrocardiograma.
- Avaliação odontológica, por causa do risco de lesões dentárias ou bucais.
- Avaliação oftalmológica.
- Raio X de tórax (opcional).

Pacientes com outras patologias terão sua avaliação aprofundada e, em casos específicos, como idosos com risco de fraturas por causa de osteoporose, podem ser solicitados exames como avaliação radiológica do tecido ósseo.

O procedimento é realizado em local equipado com aparelho de cardioversão, fonte de oxigênio, monitor cardíaco, oxímetro de pulso e todos os materiais utilizados em procedimentos de reanimação. Segundo Rigonatti *et al.* (2001), deve

85-7241-569-6

haver monitorização cardíaca da mãe e do feto, além da pressão arterial materna e dos movimentos fetais. Os agentes anestésicos mais utilizados no Brasil são etomidato e propofol e seu efeito tem curta duração, propiciando recuperação rápida do paciente após o procedimento. O propofol assegura maior estabilidade hemodinâmica, porém possui efeito anticonvulsivante dose-dependente. Em pacientes com convulsões de curta duração (menos que 20s) deve se tentar outra droga. O etomidato não interfere no limiar convulsígeno, mas segundo Valin *et al.* (1998) é o menos efetivo em abolir a hiperatividade autonômica. Eles são associados a um relaxante muscular como a succinilcolina, em doses baixas, apenas para propiciar relaxamento parcial da musculatura esquelética. Se necessário, podem ser usados agentes anticolinérgicos, visando diminuir a secreção. A hipno-indução e a curarização são procedimentos que devem ser considerados como obrigatórios em todos os pacientes. Recentemente, o Conselho Federal de Medicina (2002) normatizou a eletroconvulsoterapia, orientando todos os itens que devem ser cumpridos durante esse tratamento.

São vários os aspectos éticos e médico-legais relacionados à ECT e, no caso da paciente gestante, a situação torna-se ainda mais delicada. É essencial a obtenção de um consentimento informado, sendo que a paciente deve ser capaz de compreender os riscos e benefícios materno-fetais da técnica e as alternativas terapêuticas, incluindo, como refere Busnello (1996), a opção de não tratar.

Considerações Finais

A gestação e o puerpério podem ser considerados eventos vitais (*life events*), o que acarreta uma maior possibilidade de desencadeamento de doenças psiquiátricas pela interação de fatores biológicos e psicológicos (Lader, 1990). Na gestação, a gestante tem um maior contato com serviços de saúde e, no parto, a atenção dispensada pela equipe de saúde. Portanto, na suspeita de vigência de depressão pós-parto, é imprescindível a ação do médico, pois só ele poderá avaliar corretamente e tomar decisões rápidas visando proteger mãe e bebê.

Referências Bibliográficas

1. ARPELS, J. C. The female brain hypoestrogenic continuum from premenstrualsyndrome to menopause. *Journal of Reproductive Medicine*, 41 (9): 633-339, 1996.
2. AMERICAN PSYCHIATRY ASSOCIATION. *Diagnostic and Statistical Manual of Mental Disorders*. 4. ed. Washington: American Psychiatry Press, 1994.
3. AMERICAN PSYCHIATRY ASSOCIATION – APA. In: WEINER, R. D.; FINK, M.; HAMMERSLEY, D.; MOENCH, L.; SACKEIM, H. A.; SMALL, I. (eds.). *The Practice of ECT: recommendations for treatment, training and privileging*. Washington: American Psychiatric Press, 1990.
4. BARNET, B.; JOFFE, A.; DUGGAN, A. K. et al. Depressive symptoms, stress and social support in pregnant and postpartum adolescents. *Arch Pediatr Adolesc Med*, 150: 64-69, 1996.
5. BENNETT, H. A.; EINARSON, A.; TADDIO, A.; KOREN, G.; EINARSON, T. R. Prevalence of depression during pregnancy: a systematic review. *Obstetrics & Gynecology, 103:* 698-709, 2004.

85-7241-569-6

6. BONARI, L.; BENNETT, H. A.; EINARSON, A.; KOREN, G. *Can Fam Physician, 50:* 37-39, 2004.
7. BOTEGA, N. J.; DIAS, M. K. Gravidez e puerpério. In: BOTEGA, N. J. *Prática Psiquiátrica no Hospital Geral: interconsulta e emergência*. Porto Alegre: Artmed, 2002, p. 285-297.
8. BRIGGS, G.; BODENDORFER, T.; FREEMAN, R. et al. *Drugs in Pregnancy and Lactation: a reference guide to fetal and neonatal risk*. 5. ed. Baltimore: Williams & Wilkins, 1998.
9. BUSNELLO, E. D. A. Eletroconvulsoterapia – ECT. In: TABORDA, J. G. V.; PRADO-LIMA, P.; BUSNELLO, E. D. A. *Rotinas em Psiquiatria*. Porto Alegre: Artes Médicas, 1996, p. 272-279.
10. ORGANIZAÇÃO MUNDIAL DE SAÚDE – CID 10. *Classificação de Transtornos Mentais e do Comportamento da CID 10: descrições clínicas e diretrizes diagnósticas.* Porto Alegre: Artes Médicas, 1993.
11. COHEN LS, ROSENBAUM JF. Psychotropic drug use during pregnancy: weighting the risks. *J Clin Psychiatry, 59:* 18-28, 1998.
12. CONSELHO FEDERAL DE MEDICINA – CFM. Normatiza Eletroconvulsoterapia. *Jornal do Conselho Federal de Medicina:* 15, 2002.
13. COSTEI, A. M.; KOZER, E.; HO, T.; ITO, S.; KOREN, G. Perinatal outcome following third trimester exposure to paroxetine. *Arch Pediatr Adolesc Med, 156 (11):* 1129-1132, 2002.
14. SILVA, J. A. R. Eletroconvulsoterapia: ontem e hoje. *J Bras Psiq, 31 (3):* 169-174, 1982.
15. EINARSON, A.; BONARI, L.; VOYER-LAVIGNE, S.; ADDIS, A.; MATSUI, D.; JOHNSON, Y. et al. A multicentre prospective controlled study to determine the safety of trazodone and nefazodone use during pregnancy. *Can J Psychiatry, 48:* 106-110, 2003.
16. EINARSON, A.; FATOYE, B.; SARKAR, M.; VOYER-LAVIGNE, S.; BROCHU, J.; CHAMBERS, C. Pregnance outcome following gestacional exposure to venlafaxine: a multicenter prospective controlled study. *Am J Psychiatry, 158:* 1728-1730, 2001.
17. FINK, M. Riscos e contra-indicações. In: *Eletrochoque: restaurando a mente*. São Paulo: Roca, 1999, p. 17-24.
18. GUZ, I. Eletroconvulsoterapia. In: *Terapêuticas Biológicas nos Distúrbios Mentais*. Porto Alegre: Artes Médicas, 1974, p. 64.
19. HARVEY E. Por que eu? In: *Depressão Pós-parto*. São Paulo: Agora, 2002, p. 23-43.
20. HENDRICK, V.; STOWE, Z. N.; ALTSHULER, L. L.; HWANG, S.; LEE, E.; HAYNES, D. Placental passage of antidepressant medications. *Am J Psychiatry, 160:* 993-996, 2003.
21. HOUAISS, A.; CARDIM, I. *Novo Dicionário Folha Webster's Inglês/Português – Português/Inglês*. São Paulo: Quark do Brasil, 1996.
22. JAFFE, R. The practice of eletroconvulsive therapy: recommendations for treatment, training and privileging: a taske force report of the American Psychiatry Association. 2. ed. *Am J Psychiatry, 159:* 331, 2002.
23. JANICAK, P. G.; DAVIS, J. M.; GIBBONS, R. D.; ERICKSEN, S.; CHANG, S.; GALLAGHER, P. Efficacy of ECT: a meta-analysis. *Am J Psychiatry, 142:* 297-302, 1985.
24. KAPLAN, I. K.; SADOCK, B. J.; GREBB, J. A. O desenvolvimento humano ao longo do ciclo vital. In: *Compêndio de Psiquiatria – Ciências do Comportamento e Psiquiatria Clínica*. 7. ed. Porto Alegre: Artes Médicas, 1997, p. 31-94.
25. KITAMURA, T.; SHIMA, S.; SUGAWARA, M. et al. Psychological and social correlates of the onset of affective disorders among pregnant women. *Psychol Med, 23:* 967-975, 1993.
26. LADER, M. Psychiatry and life events: biological and social mechanisms. *Triangle, 29 (2/3):* 57-64, 1990.
27. LAINE, K.; HEIKKINEN, T.; EKBLAD, U.; KERO, P. Effects of exposure to selective serotonin reuptake inhibitors during pregnancy on serotoninergic symptoms in newborns and cord blood monoamine and prolactin concentrations. *Arch Gen Psychiatry, 60:* 720-726, 2003.
28. LESSA, L. M. Terapêutica das desordens afetivas. I ENCONTRO PSIQUIÁTRICO DO HCFMUSP, 1972. São Paulo. *Anais do I Encontro Psiquiátrico do HCFMUSP,* 1972, p. 42.

85-7241-569-6

29. LLEWELLYN, A. M.; STOWE, Z. N.; NEMEROFF, C. B. Depression during pregnancy and puerperion. *J Clin Psychiatry, 58 (suppl 15):* 26-32, 1997.
30. MCFARLANE, H. J. Anaesthesia and the new generation monoamine oxydase inhibitors. *Anaesthesia, 49:* 597-599, 1994.
31. MAXMEN, J. S.; WARD, N. G. Antidepressivos. In: *Psicotrópicos: consulta rápida*. Porto Alegre: Artmed, 1998, p. 90-165.
32. MORENO, R. A.; SOARES, M. B. M.; MORENO, D. H.; LAFER, B.; PRICOLI, V. Eletroconvulsoterapia em pacientes bipolares resistentes. *Rev Psiq Clin, 25 (1):* 50-53, 1998.
33. MORENO, D. H.; MORENO, R. A.; RIGONATTI, S. P.; MUSSI, C. C.; OLIVEIRA, I. C. A.; ROSA, M. A. A Eletroconvulsoterapia. In: RIGONATTI, S. P.; ROSA, M. A. *Indicação e Prática da Eletroconvulsoterapia*. São Paulo: Lemos, 2000, p. 17-36.
34. NAVIA, J. T. G.; GAMBOA, E. M. R. Tratamiento farmacológico de la depression mayor. *Rev Cubana Med Gen Integr, 3:* 2002. Disponível em: http://www.bvs.sld.cu/revistas/mgi/vol18_3_02/mgi09302.htm.
35. NULMAN, I.; KOREN, G. Safety of fluoxetine during pregnancy and lactation. *Teratology, 53:* 304-308, 1996.
36. O'HARA, M. W. Postpartum "blues", depression, and psychosis: a review. *J Psychosomatic Obst Gynecol, 7:* 205-227, 1987.
37. ORGANIZATION OF TERATOLOGY INFORMATION SERVICES. Disponível em: http://www.otispregnancy.org. Helping to prevent birth defects through education and research. Rev. 14 may 2004; acessed in february 2005.
38. PINZON, V. D.; PIRES, R. M.; SCHULLER-FACCINI, L. Fármacos psicotrópicos na gestação e na amamentação. In: KAPCZINSKI, F.; QUEVEDO, J.; SCHMITT, R.; CHACHAMOVIC, E. *Emergências Psiquiátricas*. Porto Alegre: Artmed, 2001, p. 220-238.
39. PRUDIC, J.; HASKETT, R. F.; MULSANT, B.; MALONE, K. M.; PETTINATI, H. M.; STEPHENS, S. et al. Resistance to antidepressant medications and short-term clinical response to ECT. *Am J Psychiatry, 153:* 985-992, 1996.
40. RIGONATTI, S. P.; ROSA, M. A.; CAIRES, M. A. F.; MUSSI, C. C. Eletroconvulsoterapia. In: CORDÁS, T. A.; MORENO, R. A. *Condutas em Psiquiatria*. 4. ed. São Paulo: Lemos, 2001, p. 297-318.
41. SADOCK, B. J.; SADOCK, V. A. Princípios gerais da psicofarmacologia. In: *Manual de Farmacologia Psiquiátrica*. 3. ed. Porto Alegre: Artmed, 2002, p. 21-50.
42. SANDMAN, C. A.; WADHWA, P. D.; DUNKEL-SCHETTER, C. et al. Psychobiological influences of stress and HPA regulation on the human fetus and infant birth outcomes. *Ann NY Acad Sci, 739:* 198-210, 1994.
43. WISNER, K. L.; PEREL, J. M.; PEINDL, K. S.; HANUSA, B. H.; PIONTEK, C. M.; FINDLING, R. L. Prevention of postpartum depression: a pilot randomized clinical trial. *Am J Psychiatry, 161:* 1290-1292, 2004.
44. SCALCO, A. Z.; CABRAL, A. C. J. Eletroconvulsoterapia na gestação. In: RIGONATTI, S. P.; ROSA, M. A. *Indicação e Prática da Eletroconvulsoterapia*. São Paulo: Lemos, 2000, p. 131-144.
45. SCHATZBERG, A. F.; COLE, J. O.; DEBATTISTA, C. Farmacoterapia em situações especiais. In: *Manual de Psicofarmacologia Clínica*. 4. ed. Rio de Janeiro: Guanabara-Koogan, 2004, p. 208-231.
46. SOARES, C. N. Transtornos do humor relacionados à gravidez e puerpério. In: SOARES, C. N.; YONKERS, K.; STEINER, M. *Depressão em Mulheres*. São Paulo: Lemos, 2001, p. 41-64.
47. SOARES, C. N. Depressão puerperal, tensão pré-menstrual e depressão na menopausa. In: LAFER, B.; ALMEIDA, O. P.; FRÁGUAS JR., R.; MIGUEL, E. C. *Depressão no Ciclo da Vida*. Porto Alegre: Artmed, 2001, p. 144-156.

85-7241-569-6

48. STEINER, M.; LEPAGE, P.; DUNN, E. J. Serotonin and gender-especific psychiatric disorders. *Int J Psych Clin Prac, 1:* 3-13, 1997.
49. STOWE, Z. N.; OWENS, M. J.; LANDRY, J. C. et al. Sertraline and desmethylsertraline in human breast milk and nursing infants. *Am J Psychiatry, 154 (9):* 1255-1260, 1997.
50. TONTI, L.; CESARI, L.; VOLTERRA, V. Psicofarmaci e gravidanza. *Studi di Psichiatria, 2 (2):* 2000.
51. USSHER, J. M. Research and Theory Related to Female Reproduction: Implications for Clinical Psychology. *Br J Clin Psychol, 31 (2):* 129-151, 1992.
52. VALIN, M. C. S.; GOMES, L. C. P.; FORTIS, E. F.; FIALHO, L. Propofol em Eletroconvulsoterapia. *Rev Bras Anestesiol, 48 (3):* 214-220, 1998.
53. VIEIRA, A. H. G. Transtornos mentais associados à menstruação, puerpério e perimenopausa. In: ALMEIDA, O. P. et al. *Manual de Psiquiatria*. Rio de Janeiro: Guanabara-Koogan, 1996.
54. ZESKIND, P. S.; STHEPENS, L. E. Maternal SSRI use during pregnancy and newborn neurobehavior. *Pediatrics, 113 (2):* 368-375, 2004.
55. WALKER, R.; SWARTZ, C. M. Eletroconvulsive therapy during high risk pregnancy. *Gen Hosp Psychiatry, 16:* 348-353, 1994.
56. WEISSMAN, A. M.; LEVY, B. T.; HARTZ, A. J.; BENTLER, S.; DONOHUE, M.; ELLINGOD, V. L. et al. Pooled analysis of antidepressant levels in lactating mothers, breast milk, and nursing infants. *Am J Psychiatry, 161:* 1066-1078, 2004.
57. WISNER, K. L.; GELENBERG, A. J.; LEONARD, H.; ZARIN, D.; FRANK, D. Pharmacologic treatment of depression during pregnancy. *JAMA, 282 (13):* 1264-1269, 1999.

85-7241-569-6

CAPÍTULO 14

Adesão ao Tratamento da Depressão

ANTÔNIO GERALDO DA SILVA

"A vida é curta, a arte é longa, a experiência engana, o julgamento é difícil" – HIPÓCRATES.

UM POUCO DE HISTÓRIA

A medicina grega clássica se alicerça na relação médico-paciente; essa era considerada como uma expressão técnica, baseada no valor da pessoa. O médico era o melhor remédio. Era uma relação interpessoal, essencialmente humana, entre duas pessoas que se respeitavam. As tarefas médicas saíram da relação diagnóstico-tratamento e passaram a incluir medidas de profilaxia.

Os hipocráticos destacavam muito o papel educativo dos médicos, tanto em suas relações com pacientes, como em suas relações com a sociedade, o que chamavam de *ilustração do paciente*. Os médicos gregos sabiam que qualquer tratamento vale muito pouco ou nada, se o paciente não está convencido de sua eficácia.

É notória, então, a importância dos aspectos psicológicos da relação, além disso, basta lembrar que inúmeros tratamentos que eram realizados e obtinham resultados não tinham valor terapêutico biológico; são exemplos clássicos: sangria, queimaduras, purgação entre outros. Em um artigo publicado por Salcedo (1993), ele define a atitude psicoterapêutica do médico como uma droga poderosa, quando consegue ir além do biológico na necessidade de entrar em contato com o paciente, permitindo que esse viva com menos dor e temor.

A relação médico-paciente é então vista como o ponto central e decisório para uma boa resolutividade no tratamento. Após alguns séculos, Freud resgatou a importância de ouvir o paciente, revitalizando a atenção pessoal a esse. Em

85-7241-569-6

1950, Michael Balint iniciou o estudo científico da relação médico-paciente, o que foi feito a partir de 1958, no Brasil, por Perestrello. Conjuntamente entramos na era da psicofarmacologia e houve uma tendência, principalmente pelo crescimento da escola norte-americana, de se ter profissionais mais preocupados com a técnica e dando pouca importância para o lado humanitário, com exceção de poucos trabalhos de psico-educação.

A Psiquiatria, que de longe é a especialidade médica mais humanística, também enfrenta dificuldades na resolutividade dos seus transtornos, não só por causa de limitações do arsenal terapêutico, dificuldade de acesso às possibilidades de tratamento existentes, limitação das provas diagnósticas, preconceito e mística que envolve o doente mental, mas também pelas baixas taxas de adesão ao tratamento.

Conceito de Adesão

Este capítulo tem a intenção de levar informações que podem ser de grande importância para a prática clínica. A cada dia temos novos critérios diagnósticos, novas abordagens terapêuticas, mas sempre paramos em uma grande dificuldade, que é o paciente levar a terapêutica até o final. O que verificamos no dia-a-dia é que, após a realização do diagnóstico clínico, poderá haver a necessidade da realização de exames complementares, dietas específicas, rotinas de atividades físicas, etc, e, ao contrário do que muitos pensam, adesão significa muito mais que simplesmente fazer uso da medicação de forma correta. Na opinião de muitos autores, adesão implica também em fornecer ao paciente subsídio para que ele entenda seu problema, conheça as alternativas, os riscos e benefícios do tratamento para ele escolhido, a importância de seguir regular e corretamente as recomendações médicas, inclusive a necessidade de realizar exames complementares quando necessário, e de expressar seu grau de satisfação com o tratamento que está recebendo, entre outros (Simon *et al.*, 1993). O termo *adesão ao tratamento* deve ser visto como uma atividade conjunta e deve existir uma "aliança terapêutica" entre médico e paciente.

É importante que vejamos a origem e o significado da própria palavra adesão, conforme a edição eletrônica do dicionário Aurélio:

Adesão:

Do Latim: *ADHAESIONE*, verbete Adesão.

1. Ato de aderir, aderência;
2. Assentimento;
3. Aprovação, concordância;
4. Manifestação de solidariedade a uma idéia, a uma causa, apoio;
5. Aderência;
6. O ato de aderir.

85-7241-569-6

Aderência:

Do Latim TARDIO: *ADHAERENTIA*. Verbete: aderência: (do latim TARDIO *ADHAERENTIA*) S.F.

1. Qualidade de aderente;
2. Adesão (1e 2);
3. Fixação, ligação, união, adesão;
4. Efeito de aderir, marcar, sinal, vestígio de coisa que aderiu.

Podemos observar que há uma característica clara no conceito sobre adesão: posição ativa e atuação positiva do paciente, na qual ele faz a opção de tratar-se de forma adequada e obedecendo as prescrições médicas, tanto relativas a exames laboratoriais e pareceres, como a medicamentos prescritos, tomada da medicação nos horários determinados, leitura de informativos fornecidos, etc. O paciente toma a decisão de levar adiante o tratamento de livre e espontânea vontade; ele quer tratar, optou por isso, decidiu enfrentar a situação e "obedecer" ao médico a fim de ter um bom prognóstico.

De acordo com artigos de Blackwell (1976) e Van Putten (1975),12 a 25% dos pacientes hospitalizados não apresentam boa adesão terapêutica, ambulatorialmente essa porcentagem sobe para 50%. Isso se estende a outros trabalhos, como na área da esquizofrenia, Kelly *et al.* (1990) relatam que 35 a 65% dos pacientes ambulatoriais com esquizofrenia ou outras psicoses crônicas não obedecem às prescrições médicas.

Dados sobre abandono de tratamento de forma geral (não somente para depressão) foram apresentados também em pesquisa realizada nos EUA: Feldman *et al.* (1994) e Shorter (1993) observaram resultados alarmantes:

- 14 a 21% dos pacientes não adquirem seus medicamentos conforme prescrito pelo médico.
- 29 a 59% não seguem as instruções dadas pelo médico-assistente.
- 32% não compram a segunda caixa do medicamento.
- 15% interrompem o tratamento mais cedo do que o previsto.
- US$ 100 milhões são gastos anualmente naquele país como conseqüência de abandono do tratamento e terapia seguida incorretamente.

Montgomery (1990) cita um trabalho de Johnson (1981), no qual esse afirma que os pacientes já não estavam tomando a medicação prescrita ao fim de quatro semanas. Katon *et al.* (1992), citando estudos anteriores, referiram que a depressão é um dos transtornos mais comuns na prática clínica primária nos EUA, contudo a habilidade do clínico de assistência primária em manejar adequadamente pacientes deprimidos, particularmente em relação a manejo dos medicamentos e promoção de adesão do paciente ao tratamento, pode ser questionada, e citam mais uma vez o fato de os medicamentos serem prescritos por tempo e/ou dosagem incorretos muito freqüentemente nesses locais de assistência médica. Os autores citam o trabalho de Simon *et al.* (1993), no qual esse aponta

85-7241-569-6

que aproximadamente um terço dos pacientes deprimidos interromperam a medicação no primeiro mês de tratamento e que somente dois quintos dos pacientes seguiram corretamente o tratamento prescrito (incluindo dosagem e tempo de tratamento).

Sabemos que a depressão afeta a adesão aos tratamentos de outras patologias. Em função da alta comorbidade com os quadros clínicos, podemos inferir a gravidade de um tratamento antidepressivo inadequado ou a interrupção do tratamento. Na situação aqui apresentada, a não-adesão afeta duplamente, tanto pela piora do quadro psiquiátrico em si, como pelo não cumprimento de tratamentos, o que ocorre nos casos de neuropatias, cardiopatias, endocrinopatias, nefropatias e outros quadros crônicos em geral.

A terapia não deve ser iniciada até que os objetivos e a necessidade de adesão ao tratamento sejam entendidos e aceitos pelo paciente, exceto nas situações emergenciais. É importante frisar que o caminho em direção a aceitação das prescrições médicas pode ser gerado pelo médico, primariamente, mas também por sua equipe.

Causas da Não-adesão

Podemos ver a seguir como as causas são complexas e múltiplas; alguns dos motivos mais freqüentes da não-adesão do paciente deprimido ao tratamento foram apresentados no congresso da *American Psychiatry Association* (APA), em 1999:

- Efeitos colaterais dos medicamentos.
- Ineficácia do tratamento.
- Crenças e atitudes pessoais.
- Custo financeiro.
- Decisão do paciente ou responsável.
- Abuso de substâncias psicoativas.
- Falta de confiança no médico.

Percebe-se que a maioria dos itens citados, senão todos, pode ser evitada por meio de uma prática clínica que forneça suporte ao paciente, permitindo que ele exponha suas dúvidas e participe mais ativamente do tratamento.

Outras causas foram observadas por outros autores; nos estudos abertos de Demyttenaere *et al.* (2001) elas são citadas em ordem decrescente: 55% sentem-se melhor, 23% por efeitos adversos, 10% têm medo de ficar dependentes, 10% por sentimento de desconforto, 10% falta de eficácia e 9% afirmam: "tenho que me curar sozinho".

Outras causas de não-adesão, em geral, são: serviços de difícil acesso, dificuldades para marcação das consultas, demora no atendimento, falta de regras pré-estabelecidas para o atendimento, tratamentos anteriores malsucedidos, demora da ação terapêutica, excesso de interações medicamentosas, dificuldade de encontrar a medicação, crenças pessoais sobre os transtornos mentais, preconceito, medo de tomar medicação "controlada", ausência da participação da família, informações errôneas dos meios de comunicação, complexidade no esquema posológico da medicação, lembrança contínua da doença para o paciente e familiares/cuidadores, estigma de tomar uma medicação diariamente, necessidades de receitas, recaídas e recorrências levando à descrença de que é possível tratar, relação médico-paciente deficiente (desde a formação do profissional até a letra ilegível que dificulta o entendimento da prescrição), informações insuficientes acerca da doença e do tratamento, entusiasmo, flexibilidade, experiência, tempo dedicado a conversas com o paciente e, por fim, falta de suporte social/ambiental.

Em outras palavras, quando existem problemas na comunicação, a adesão diminui, e, quando existe uma comunicação eficaz, ela aumenta juntamente com uma atenta supervisão do paciente e um sentimento de satisfação no que tange às expectativas que tem o médico. Não existe uma associação clara entre adesão e sexo do paciente, estado civil, raça, religião, situação socioeconômica, inteligência ou nível educacional (Kaplan *et al.*, 1997).

A maioria dos pacientes com depressão requer um tratamento antidepressivo a longo prazo ou para a vida toda. Otimizar a eficácia e minimizar os efeitos colaterais é essencial durante o tratamento da fase aguda ou de manutenção. Efeitos colaterais como insônia ou sonolência, ganho de peso, astenia e disfunção sexual diminuem a adesão do paciente ao tratamento. A identificação e o gerenciamento desses efeitos, combinados com uma série de mensagens educacionais precoces para o paciente acerca do seu tratamento e da importância da manutenção da remissão da doença, auxiliam na adesão e reduzem o potencial abandono precoce do antidepressivo (Zajecka, 2000).

Conseqüências de Uma Má Adesão

A evolução da depressão tem características de cronicidade, sendo assim, cada recaída gera conseqüências como:

- Dificuldade para recuperar o nível anterior de funcionamento.
- Perda da auto-estima e prejuízo social e vocacional.
- Maior dispêndio de recursos.
- Maior ônus para familiares e cuidadores.
- Recuperação mais lenta e menos completa.
- Internações mais freqüentes.
- Possibilidade de a doença tornar-se mais resistente ao tratamento.
- Risco aumentado de autodano e perda do lar.
- Recaídas e recorrências.
- Suicídio.
- Impacto negativo nas relações familiares e sociais.
- Impacto negativo no desempenho profissional.
- Aumento da utilização dos sistemas de saúde entre outros.

Considerações Finais

Atualmente, todos os estudos nos mostram que educar o paciente deprimido é fundamental para garantir um tratamento adequado, pois isso possibilita ao

85-7241-569-6

doente saber o que ele tem e como tratar a sua patologia. Todos os trabalhos comprovam que quanto mais o paciente for envolvido no tratamento, de forma que ele se sinta amparado, seguro e ganhe entendimento do transtorno, melhor será a adesão e o desfecho, ou seja, maior o número de pacientes que completam o tratamento.

O paciente deve acreditar que está doente, para isso, uma estratégia sugerida é pedir que o paciente descreva seu problema, explique o que, em sua opinião, deveria ser feito e o que compreendeu sobre o tratamento sugerido. Outra estratégia que pode ser combinada com o paciente, é pedir para que esse leia a prescrição e explique quando e em que quantidade, especificamente, os medicamentos devem ser tomados. A idéia é estabelecer um compromisso com o paciente, deixando implícito que esse compromisso pode ser revisto e ficando claro para ele que tanto ele como o médico podem fazer sugestões com o intuito de melhorar a adesão e a resposta ao tratamento (Kaplan *et al.*, 1997).

A questão importante é: quais os métodos que possuem aplicabilidade prática na rotina diária do trabalho do médico? De tudo o que foi exposto, é fundamental que esse:

- Aumente o número de consultas nas primeiras semanas de tratamento.
- Forneça ao paciente uma forma de contato imediato no caso de dúvidas importantes e situações emergenciais, para contato 24h, por exemplo, celular, bip, etc.
- Procure conhecer o paciente, estabelecer *rapport* logicamente e empregar métodos educativos dependendo do perfil dele (vídeo, manuais, etc.), no início do tratamento ou em qualquer momento que surgirem dúvidas.
- Envolva a família, pelo menos um componente, no tratamento.
- Esclareça o paciente o máximo possível (dentro dos limites desse) sobre o transtorno e seu tratamento.
- Oriente sobre efeitos adversos dos antidepressivos e os corrija sempre que possível.
- Encoraje o paciente a escrever suas dúvidas antes de cada visita médica.
- Reveja brevemente cada preocupação.
- Pergunte ao paciente o que ele acha que causou seus problemas.
- Sempre que possível, prescreva o tratamento de acordo com as preferências do paciente.
- Explique propósito, dosagem, efeitos colaterais comuns e inconveniências e como julgar a eficácia de cada tratamento, incluindo sua duração.
- Cheque se o paciente compreendeu a explicação.
- Antecipe situações de má adesão e discuta a maneira como lidar com os problemas comuns.
- Escreva o diagnóstico e o tratamento para ajudar o paciente a se lembrar.
- Forneça material escrito e audiovisual.
- Reforce a confiança do paciente na habilidade de manejar sua prescrição.
- Forneça orientação dietética, salientando os prejuízos que causam ao tratamento o uso de cafeína, nicotina, bebida alcoólica, etc.
- Oriente sobre possíveis interações medicamentosas.

85-7241-569-6

- Oriente sobre tempo de resposta ao tratamento.
- Monte um planejamento do acompanhamento com objetivos, tempo de seguimento, dificuldades ao longo do tratamento, custos e benefícios, etc.

Não há dúvida de que o suporte psico-educacional é importante, melhora a adesão ao tratamento, evita as recorrências e, de certa forma, melhora a eficiência do antidepressivo, facilitando a vida do paciente que padece de depressão.

O papel do médico é fundamental, o perfil do tratamento que esse oferece, o quanto ele se doa no seu trabalho, reflete em muito na adesão do paciente ao tratamento. De certa forma, voltamos à máxima da psiquiatria: estabelecer *rapport* e empatizar com o sofrimento do doente.

Todas as estratégias deverão ser estudadas pelo médico e o mesmo irá aplicar aquelas que melhor convier a cada paciente especificamente, levando em conta a diversidade cultural e sócio-econômica de nosso país. Em resumo, a forma mais efetiva de se conseguir adesão ao tratamento é motivar e envolver o paciente no seu próprio tratamento, estando sempre atento às necessidades individuais de ajustes a longo prazo.

É importante analisar a situação como um todo, holisticamente; não se pode, nesse momento, ver cada paciente com uma visão reducionista. Assim alguns fatores básicos devem ser levados em consideração, tais como:

- Tratamentos anteriores negativos podem atrapalhar o tratamento. Evite fazer exames desnecessários e fazer o paciente passar por situações anteriores que o desestimularam, por isso é importante que se faça uma boa investigação dos tratamentos anteriores e se fale de tempo de resposta do tratamento proposto, efeitos colaterais, etc.
- Crenças negativas podem desmotivar o paciente a tratar-se, levando-o a ficar desmotivado. Motivação pode ser essencial para que esse tenha interesse em se tratar e em se manter em tratamento.
- Medo de tomar medicação, achando que essa pode torná-lo viciado e dependente, pode não só fazer com que o paciente demore a pedir ajuda, como também, que tenha coragem para iniciar e manter o tratamento.
- Prescrição da medicação dentro da realidade financeira do paciente: em muitos casos ele terá de tomar o medicamento por muitos anos e até por toda a vida.
- Prescrição posológica complexa: quanto mais complexa, menor será o cumprimento das ordens médicas. Sacket *et al. apud* Costa *et al.* (2001) afirmam que uma prescrição de um medicamento 4 vezes ao dia, por 10 dias, tem a probabilidade de cumprimento de apenas 10 a 20%. Reynaud *et al. apud* Costa *et al.* (2001) atestam que, após adquiridos pelo paciente e/ou familiares, 30 a 50% dos medicamentos são jogados fora ou estocados.
- Família ausente: colocar familiares e amigos como *parceiros* e orientá-los também sobre a doença, o tratamento, etc.
- Tempo de latência dos antidepressivos: os pacientes sempre acham que vão melhorar no dia seguinte ao início do tratamento.
- Dificuldades sempre existirão: explicar que não devem nunca desistir do tratamento, sempre discutir qualquer decisão acerca da parada do tratamento com o médico-assistente.

85-7241-569-6

Uta Gernhardt (1989), em um de seus trabalhos, mostra que, em função da concepção de certas doenças em particular, o tratamento pode, por exemplo, ser tão indesejável para o paciente como uma punição, sendo facilmente abandonado. Ele também indica que, em certos contextos culturais, algumas doenças sugerem uma grande perda para o doente e esse fato pode passar a representar uma obrigação, para os parentes ou amigos, de intervir permanentemente na vida do doente enquanto ele permanece vivo, o que comprometeria seus próprios projetos de vida.

O paciente é um aliado indispensável para o sucesso do tratamento; é importante que exista um envolvimento dele na busca e manutenção de sua saúde. É preciso ficar claro que, em alguns casos, ele terá de fazer um monitoramento permanente e, se o paciente tiver total entendimento da doença, a resposta ao tratamento será muito melhor, não havendo dúvidas na relação médico-paciente.

A atitude pró-ativa do paciente e da família na manutenção da saúde pode definir a boa adesão ao tratamento e, como conseqüência, uma boa resposta. É importante ressaltar que somente uma boa adesão fornece um caminho permanente para a reversão do quadro clínico, mesmo os mais graves.

Para o paciente que apresenta um quadro clínico fora do controle, uma vida em sociedade sem sobressaltos somente torna-se real a medida que esse chama para si a responsabilidade de dominar os fatores que ameaçam sua saúde. Em síntese, o paciente é a única parte que estará monitorando o seu quadro permanentemente. Na sua adesão está o sucesso do tratamento.

Há uma superioridade da abordagem psico-educacional ao bom atendimento que deve ser dado por nós, psiquiatras, dentro da identidade tríplice da medicina com boa formação técnico-científica, uma prática socioeconômica de natureza profissional e uma relação interpessoal intersubjetiva, pois a Medicina é, simultaneamente, arte e ciência, técnica e ética; embora, com o passar do tempo, talvez seja cada vez mais ciência e menos arte, mais técnica que encontro humano (Sá-Miranda, 2001).

Referências Bibliográficas

1. SALCEDO, M. S. S.; VAZ LEAL, F. J. Factores psicosociales y observancia de las prescripciones farmacológicas en pacientes deprimidos: una contribución clínica. *Rev Clín Esp*, 192: 393-399, 1993.
2. SIMON, G.; VON KORFF, M.; WAGNER, E. H.; BA, W. Patterns of antidepressant use in community practice. *Gen Hosp Psychiatry,* 15: 399-408, 1993.
3. BLACKWELL, B. Treatment adherence. *Br J Psychiatry*, 129: 513-531, 1976.
4. VAN PUTTEN, T. Why do patients with maniac-depressive illness stop their lithium? *Compr Psychiatry*, 16: 179-183, 1975.
5. KELLY, G. R.; SCOTT, J. E. Medication compliance and health education among outpatients with chronic mental disorders. *Med Care*, 28: 1181-1197, 1990.
6. FELDMAN, J. A.; DE TULLIO, P. *Medication Non Compliance: an issue to consider in the drug selection process*. Hosp Formul (US), 29(3): 204-11, 1994.
7. SHORTER, H. J. *Non Compliance with Medications*, 1993.
8. MONTGOMERY, A. S. *Anxiety and Depression*. Petersfield, England: Wrigthson Biomedical, 1990; viii, 150p.

85-7241-569-6

9. JOHNSON, D. A. W. Depression: treatment compliance in general practice. *Acta Psychiatr Scand*, 63 (suppl 290): 447-453, 1981.
10. KATON, W.; SCHULBERG, H. Epidemiology of depression in primary care. *Gen Hosp Psychiatry*, 14: 237-247, 1992.
11. DEMITENAERE, K.; ENZLIN, P.; DEWE, W.; BOULANGER, B.; DE BIE, J.; DE TROYER, W. et al. Compliance with antidepressants in primary care setting, 1: beyond lack of efficacy and adverse events. *J Clin Psychiatry*, 62 (suppl 22): 30-33, 2001.
12. KAPLAN, H. I.; SADOCK, B. J.; GREBB, J. A. *Compêndio de Psiquiatria: ciências do comportamento e psiquiatria clínica*. 7 ed. Porto Alegre: Artes Médicas, 1997.
13. ZAJECKA, J. M. Clinical issues in long-term treatment with antidepressants. *J Clin Psychiatry*, 61 (suppl 2): 20-25, 2000.
14. COSTA, D.; VILELA, J. E. M. *Desfazendo os Mitos Sobre as Doenças Mentais,* 1 ed. Belo Horizonte: Foglio, 2002.
15. GERHARDT, U. *Ideas about Illness*. 1 ed. New York: New York University, Press, 1989.
16. MIRANDA-SÁ JR., L. S. *Compêndio de Psicopatologia & Semiologia Psiquiátrica*. 1 ed. Porto Alegre: Artes Médicas, 2001.

85-7241-569-6

Índice Remissivo

A

B

C

As páginas seguidas pelas letras *f*, *q* e *t* significam, respectivamente, figuras, quadros e tabelas.

85-7241-569-6

85-7241-569-6

85-7241-569-6

85-7241-569-6